中国佛教与佛学

洪修平 著

Chinese Buddhism and Buddhology

Hong Xiuping

南京大学出版社

图书在版编目(CIP)数据

中国佛教与佛学 / 洪修平著. -- 南京 ：南京大学
出版社，2016.10
(南京大学孔子新汉学 / 洪银兴主编)
ISBN 978－7－305－16525－2

Ⅰ. ①中… Ⅱ. ①洪… Ⅲ. ①佛学-研究-中国
Ⅳ. ①B948

中国版本图书馆 CIP 数据核字(2016)第 225721 号

出版发行　南京大学出版社
社　　　址　南京市汉口路 22 号　　　　邮　编　210093
出 版 人　金鑫荣

丛 书 名　南京大学孔子新汉学
书　　　名　**中国佛教与佛学**
著　　者　洪修平
责任编辑　施　敏
责任校对　丛珊珊

照　　排　南京南琳图文制作有限公司
印　　刷　南京爱德印刷有限公司
开　　本　718×960　1/16　印张 19.5　字数 242 千
版　　次　2016 年 10 月第 1 版　2016 年 10 月第 1 次印刷
ISBN 978－7－305－16525－2
定　　价　88.00 元

网址：http://www.njupco.com
官方微博：http://weibo.com/njupco
官方微信号：njupress
销售咨询热线：(025) 83594756

总　序

洪银兴

　　一般我们所说的"汉学"（Sinology），是指外国学者对有关中国文学、历史、哲学、政治、经济、社会等各个方面进行研究的一门学问／学科。最初"汉学"研究的对象主要是中国古代的文学、史学、哲学、音韵学等，"二战"后，现代中国受到汉学研究者越来越多的关注和重视，于是近代以来的中国特别是当代中国，也就成了"汉学"中日益重要的研究内容。如果说对于古代中国的研究叫"古代汉学"或"传统汉学"的话，那么对于近代以来的中国尤其是对当代中国的研究就叫"现代汉学"——它还有一个名字叫"中国学"（China Studies）。本丛书所称的"新汉学"从一定意义上说也就是当代中国学。出版本丛书的目的是让海内外读者更深层次地了解当代中国的文化。

　　从历史上看，"汉学"的发展经历了从"传统汉学"独大到"传统汉学"

与"现代汉学"并重的转变——这样的转变实际表明世界对中国的关注，从只注重"古代中国"转而为既对"古代中国"保持着浓烈的兴趣，又对"现代／当代中国"充满了急需了解的渴望。应当说，这种转变既是中国自身的发展和变化所致，也是"汉学"顺应历史潮流的结果，因为一个完整的中国，原本就是"古代中国"和"现代／当代中国"的有机结合，片面地注重"古代中国"或"现代／当代中国"研究，都只能导致对中国认识的局部化和碎片化。

历史上的"汉学"因为是外国人研究中国（中国人和中国文化）的学问／学科，因此中国立场、中国视野和中国"声音"，在"汉学"中一直是缺席的。历史发展到今天，在文化交流日益强调文化互动和彼此尊重的当代社会，"汉学"这种由外国人（含海外华裔）单方面研究中国的状况，似乎也可以有所调整。让中国人研究中国的成果加入"汉学"的范畴，使"汉学"成为一门既有外国"观照"，也有中国"自视"的双向互动的学问／学科，从而在"对话"中达至理解，在"互看"中消除盲区，彻底消除对中国认识的局部化和碎片化，实现对中国完整的、有机的和全面的认识，或许是"汉学"能够更加展现学术活力的未来的发展方向。

当然，考虑到"汉学"有其历史形成的特定指称（专指外国人研究中国），因此不妨把中国人面向世界研究中国称为"新汉学"。孔子学院总部（国家汉办）在新的历史条件下根据文化交流的新特点，提出了"孔子新汉学计划"（Confucius China Study Plan），其指导思想就是要"振兴汉学、发展新时代的汉学"。为了响应和配合孔子学院的"孔子新汉学计划"，南京大学出版社依托中国南京大学这个人文社会科学的重镇，规划出版以海外中国研究者、来华外国留学生、对"汉学"／"中国研究"有兴趣的读者为阅读对象的"南京大学孔子新汉学"丛书。这套丛书以反映人文社科领域有关汉学研究的经典学术成果及最新学术动向为主旨，致力于推动中国

"新汉学"与海外汉学的对话与沟通,既有对传统中国文化丰富内涵的历史回眸和深度阐释,也有对当代中国社会各个方面的广泛介绍和精辟分析,可为海内外读者特别是外国读者提供一个认识传统中国、了解当代中国的学术窗口。

中国文化的先驱孔子曾经说过"君子和而不同",将"和而不同"的这种君子精神,用以作为一种立场更加多元、视野更加广阔、"声音"更加多样、包容性更大更广的优质"汉学"/"新汉学"标准,也未尝不可。我相信南京大学出版社推出的这套"南京大学孔子新汉学"丛书,将会以"和而不同"的精神为追求,为"汉学"的推广、"新汉学"的兴起以及"孔子新汉学计划"的实施,做出积极的贡献!

2015 年 8 月

目　录

Contents

绪　论　中国佛教三大系与中国化的佛学

　　中国佛教和佛学渊源于印度佛教而形成于中国传统文化之中。佛教产生于古代印度，在两汉之际经西域传到中国内地。佛教来到中国后，经历了一个不断中国化的过程。在中国社会历史条件的影响与制约下，在同传统思想文化的相互冲突与相互交融之中，佛教逐渐发展成为中国的民族宗教，同时也形成了富有特色的中国佛学。由于中国是一个地域广阔的多民族国家，中华民族是个多民族的大家庭，不同的民族有不同的文化传统和社会习俗等，因此，印度佛教传入中国后，受不同的地域文化的影响，逐渐形成了汉地佛教、藏传佛教和云南傣族等地区的上座部佛教等三大佛教文化圈。佛教的中国化，从一定意义上说，也就是佛教的汉化、藏化和傣化。佛教在每一个文化圈中都形成了自己特殊的发展历史和佛学体系。中国佛教的三大系及其佛学思想，都是印度佛教中国化的产物，都带有浓郁的中华民族文化的特色。

一、佛教与佛学

佛教是公元前6—前5世纪时由释迦牟尼创立的。 佛教在印度经历了原始佛教、部派佛教、大乘佛教和密教等不同的时期。 原始佛教是指释迦牟尼创立佛教至他逝世后一百年间的佛教,这个时期的佛教基本上保持着佛陀创教时的基本风格。 部派佛教是指释迦牟尼去世后一百到四百年间的佛教。 在这个时期,由于因人因地传播的不同,统一的佛教教团分裂成为许多不同的部派,在思想观点方面也出现了许多分歧。 到了公元1世纪左右,大乘佛教开始兴起。 后来在中国流传发展起来的主要是大乘佛教。 从公元6至7世纪开始,由于受印度教等的影响,印度大乘佛教中出现了密教派别,并逐渐在佛教中取得主导地位,这就是印度佛教的最后一个阶段——密教时期。 大约从10世纪开始,印度佛教急剧衰落,至13世纪初,佛教在印度基本绝迹。 而在公元纪年前后,即中国的两汉之际传入中土的佛教却日渐兴盛起来,中国最终成为世界佛教的中心。

佛教作为一种宗教,它本身是由多种要素组合而成的。 但不论是在何时何地流传的佛教,"佛"、"法"、"僧"三宝都是其最基本的三要素。 佛,即觉悟了宇宙人生真谛的佛教创始人释迦牟尼,后来也泛指通过修行而觉悟的一切佛;法,即佛陀向人们宣说的各种教义教法,广义的佛法也包括后来发展起来的各种佛教义理;僧,即释迦牟尼所建立的僧团,后来泛指一切皈依佛门并继承、宣扬佛教教义的僧众。用佛教的话语来说,佛教就是由"佛"、"法"、"僧"三个要素构成的一个复杂的综合体。

佛教在创立初期,就以"缘起论"为基础,以"四谛"、"五蕴"、"八正道"和"十二因缘"①为主要教义初步建构了论证佛教信仰的佛学。后来，佛教在其发展过程中，又不断地根据时代和社会发展的需要，既依持其信仰，又借助于理性思维的力量，对自己的教义学说不断进行新的诠释和发挥。佛教内部由于对戒条教规或教义学说的不同阐释而产生分歧，并相应地导致了不同学派、教派乃至宗派的出现。随着佛教传播范围的扩大，所到之处，必然受到当地文化的影响，这又使流行于不同地区和国家的佛教具有了不同的地域文化或民族文化的特色，这种特色在理论学说上都有充分的体现。

佛教作为一种特殊的宗教文化现象，它包括教义学说、清规戒律、仪轨制度、僧众组织、情感体验以及崇拜教主或神灵等多方面的内容。如果说，对人能够觉悟成佛的信仰构成了佛教的本质特征，那么，为其信仰作理论论证的佛学则促成了佛教理论思辨性强的重要特色，而针对广大的信众而制定的宗教仪式和组织制度，则是佛教得以持续发展的组织保证。一般说来，在佛教的各种要素中，最为重要的，也是起着主要作用的，当然是它的信仰，但佛教的信仰是建立在丰厚的理论基础之上的。佛教认为，人生是苦海，只有从生死轮回中解脱出来才能达到理想的涅槃之彼岸。为了论证解脱的必要性和可能性，佛教展开了其思辨而富有哲理的理论和学说，并相应地提供了一整套的解脱途径和修行方法。充满意蕴丰富的名相术语、细密烦琐的逻辑推理和高度思辨的哲学论证，构成了佛教的一大特色，也是其理论学说的重要特征。

佛教的理论学说，构成了我们所说的佛学的主要内容。所谓佛学，即佛教之学，它是对佛教全部教义学说的总概括。就其形式而

---

①　关于"缘起论"、"四谛"、"五蕴"、"八正道"和"十二因缘"的具体内容，请详见本书第九章第一节的介绍。

言，它主要表现为对佛教基本概念和修持方法的阐释，对佛教解脱境界的描绘，以及对佛教源流与发展历史的论述。 就其内容而言，广义的"佛学"与"佛法"相近，其内涵十分丰富。 佛门中号称有"八万四千法门"，但大致可归为教、理、行、果四大类。 教，即指佛教的全部典籍，包括经、律、论三藏；理，是指佛典中所阐明的佛法之义理，既包括佛陀所宣说的种种教法，也包括佛弟子及后世宗师、历代学者对佛之教法的阐述；行，指依佛理而修行，包括各种解脱人生痛苦的途径和方法；果，即修行圆满所证得的涅槃解脱之果。 "因教显理，依理而行，由行而果"可谓十分形象地描述了教、理、行、果相互联系的逻辑递进关系。 狭义的佛学，则专指佛教的理论学说，即理法。

佛教的全部学说，都是围绕着如何通过信奉佛法而修行从而获得解脱这一根本目标展开的，因而佛学从根本上说是一种重视宗教实践的解脱论。 这种解脱论，与上述教、理、行、果相应地，又可归纳为信、解、行、证四个要素，从而形成了一种佛教所特有的强调"解行相扶"的认知活动与践行过程。 信，即信仰佛教的教义学说；解，即解悟佛教义理和佛法大义；行，指依教理而修行；证，即修行而证得解脱圣境。 这四者的核心就是众生的求解脱。 在佛教看来，众生要解脱，首先要信奉佛法，"信"其实也是一切宗教共同的基本要求。 为了能真正信奉佛法，就必须解悟佛法。 佛教认为，通过解悟佛法，能更加坚定对佛教的信仰。 强调在信仰的前提下来理解，这表现了宗教与哲学的不同——前者以信仰为特征，后者以理性为依持；而强调理解了才能更好地信仰，真正凭藉智慧而解悟了佛法真谛，也就实现了解脱，这又突显了佛教与一般宗教的巨大不同——佛教的解脱是"慧解脱"，佛教有相当完整而细密的一套哲学理论，以至于有"哲学的宗教"之称。同时，佛教认为，宗教理论必须落实在宗教实践上才有意义，因而在

"解"的基础上还必须进而依教理而身体力行。 事实上，在佛教看来，也只有在宗教的修行实践中才能真正获得对佛法大义的领悟，并最终获得解脱。 佛教的解脱，从根本上说，不是一个理论问题，而是一个实践问题。

这样，围绕着解脱这个核心问题，佛教在理论上就形成了一个因果相连的学说体系：教、理、行或信、解、行三者是解脱之因，果或证是解脱之果。 有因才有果，求果必依因。 同时，佛学也涵括了理论与实践两方面的内容，两者构成了一种辩证的关系：理论要付诸实践，实践又离不开理论的指导。 可见，佛教的根本目的在于求解脱，虽然这种解脱必须在宗教实践中才能实现，但从理论上论证解脱的可能性与必要性，并对实践的方法和修行的结果做出说明，这也成为佛教的一大特色。

创立于古代印度的佛教，至今已有 2500 多年的历史。 佛教之所以能在创立后不久，就得到了众多信徒的信奉，广为流传于印度恒河两岸，后又走出南亚次大陆，传到周边的国家和地区，最终发展成为具有世界性影响的三大宗教之一，其中的一个重要原因，就在于它以信仰为基础而提出了一系列具有独特深蕴又颇能打动人心的教理学说，建构了一个既有宗教信仰，又有修行方法，更有精致哲理的宗教体系。 佛教在两汉之际传入中土以后，就在同华夏传统文化和社会习俗的碰撞与冲突中，在对黄老神仙方术、老庄玄学和儒家伦理的依附中，通过译经、"格义"等途径，开始了它的中国化过程，同时也逐渐形成了富有本土化特色的中国佛学。

二、中国佛教三大系

从历史上看，印度佛教的向外传播，主要经由了南北两条路线。

其中的北传又可分为两条途径：其一是从印度北部的乾陀罗开始，越过阿富汗中部的兴都库什山和帕米尔高原，进入我国的新疆地区，并进而传至我国的内地，再经由中国传入朝鲜、日本和越南等国；其二是由中印度直接向北传入尼泊尔，越过喜马拉雅山而进入我国的西藏地区，形成了藏传佛教，再由西藏传入我国内地和蒙古、俄国西伯利亚等地区。南传则首先传入斯里兰卡，再由斯里兰卡传入缅甸、泰国、柬埔寨、老挝、马来西亚、印度尼西亚等国，以及我国云南地区的傣族、德昂族、布朗族等少数民族地区。

南北二传佛教在经典教义和修行活动等方面有不同的特色。北传以大乘为主，其经典大多是从中亚诸民族的文字和印度的梵文陆续翻译为汉文和藏文的。近年来，日本又把部分汉译佛典译成了日文。南传佛教主要是小乘上座部佛教，因此又称"南传上座部佛教"，其教义比较接近原始佛教，经典用巴利文编成。近代以来，巴利文三藏曾被用罗马字刊出，介绍到西方社会，其中一部分又被译为英文，引起了欧美学者的重视。另外，大、小乘佛典现在都有部分先后被译成了英文、法文和德文等。一般来说，南传佛教比较注重原始佛教的精神或教义，对佛典的解释比较强调文字依据，突出对"四谛"、"五蕴"、"十二因缘"等基本教义的阐发，以说明万法无常、人生皆苦的道理。在宗教信仰方面崇拜佛牙、佛塔和菩提树等。在宗教修持上主修"三学"（戒、定、慧）和"八正道"，特别注重禅定，并保持了早期佛教的某些戒律，如托钵化缘、过午不食、雨季安居等。北传佛教则比较偏重对佛法大义的领悟和发挥，注意与传播地区不同的思想文化相结合，例如在中国，印度佛教教义与传统儒、道等思想文化相结合，形成了天台宗、华严宗和禅宗等具有中国特色的佛教宗派的思想学说。在信仰方面，则主要供奉佛与菩萨等，在宗教修持上大都主张修大乘"六度"（布施、持戒、忍辱、精进、禅定、般若），特别强调普度众生，自性解脱。　在戒律上，适应不同的社会需要，有许多不同的具体规定，例如中国佛教的丛林清规等。

　　汉地佛教是中国佛教的主体，也是北传佛教的中心。　印度佛教经过汉文化的洗礼，在中国内地得到广泛传播后，才继续传入了朝鲜、日本和越南等国。　汉地佛教是印度佛教与汉族固有文化相结合的产物。印度佛教传入汉地后，在汉代，就与华夏传统文化和社会习俗发生了碰撞冲突，并在依附当时黄老神仙方术的过程中，通过译经、弘法、格义等途径而开始了其漫长的汉化过程。　佛教最初是被视为黄老神仙方术之一种而为汉文化所容受的。

　　魏晋时期，佛教通过依附玄学而正式登上了中国学术思想的舞台，并得到了迅速的发展。　佛教特有的戒律传授、寺院建筑、净土信仰等也都于此时在当地流行。　在玄学的刺激下，汉地佛教学者的崛起和汉化佛学的初步形成，成为这个时期引人注目的社会文化现象。　西行求法促进了中外文化的交流，儒佛道三教一致论的提出则为佛学融入中华文化提供了理论依据。　南北朝时期，汉地佛教趋于繁兴。　佛教经论的讲习，促成了佛教学派的林立；僧官制度的形成与寺院经济的发展，标示出汉地佛教的特色；佛教音乐、绘画与石窟艺术等的成就则从一个侧面反映了汉地佛教文化的丰富灿烂。　当时南北的分裂与不同的社会文化条件，儒佛道三教的相融与相争，帝王的兴佛和灭佛，都对汉地佛教文化的特点与演变发展产生了重要影响。

　　隋唐时，汉地佛教在帝王的支持下达到了鼎盛，三论宗、天台宗、华严宗、唯识宗、律宗、禅宗、净土宗、密宗等八大宗派的形成，标志着印度佛教汉化的基本完成。　佛教成为汉文化的重要组成部分以后焕发出了勃勃生机，在社会生活和文化各领域都十分活跃，扮演着重要的角色，并积极向外传播，不仅促进了中外经济文化的广泛交流，而且增进了中国与周边国家人民的友谊。这个时期的汉地佛教实际上成为世界佛教的中心。

唐末五代，汉地佛教经过唐武宗灭法、黄巢农民起义以及五代后周世宗灭佛等一系列打击，逐渐开始走下坡路。入宋以后，虽然大多数统治者仍对佛教采取了扶植利用的政策，有些宗派，特别是禅宗和净土宗，也有进一步的流传与发展，但从总体上看，由于宋明理学兴起和被定于一尊，佛教的思辨精华又为其吸收利用，因而佛教本身的发展日趋式微，特别是理论上少有创新和突破。但这个时期佛教的世俗化倾向却日益加强，对社会生活和文化领域的渗透进一步加深，影响更加显著。元代主要崇奉喇嘛教，形成了它所特有的帝师制度。佛教与政治的结合，构成了蒙藏地区社会的重要特点。在衰微趋势中持续发展的汉地佛教，也表现出了与以往不同的许多新特点。佛教与儒、道的三教合流，佛教内部禅、净、教的融合，以及佛教的世俗化倾向，构成了汉地佛教数百年间发展的基本画面。

明清时期，汉地佛教的发展几乎完全处于停滞阶段，不但失去了隋唐时期的蓬勃生机，而且在儒佛道三教融合的趋势中日益丧失了其本身特有的存在价值，许多宗派都是名存实亡，仅存形式而已。但佛教作为一种文化现象依然广泛地存在于社会生活中，一些教义如因果报应、普度众生、明心见性、顿悟成佛等也更加深入人心，甚至成为汉民族的一种文化心理积淀。特别值得一提的是，明末清初兴起的居士佛教，为近代汉地佛教的革新运动的兴起开辟了理论道路，而近代佛教中兴起的佛教革新运动和人间佛教的思潮，不仅为近代社会维新改良运动提供了理论武器，而且为佛教在现代社会的继续发展提供了契机。人间佛教的提倡，开创了汉地佛教发展的新时代。

　　佛教之所以能够在汉地流传两千多年，与汉地佛教十分注重自身的文化建设，特别是在广泛吸收汉民族文化成果的同时不断发展自己、甚至在某些方面改变自身以适应汉民族的精神文化需要密切相关，同时也与佛教能以其特有的文化价值来弥补或充实汉地固有文化的某些缺陷或不足紧密相连。正是在与汉文化的相融互补中，佛教最终得以与儒、道一起，成为中国传统思想文化不可或缺的重要组成部分。

　　中国佛教的另一个重要支派——藏传佛教也属于北传佛教。藏传佛教主要是指在藏族地区形成和发展，并流传于西藏、青海、内蒙古等少数民族地区的佛教，它是印度佛教、西藏本教和汉地佛教相互融合的产物，俗称"喇嘛教"。据传，大约在公元7世纪，佛教就开始从汉地和印度大规模地传入藏族地区。当时，吐蕃赞普松赞干布先后迎娶了尼泊尔的尺尊公主和李唐王朝的文成公主。这两位公主不仅信佛，而且还带着佛像进藏。在松赞干布的支持下，吐蕃开始建造佛寺，此为"前弘期佛教"之始。虽然佛教在松赞干布、赤松德赞等支持下得到初步的传播，却受到了本教势力的强烈抵抗。公元9世纪时，赞普朗达玛在信仰本教的大臣的支持下，兴本灭佛，禁止佛教在吐蕃境内流传，此为"前弘期佛教"之终。直到一百多年以后，即公元10世纪后期，随着藏区社会经济的逐步发展，佛教才在与本教融合的基础上逐渐复兴，并正式形成藏传佛教，开始了西藏佛教的"后弘期"。

　　随着佛教的发展，11世纪以后，藏传佛教中先后出现了许多不同的教派，主要有宁玛派、噶当派、萨迦派、噶举派和格鲁派等。其中影响最大、流传时间最长的是15世纪初经宗喀巴改革后形成的格鲁派。格鲁派中形成的达赖和班禅两大活佛转世系统，构成了后期藏传佛教的主要特色。格鲁派不仅建立了一套完整的寺院组织，而且还在清王朝的扶植下掌握了西藏的政教大权。这种以政教合一为主要特征的藏传佛教在西藏地区的社会政治文化生活中占据着核心的地位。

藏传佛教在其发展中形成了一些独有的特点。 在宗教信仰上，藏传佛教既吸收了本教的神灵和崇拜仪式，也综合了印度和汉地佛教的神灵观，以迎合藏族民众信仰的需要。 在教义上，藏传佛教在兼容大小乘而以大乘为主、兼修显和密而以密教为主的基础上，建构了以修行大乘无上瑜伽密为最高修行次第的理论，形成了富有特色的"藏密"。藏传佛教还十分重视理论和文化建设，翻译编纂了卷帙浩繁的藏文《大藏经》——《甘珠尔》、《丹珠尔》，为藏传佛教的持续发展奠定了坚实的基础。

在我国云南少数民族地区传播的佛教则大都属于南传佛教。 其经典用巴利文写成，教义以小乘上座部佛教为主，故一般称"云南上座部佛教"。 据南传佛教的有关记载，释迦牟尼去世后两百年左右，也就是公元前 3 世纪时，印度摩揭陀国孔雀王朝的阿育王崇信佛教，曾派传教师向周边国家和地区传播上座部佛教。 大批被派往斯里兰卡的比丘，以大寺为中心建立了上座部佛教僧团。 至公元前 1 世纪左右，用巴利文记录成册的上座部佛教经律论三藏初步形成，此为巴利文《大藏经》的原型。 公元 5 世纪，著名的古印度巴利文佛教学者佛音赴斯里兰卡，著《清净道论》，对上座部佛教教义作了比较系统的阐述，为上座部佛教的持续发展奠定了理论基础。 11—14 世纪，上座部佛教在斯里兰卡、缅甸、泰国、柬埔寨和老挝等国家被奉为国教，在统治者的支持下得到了很大的发展，并传入我国云南西双版纳、德宏等少数民族地区。 上座部佛教在我国傣族、德昂族、布朗族、阿昌族、佤族等少数民族中广为传播，逐渐成为这些民族的主要宗教信仰，其中尤以在傣族的发展最为完备，仅傣文的《大藏经》就有三种版本——西双版纳傣文、德宏傣文和傣绷文，并先后形成不同的教派。 因此，上座部佛教的中国化过程在一定意义上也就表现为上座部佛教的傣化过程。

　　在云南少数民族地区传播的上座部佛教，在坚持比较接近原始佛教的基本精神和教义，保持托钵化缘、过午不食、雨季安居等早期佛教戒律，以及注重禅定的修习等上座部佛教基本特点的同时，也形成了许多具有中国少数民族风情的特色。例如全民信教、政教合一以及与本民族的原始崇拜相结合，等等，都具有浓郁的民族风格。特别是政教合一政权的建立，大大推进了南传佛教的民族化及其在少数民族地区的传播。

三、佛教的中国化与中国化的佛学

　　中国佛教和佛学是印度佛教中国化的产物。印度佛教传入中国以后，就不断地调整自己，发展自己，甚至在某些方面改变着自己，以求适应中国社会文化的需要，并最终在与中国社会政治、经济和文化的相互协调中演变发展成了具有中国特色的、表现出中华民族传统精神风貌与理论特色的"中国化的佛教"。这种"中国化的佛教"，既不是对印度佛教的照搬照抄，也不是对印度佛教基本精神的违背，而是在佛教的基本立场、观点和方法的基础上，在探讨并解决中国社会人生的各种问题中，吸收了中国传统的思想内容和方法，在适应中土需要的过程中对印度佛教有所发展，有所创新，并以中国化的语言和方式表达出来的佛教。这种既不同于印度佛教，又有别于中国传统固有思想文化的佛教，就是中国化的佛教。而中国佛学，即中国佛教之学，也就是中国化的佛教之学。本书重点介绍的"性具实相说"、"法相唯识学"、"法界缘起论"和"顿悟心性论"即是中国化佛教之学中最具代表性的天台宗、法相唯识宗、华严宗和禅宗的宗派之学。

　　印度佛教的中国化是一个色彩斑斓而曲折的历史过程。由于中国传统思想文化的内涵丰厚而广博，而印度佛教本身也是一个由众多要素构成的复杂体系，既有宗教的信仰，又有为之作理论论证的思辨哲学，还有一套相应的礼仪制度、僧伽组织、宗教伦理和修行方式等，因此，佛教的中国化呈现出了非常错综复杂的情况，通过了各种不同的途径和方法，它不仅表现在宗教信仰、神学理论等方面，而且还表现在佛教的礼仪制度、组织形式和修行实践等许多方面。例如中国佛教把中国封建社会自给自足的小农经济的生产方式和生活方式结合到自己的修行生活中来，提倡"农禅并重"，从而根本改变了印度佛教托钵化缘的乞食制度；隋唐佛教各宗派模仿世俗封建宗法制度而建立了各自的传法世系以维护自己的宗教势力和寺院经济财产，等等。而印度佛学的中国化则为佛教中国化的深入并持久地展开奠定了坚实的思想理论基础。

就佛教与汉文化的关系而言，印度佛教的中国化大致可以概括为方术灵神化、儒学化和老庄玄学化等三个方面。这三个方面是相互联系、并存并进的，但在不同的历史时期、不同的人物身上和不同的思想体系中又各有侧重。它们从不同的方面促进了佛学中国化的全面而深入的展开。

佛教的方术灵神化主要是指佛教对中土黄老神仙方术的依附和对传统灵魂不死、鬼神崇拜等观念的融合吸收。佛教的方术灵神化既与佛教本身的特点相连，也与佛教传入中土后所面对的文化环境相关。从历史上看，佛教来华之时，正值中土社会上各种方术迷信盛行之际。天帝、鬼神、祖先的崇拜和祭祀、卜筮、占星、望气、风角等种种方术，在当时社会上都非常流行，特别是黄老神仙方术更是盛极一时。在这样的文化背景下，初传的佛教也就被中土人士理解为是黄老道术的一种，因此人们往往把黄老与浮屠并提。社会上还出现了所谓的"老子化胡说"，客观上把佛与道纳入了同一个华夏文化系统之中。而佛教也充分利用这样的机会和条件，有意地对此加以迎合，以求在异国他乡更好地生存发展。　印度佛教中虽然也有神通等内容，但并不占重要地位，因为信奉佛法、励志修行是为了解脱，若以神通为追求的目标，那属于佛教所斥的外道。　但佛教传入中国以后却往往有意识地将这一方面的内容突现出来，借以迎合并依附中土的种种神仙方术。　例如在传为中土第一部汉译佛典的《四十二章经》中，就把佛陀描绘为"轻举能飞"的"神人"。　中国佛教徒编的最早介绍佛教的著作《理惑论》中也以道家神仙家之言来解释佛陀，认为佛陀能够"恍惚变化，分身散体"，"蹈火不烧，履刃不伤"。　为了迎合当时社会上流行的神仙方术，早期来华传教的僧人也往往借助于一些道术医方来拉拢信徒，扩大佛教的影响。　在依附神仙方术的同时，外来佛教也十分注意对灵魂不死、鬼神崇拜等中国传统宗教观念的吸收。　例如，印度佛教本来是主张"无我"的，认为人是"五蕴"和合而成，没有独立自存的恒常的主体，死后也没有不死的灵魂，而中国却自古以来就盛行着灵魂不灭、鬼神报应的观念，外来佛教自传入起就对这种思想和观念有所融合。　例如三国时的康僧会在所译的《察微王经》中直接使用了"魂灵"一词。　灵魂不死与天堂地狱等结合在一起而形成的轮回报应说和视佛菩萨为神灵的观点，至今仍在中国人的思想观念和社会生活中发生着一定的影响。

　　如果说佛教的方术灵神化主要是在信仰和行证的层面上为佛教的传播扫除了障碍，为其与广大民众的宗教观念和行为相结合开拓了道路，那么佛教的儒学化则为中国佛教的社会伦理品格和心性理论奠定了基础，并为佛教在中国社会的进一步传播发展创造了条件。

　　儒学是中国文化的主流，也是自西汉以来在中国封建社会中长期占主导地位的思想意识形态。　佛教的儒学化主要表现在两个方面：一是对儒家伦理名教的妥协与调和；二是对儒家入世的人文精神和心性学说的融合吸收。 印度佛教视人生为苦海，要人厌离世俗生活，出世求解脱。 这与中国儒家关注现实社会人生而重视君臣父子的纲常名教、仁义孝悌的伦理亲情、修齐治平的道德政治理想等都是非常对立的。 而佛教徒不娶妻生子，见人无跪拜之礼的出家修行方式，更是与传统的儒家社会伦理不合。 因此，佛教一传入就受到了以儒学为代表的传统思想文化的激烈排斥和攻击，被斥之为不忠不孝，违礼悖德。 由于儒家伦理名教是中国宗法性社会的重要思想支柱，因此，佛教为了在中土生根、发展，就必须与之妥协调和。

从历史上看，佛教对儒家伦理名教妥协调和的手法主要有以下几个方面：其一是寻找相似点，采取比附的手法，以强调两者一体，本来不二。 例如佛教徒经常把佛教的"五戒"比同于儒家的"五常"。《颜氏家训·归心篇》中说："内典初门，设五种禁，与外书仁义五常符同。 仁者，不杀之禁也；义者，不盗之禁也；礼者，不邪之禁也；智者，不酒之禁也；信者，不妄之禁也。"这种说法，后来几乎成为一种定论，并成为中国佛教伦理的重要内容。 其二是调整乃至不惜改变佛教自身，以求与儒家伦理相适应。 具体的做法，或者是在译经过程中就以儒家伦理为标准作出增删，例如去除父母子女平等的论述而加进了"孝养父母"的内容；或者是在阐发佛理时作出迎合儒家伦理的引申发挥；有时干脆在佛教中加入儒家名教的内容。 有关这方面的突出例子是中国佛教对"孝道"的阐扬。 在以血缘为纽带、以家庭为本位的中国封建社会，孝亲是各种社会和伦理关系的基础，一向受到全社会的普遍重视。 而重视孝道，突出孝道，也成为中国佛教伦理的一大特色。其三是沟通不同点，努力从劝善等相同的社会作用来论证儒佛不二或儒佛互补，两者都有助于帝王的教化，以强调两者的"殊途而同归"，这是中国佛教最常用也是最根本的论证方法。

　　随着佛教在中土站稳脚跟并传播发展，佛教的儒学化也逐渐从表面层次的对儒家纲常名教的妥协调和发展为深层次上的对儒家重现世现生的人文精神和思维特点、思想方法的融合吸收，特别是通过与儒家心性论的交融而形成的中国佛教的心性论，成为中国化佛教理论的重要特色。

　　佛教的老庄玄学化也可以追溯到佛教的初传之时。汉译佛经从一开始就借用了许多传统道家的术语。例如最早来华传教的译经大师安世高，在其所译出的《安般守意经》中就用道家的"气"来概括佛教的地水火风"四大"，用道家的"无为"来表示佛教的涅槃义。与安世高差不多同时来华传教的译经大师支娄迦谶则在其译出的《道行般若经》中用"本无"、"自然"等概念来表示般若性空之义。魏正始（240—249）以后，魏晋玄学盛行。由于佛教般若学假有性空的理论与老庄玄学谈无说有的思想特点颇为相似，因而借助于玄学而得以盛兴，并与玄学合流产生了玄学化的佛教般若学派"六家七宗"。正是通过与玄学的合流，佛教正式登上了中国学术思想的舞台。在隋唐时建立起来的各个中国化的佛教宗派的思想体系中，老庄玄学的"自然"、"有无"和"道"等概念以及相对主义、得意忘言等方法，都在其中起着巨大的作用。值得注意的是，中国佛教通过对道家自然人生论的会通而孕育出"自在解脱"的逍遥精神，赢得了许多文人士大夫的青睐，以至于在唐中期以后，士大夫出入佛老成为一种比较普遍的文化现象。正是通过种种不同的途径与方式，印度佛教渐渐地走进了中国文化圈，并在不同的历史阶段表现出不同的中国化特色。

　　纵观历史，佛教在汉族地区的中国化进程大致可以分为三个重要的阶段。第一个阶段是从佛教初传到两晋时期。这个阶段的佛教主要是依附于中国的传统思想文化，并在与传统思想文化的交融中逐步得到发展。 具体地说，汉代的佛教主要依附神仙方术，魏晋时则主要依附玄学。 两晋佛教般若学派"六家七宗"的出现，既是玄学影响的结果，也是佛学企图摆脱对玄学的依附而建立自己思想体系的尝试。 鸠摩罗什来华译出诸多佛教经论，使这种企图成为可能。 东晋名僧僧肇在批判玄佛合流的基础上创建了较为完整的中国化的佛学体系，标志着魏晋玄佛合流的终结，并开了中国化佛学自成体系的相对独立发展的先河，把佛学的中国化推向了新的阶段。

从南北朝到隋唐五代，是佛教中国化的第二个阶段。 这是中国化佛教走向独立发展与鼎盛的时期。 南北朝佛教学派的林立和寺院经济的发展，为隋唐佛教宗派的创立奠定了理论和经济的基础。 隋唐时期，天台、华严和禅宗等中国化佛教宗派的出现，则标志着佛教中国化的基本完成。

入宋以后，佛教的中国化进入了第三个阶段。 在这个时期，中国化的佛教在由盛而衰中持续发展，但表现出了许多不同于以前的新特点。 佛教一方面潜移默化地渗透到了中国思想文化的各个方面，成为传统思想文化的重要组成部分，另一方面又随着其自身理论精华逐渐被宋明理学所吸收而在理论上少有创新，甚至停止了发展。 由于禅宗与净土宗的相对盛行，因而这个时期的佛教发展表现出了教禅合一和禅净融合的趋势。 明清时期，居士佛教的兴起和佛教研究团体的出现，推动了中国近代佛教文化的复兴。 近代中国的社会现实，为佛教的复兴提供了重要契机，而佛教复兴运动中出现的种种革新思潮，特别是"人间佛教"思想的出现，则为近、现代佛教的发展注入了新的生机。

需要指出的是，佛教和佛学的中国化过程是佛教与中国传统思想文化相互影响的过程。 在佛教的中国化进程中，佛教一方面在中印文化的碰撞和冲突中主动依附迎合传统的思想文化，积极地对之加以融合吸收，有时甚至不惜改变自己的某些特性或面貌以适应中国社会文化环境的需要；另一方面，它又以其独特的形式和内容为中国的传统思想文化注入了新的活力，充实和丰富了中国的传统思想文化。外来的佛教在传统文化的影响下为适应中国社会的需要而不断改变自己，传统文化也在外来佛教的影响下不断发生变化，这两方面是紧密联系、相互交织的，构成了一个文化双向互动的过程。因此，在强调佛教和佛学中国化的同时，传统思想文化的佛教化也是不应被忽视的。中印文化的相互冲突与融合，构成了汉代以后中国思想文化发展的重要内容。

第一章　中国佛教的印度之源

中国佛教之源在印度。 佛教作为世界三大宗教之一，产生于古代印度，但兴盛在中国。 佛教在没有传入中国之前，在印度已有了几百年的发展历史。 印度佛教先后经历了原始佛教、部派佛教、大乘佛教和密教等不同的阶段。 不同时期的佛教表现出了不同的特点，它们都对中国佛教和佛学有着重要的影响。 中国佛教乃是印度佛教在中国社会历史条件下，在同中国固有的传统文化的冲突与交融中，逐渐演变发展起来的。 为了更好地了解中国佛教和佛学的形成、发展及其内涵和特点，有必要先追溯一下佛教的印度之源。

一、释迦牟尼和佛教的创立

佛教的创始人释迦牟尼，姓乔答摩，名悉达多。 释迦，是种族名；牟尼，是明珠，喻圣人。 释迦牟尼是佛教徒对他的尊称，意为释迦族的圣人。 释迦牟尼成道后，又被称为佛陀，或简称为佛。 佛陀，是梵文 Buddha 的音译，也译为浮屠、浮图、佛驮等，意译为觉或觉者。觉有三义：自觉、觉他、觉行圆满。三项俱全者方名为佛。在佛教创立的最初阶段，"佛"仅限于对释迦牟尼的尊称，后来则除了指释迦牟尼之外，也泛指一切觉悟成道、觉行圆满者。

关于释迦牟尼，佛教有许多传说，佛教研究者对释迦牟尼是神话人物还是历史人物也有过争论。但根据现有的资料，基本可以确认释迦牟尼是一个历史人物，后来被佛教徒逐渐神话。释迦牟尼的生卒年月，在南传佛教与北传佛教中有不同的说法，现已不可详考。一般据汉译《善见律毗婆沙》"出律记"记载的"众圣点纪"法，推算为公元前565—前485年，与中国的孔子差不多同时代。据传，释迦牟尼是古印度北部迦毗罗卫国（今尼泊尔南部）净饭王的儿子。其母摩耶夫人在临产前按当时的风俗回娘家分娩，路过蓝毗尼花园休息时生下了他，故蓝毗尼成为印度佛教的四大圣地之一。释迦牟尼生于四月八日，故这一天被佛教徒定为"佛诞节"。由于传说释迦牟尼诞生时有九条龙口吐香水洗浴佛身，据此，佛教徒每逢佛诞日都要以各种名香浸水灌洗佛像，举行"浴佛"活动，以纪念释迦的诞生，故"佛诞节"世称"浴佛节"。

释迦牟尼出生后七天，生母摩耶夫人就去世了，由姨母摩诃波阇婆提夫人抚养。他天资聪颖，相貌端庄，自幼在宫廷里接受传统的婆罗门教育，还兼习兵法与武艺，是一个文武双全、智勇兼备的王子。净饭王对他的期望很大，立他为太子，希望他能继承王位，成为一个统一天下的"转轮王"（古印度神话中的"圣王"，转"轮宝"而降伏四方）。但释迦牟尼本人却有感于社会现实和人世的无常，并不想继承父业，做一个政治上的统治者。他关心并致力于探讨人生痛苦的原因以及摆脱痛苦获得解脱的途径与方法等一系列问题。据说他十四岁那年曾驾车郊游，出东南西三门，分别见到了生老病死等人生的各种痛苦现象，后来出北门遇见一位出家修道的沙门，听到了出家修道可以从生老病死的痛苦中解脱出来的道理，于是便萌发了出家修道的想法。为了阻止释迦牟尼出家，净饭王为他提供了各种各样的享乐条件，专门为他建造了豪华舒适的"寒、暑、温"三时宫殿，并在他十六岁的时候为他娶了邻国公主、表妹耶输陀罗为妻。后生下一子名罗睺罗。但释迦牟尼并未因此而动摇出家的决心，在二十九岁时的一个夜晚，他毅然抛弃了宫廷的舒适生活，离开妻儿，一个人来到森林中，剃去须发，披上袈裟，走上了出家修行之路。

最初，释迦牟尼在摩揭陀一带寻师访道，修习禅定，后又在尼连禅河畔的树林中独修苦行，希望通过对自己身体的折磨而达到精神的解脱，坚持了六年，仍无所得，他没有找到解脱之道。于是，他知道苦行无益，便放弃了苦行，到尼连禅河中去洗净了六年的积垢，并接受了一个牧女供养的乳糜，从而使身体得到了恢复。他走到附近的荜钵罗树下向东结跏趺坐，发下誓言，若不证得无上菩提（觉悟），决不起座。终于在一天夜里大彻大悟，洞察了宇宙人生的真正本质，获得了解脱，成了佛陀（觉悟者）。是年三十五岁。悟道之日据说是十二月八日，因而在佛教中定这一天为"成道节"。释迦牟尼成佛的地方，后来被称为佛陀伽耶或菩提伽耶，也是印度佛教的四大圣地之一，荜钵罗树则被称为菩提树。

释迦牟尼悟道成佛后，即开始向大众宣说自己证悟的真理，主要是四谛、八正道等法。最初听讲的有憍陈如等五人，他们成为释迦牟尼的最早弟子，初成僧团，地点在鹿野苑。这次说法，佛教史上称之为"初转法轮"。"法轮"是对佛法的喻称，一是比喻佛法能摧破众生烦恼邪恶，如印度古代神话中的转轮王转动手中所持的"轮宝"摧破山岳岩石一样；另外也是比喻佛之说法，如车轮辗转不停。 佛的"初转法轮"，在佛教史上意义重大。 因为构成佛教的三个重要因素，即佛教的所谓佛、法、僧"三宝"此时皆已具备，这标志着佛教的初创。而释迦牟尼也由世俗的王子变成了宗教的教主。 此后不久，释迦牟尼便到各地传教，先后收了舍利弗、目犍连和摩诃迦叶等人为弟子，并把他们上千的徒众也吸收到僧团中来。 随着佛教影响的扩大，信徒越来越多。 在王舍城，受到摩揭陀国频婆娑罗王及其子阿阇世王的皈依，在舍卫城，又受到拘萨罗国波斯匿王的皈依。 当他回到故乡迦毗罗卫国时，他的同族兄弟阿难陀、阿那律以及他的儿子罗睺罗、姨母波阇波提等都出家皈依了佛教。

作为佛教创始人的释迦牟尼一生传道说法四十五年，足迹遍布恒河两岸。 所到之处，他很少参与政治和世俗生活，一心讲道。 他的弟子中有国王与豪商，也有乞丐与妓女，人数众多，成员复杂。 因此，释迦牟尼在世的时候就十分重视组织僧团，制定僧规。 云游乞食，雨季安居，犯过忏悔和不杀、不盗、不邪淫、不妄语、不饮酒等，成为原始佛教的基本制度与戒律。 释迦牟尼在八十岁那年，不幸身染恶疾，在末罗国的拘尸那加城外的娑罗双树林间逝世。 临终前，他还为婆罗门学者须跋陀罗说法，收他为最后一个弟子，可谓为佛教事业奋斗到了生命的最后一刻。 释迦牟尼去世是在二月十五日，这一天后来被佛教徒尊为"涅槃节"。 释迦牟尼初转法轮的鹿野苑和涅槃地拘尸那加也都成为印度佛教的四大圣地之一。

相传，释迦牟尼遗体火化后的遗骨（即"舍利"）被分为八份，由八个国家的国王和长者带回，分别建塔安奉。 公元前 3 世纪，摩揭陀国的阿育王在全印度建八万四千佛舍利塔。 后来，伴随着佛教东传，佛之舍利也被带至中土。 供奉佛舍利，是佛教活动的重要内容之一，它是人们的宗教信仰与宗教情感的一种折射，在佛教的传播发展中，它虽不同于译经著论等弘法活动，却起着与之相类似的重要作用。 我国陕西扶风县法门寺奉藏的佛指舍利在隋唐时曾多次被帝王大规模地迎奉，引起极大的轰动，造成巨大的影响，这从一个侧面说明，佛教作为一种宗教文化，它并不仅仅是一种思想学说，同时还可以表现为诸如寺院、佛塔、神像等物质形态，也可以凝聚并积淀在社会习俗和人们的心中，体现出宗教情感和社会活动等。 因此，只有对佛教作多层次、多角度的了解，才能更好地从总体上把握佛教及其特点。

佛陀创立的佛教的基本思想和特点与佛教创立的社会文化背景密切相关。 在释迦牟尼生活的年代，正值印度社会处于大动荡之时，各种矛盾十分尖锐。 由中亚地区侵入的雅利安人长期压迫着被征服的土著民族，而雅利安人内部则随着社会分工的发展也分化出不同的等级。当时印度普遍实行种姓制度，将人分为四等：第一种姓为婆罗门，即掌握神权、主持祭祀的僧侣，他们自称是创造宇宙的主宰"梵天"的代表，以"人间之神"自居，地位最高，是当时一切知识的垄断者。 第二种姓为刹帝利，即掌握军政大权的国王和武士，是世俗的统治者。这两种种姓构成了当时的统治阶级。 第三种姓为吠舍，即农民、手工业者和商人等。 第四种姓为首陀罗，即奴隶和从事"卑微"劳动的杂役，他们没有任何权利，地位最为低下。 前三种姓均为雅利安人，首陀罗则是土著人。 不同的种姓之间界限分明，不能通婚、交往，甚至不能共食、并坐，他们的社会地位、权利、义务和生活方式等都各不相同，而且世代相袭。 后来，还出现了许多被排斥在种姓之外的所谓贱民，他们的地位更为卑贱，他们的人身和用过的东西都被认为是"龌龊"的，不得同其他种姓的人接触，因而又被称为"不可接触者"。随着国家机器的加强，刹帝利对婆罗门的特权和至上地位日益不满。

居于第三等级的吠舍由于商业和手工业的发展，经济力量不断扩大，也要求提高自己的社会地位，并产生了参与政治的要求，因而他们既与刹帝利之间存在矛盾，又支持刹帝利削弱婆罗门的世袭特权。而生活在社会最下层的被压迫者与上层统治者的矛盾就更加尖锐。

错综复杂的社会斗争必然反映到思想领域中来。佛陀时代，印度思想界十分活跃，有人称之为"百家争鸣"的时代。总体上看，各种不同的观点基本上可以分为两大思潮，即正统的婆罗门思潮和新兴的反婆罗门思潮，后者一般通称为沙门思潮。

正统的婆罗门教源于公元前两千年印度古代的吠陀教，正式形成于公元前 7 世纪。它以《吠陀》为天书，主张吠陀天启、祭祀万能和婆罗门至上的三大纲领。它信仰多神，特别奉梵天、毗湿奴和湿婆为三大主神，认为他们是三相神（三神一体），分别代表宇宙的创造、护持和毁灭；同时又以"梵"为宇宙万物的最高主宰，认为"梵"从口里生出婆罗门，从肩部生出刹帝利，从腹部生出吠舍，从脚下生出首陀罗，因而四种姓的高下贵贱之区分是神圣不可改变的。它宣扬善恶报应、生死轮回等观念，认为人有不死的灵魂，可以根据现世的行为，即根据是否信奉婆罗门教并严格执行教法规定而于来世转变为不同的形态，或变为神，或转生为不同种姓的人，或转生为畜生乃至下地狱。它还主张祭祀祈福，修行以求解脱，认为人的灵魂本质上即是"梵"，亲证"梵我同一"，即可获得解脱。婆罗门教的信仰和教义从正反两方面对原始佛教特点的形成产生了深刻的影响。

当时的沙门思潮流派众多，佛经上有"九十六种外道"之说。比较有代表性的有六家，他们是：（1）阿耆多，顺世论的先驱之一，主张人与世界皆由地、水、火、风等"四大"构成，反对梵天的存在，否认灵魂不死和因果报应，追求现世的享乐。（2）尼乾子，耆那教的始祖，主张业报轮回，提倡通过极端的苦行来使灵魂得到解脱。（3）婆浮陀，主张七元素说（地、水、火、风、苦、乐、命），认为元素既不由他物创生，也不创生任何他物，元素是独立自存、永恒不灭的。（4）富兰那，主张"无因无缘论"，认为世界上一切事物的产生和发展都是偶然的。从偶然论出发，怀疑并否定社会上的一切宗教道德，认为善恶并无一定的标准，不承认因果报应说，主张纵欲。（5）末伽黎，主张"命定论"，认为人是命运的盲目工具，一切事物都受"命运"支配，人生亦不例外，因而否定道德的意义和业报的存在。（6）散惹夷，宣扬一种怀疑论或不可知论，对一切问题都不作决定说，持相对主义的态度。例如对有无来世、因果、善恶等，认为说有即有，说无即无，也可说亦有亦无或非有非无，因而有人称之为难以捉摸的泥鳅学说。以上六家学说，观点虽然各不相同，但他们在反对吠陀的权威和婆罗门教的政治、思想统治方面则是一致的。佛教最初也是反婆罗门的沙门思潮之一，后为了表示与其他学说的不同而将佛教之外的学说称之为"外道"，有代表性的六家则被称为"六师外道"或"外道六师"。

佛教作为当时沙门思潮的一种，是以反对婆罗门教的姿态登上历史舞台的，因而它的许多基本理论和主张都是与婆罗门教针锋相对的。佛教对婆罗门教的许多主张都采取了批判的态度，对六师学说也表示反对。正是在与婆罗门教和其他各种学说的斗争中（同时也吸取了它们的某些思想成分），佛教创立了自己的思想学说，形成了自己的基本特点。

佛陀及其弟子所传的佛教，现在一般称作原始佛教。原始佛教的显著特点之一是将"缘起论"和"无我说"作为其全部思想学说的理论基础，以反对婆罗门教关于有万能的造物主（大梵天）和不死的灵魂

（神我）的说教。 佛教的缘起论认为，一切事物或现象的生起，都是因缘（条件）的和合，"缘合则起，缘散则离"，没有独立自存的实体或主宰者。 所谓"无我"的"我"，指的就是起主宰作用的精神主体或灵魂。 "无我"，即对"我"的否定。 原始佛教以缘起论来反驳婆罗门教的神创论，并把坚持无我视为它区别于各种"外道"的主要标志之一。 正因为此，所以关于佛教（特别是原始佛教）是有神论还是无神论的问题，在中外学者中曾有过争论。 有人认为佛教不以信仰神灵为特征，故不能称之为宗教，有人则称它为"理智的宗教"、"无神的宗教"或"哲学的宗教"。 相对于婆罗门教而言，佛教在创立之初确实具有某种无神论的倾向，但这种无神论倾向是不彻底的，因为佛教虽然反对神创说，却并不否定神的存在，而且，由于"无我说"与佛教的基本教义"业报轮回"之间存在着理论表达上的矛盾，所以佛教在以后的发展中很快又提出了种种变相的"我"的理论。 不过，由于"无我说"的影响，后来种种关于"我"的理论在印度佛教中并不占主导地位，仅仅被说成是"不了义"或"方便说"，但对盛行"灵魂不死"观念的中国文化氛围中发展起来的中国佛教却产生了重大的影响。

原始佛教的另一个重要特点是重视对人生问题的探讨，重视对人的解脱的实际追求而不重视对抽象哲理的研究。 佛教的创立虽然与当时的印度社会状况以及活跃于社会生活中的各种宗教文化现象的特点密切相关，但其直接的动因却是释迦牟尼对人生问题的思考。 释迦牟尼有感于现实人生的种种痛苦而致力于追求永超苦海的极乐。 他在菩提树下证悟的宇宙人生真谛就是用缘起论来分析生老病死等人生现象，说明人生无常，一切皆苦，揭示了人生痛苦的原因以及摆脱痛苦的途径、方法和境界，强调了通过宗教实践获得人生解脱的重要性与迫切性。 对于有关世界的本体等抽象的哲学问题，释迦牟尼一般都采取了回避的态度，认为应该把这些问题悬置起来，先解决最迫切的摆脱现实痛苦的人生问题。著名的"十四无记"和"箭喻"等，都反映了原始佛教的这一基本特点。"十四无记"就是释迦牟尼对外道提出的世间常抑或无常、世间有边抑或无边等十四个问题皆"不为记说"或回答"无记"（即不置可否、不作明确的肯定或否定的回答）。"箭喻"则是释迦牟尼说的一个譬喻，他把生活在现实痛苦中的人与中毒箭者相比拟。他认为，一个中了毒箭的人如果不去抓紧时间拔箭治伤，而是先要去探讨箭的颜色、质料和制作箭者的姓名、籍贯、长相等，那么，不待他弄清这些问题，他也许早就命终了。现实苦难中的人也是如此，如果他执著于先去探讨世间的有常无常等形而上的问题而不勤修佛道以求超脱人生苦海，那也就像中毒箭者一样愚蠢了。原始佛教这种重人生问题和人的解脱的基本精神到部派佛教乃至大乘佛教时虽然有进一步的发展，但更多的是从思辨哲理方面被抽象地加以发挥了。而这种精神在重视现实人生问题的中国传统文化的氛围中却获得了新的生命力，得到了长足的发展。

原始佛教重人的解脱，突出智慧的作用，最终又把人的解脱归结为心的解脱，这是它的又一个重要特点。佛教作为一种宗教，解脱问题一直是其理论中最根本、最核心的问题。原始佛教的解脱论是奠定在"慧解脱"之基础上的，它十分强调一种无上智慧（菩提）的获得，追求一种大彻大悟的理想境界。释迦牟尼就是在菩提树下证得了无上智慧，彻悟了宇宙人生的一切真谛，从而获得根本解脱的。成佛，意思就是成为"觉者"。在原始佛教时期，佛陀只是被视为一个觉悟者，他仍然是人而不是神，他与常人的不同只在于他品格伟大、智慧超人。对佛陀的神化是从部派佛教开始，而在大乘佛教中进一步得以发展，由于原始佛教的全部理论就在于为解脱的必要性与可能性作论证，其解脱的重点又落实在无上菩提的获得，而这实际上是实现一种主观认识的转变，是一种内在精神上的解脱，古人又往往以"心"代指主观精神，因此，"心"便被视为是解脱的主体，佛教的解脱最终也就归结到了"心"的解脱。原始佛教强调："若心不解脱，人非解脱相应。……若心解脱，人解脱相应。"①原始佛教把人的解脱归结为"心"的解脱的特点，与中国传统文化中的儒家重人的内在精神的提升和道家追求人的精神的逍遥自由有相契合之处，从而提供了印度佛教文化与中国传统文化相融互补的重要契机。

在如何实现解脱的问题上，释迦牟尼还在与婆罗门教和各种"外道"的斗争中，摒弃了在当时印度社会中比较流行的享乐和苦行这两种极端的修行方法，认为这两种方法既不足学，也不足行，若依此二法修行，根本不可能实现解脱的目标，只有"离此二边取中道"，即采用不偏不倚的合乎"中道"的宗教修行方法，才能达到涅槃的解脱圣境。这种不偏不倚的合乎"中道"的宗教修行方法，以平和的态度回归自心以求主体精神的根本转变，挺立出了佛教与众不同的特质，并因此而增强了它的社会适应性，使之易于为各种不同的人所接受，这也是佛教创立以后很快得到广泛传播的重要原因之一。原始佛教的"中道"立场不仅成为其修行方法的基本出发点，也成为原始佛学乃至后来大乘佛学的重要思想和方法论基础。

原始佛学的基本特点还表现在它主张的"种姓平等观"上。在解脱的可能性上，按照婆罗门教的种姓说，人区分为四种种姓是神的意志，因而是不可改变的，四种种姓中只有婆罗门、刹帝利和吠舍这三个种姓才有资格信奉宗教，礼拜神灵，通过修行而获得解脱，由于这三大

---

① 《舍利弗阿毗昙论》卷二,《大正藏》第 28 册,第 698 页中。

种姓除父母所生的第一次生命之外还能从宗教方面获得第二次生命，故又称"再生族"；而第四首陀罗种姓则无权拜神和礼诵吠陀，他们永无再生的希望，不可能得到解脱，故又称"一生族"。 佛教创立以后，反对并驳斥了婆罗门教的神创理论，认为种姓的区分不是先天的而是后天的，应该以人的德行而不应以人的出身来划分种姓。 原始佛教主张种姓之间的平等，特别强调各个种姓在信奉佛教追求宗教解脱中的平等。 佛陀曾说："今我弟子，种姓不同，所出各异，于我法中出家修道。 若有人问：姓谁种姓？ 当答彼言：我是沙门释种。"①在当时的印度社会中，佛教打出"种姓平等"的旗号，得到了除婆罗门之外大多数人的支持，这是它很快兴盛发展起来的又一重要原因。

二、印度佛教的分化与发展

释迦牟尼逝世后的一百年间，佛教教团比较统一，佛教教义与佛教徒的修行生活也没有出现重大的分歧与差异，大致与释迦牟尼在世时差不多。 由于释迦牟尼在世时只是口头说法，并无文字记载，弟子们所闻所记，难免各有差异。 为了纯洁教义，维护教团的团结和戒律的统一，据说在释迦牟尼逝世的当年，曾由大弟子迦叶召集五百名比丘在王舍城附近的七叶岩毕波罗窟集会，共同忆诵佛说。 这就是佛教史上的"第一次结集"，又称"五百结集"或"王舍城结集"。 在这次结集会上，佛陀的大弟子阿难和优婆离分别根据记忆诵出经、律二藏，得到了大家的认可，确定了现存《阿含经》的基本内容，主要是关于四谛、五蕴、八正道、十二因缘等原始佛教基本教义的论述。 这部分内容至部派佛教形成前后被系统整理，约在公元前一世纪左右写成文字，行文乃

---

① 《长阿含经·小缘经》卷六,《大正藏》第1册,第37页上—中。

以"如是我闻"为开卷语，此格式为以后一切佛经所沿用。据说当时佛陀的弟子们对戒律等也有过小的争论，这些争论为印度佛教后来出现的分裂埋下了伏笔。

佛教第一次结集以后，长老们分别率领徒众到各地去行化，师徒相传，逐渐形成了不同的系统。随着时间的推移和各个系统所处的社会条件、文化传统和地理环境等的不同，各系所传的教理和所遵奉的戒律也逐渐出现了差异。最后，终于导致了佛教的分裂，原始佛教也就过渡到了部派佛教。

公元前4世纪到公元前1世纪，即释迦牟尼去世后一百年到四百年间，佛教教团出现了分裂。关于统一佛教分裂的时间和原因，有许多不同的说法。一般认为，在第一次结集中，佛陀的弟子们就曾对戒律有过小的争论，但公开分裂是从释迦牟尼逝世后的一百年左右的"第二次结集"开始的。那次结集有七百人参加，地点在印度东部的毗舍离。分裂的原因，南传佛教认为主要是对戒律的看法有分歧，北传佛教则认为主要是对教理有不同的看法。

据南传佛教《岛史》、《大史》等记载，随着佛教在印度社会的传播与发展，一些传统的戒律和教义已不再适应佛教进一步普及的需要，特别是在经济比较发达的印度东部地区。于是，以毗舍离城为中心的印度东部跋耆族的一些比丘，对原始佛教的戒律采取了比较自由的态度，认为某些传统的戒律已经不再适用，应该改变。他们提出了关于戒律的"十事"，即改革传统戒律的十条新主张：（1）角盐净，谓食盐可储存在角器中供日后食用；（2）二指净，谓太阳的影子过正午二指时仍可进食（佛教原来规定过午不食）；（3）他聚落净，谓饭后到其他乡村聚落还能再食;（4）住处净，谓在一处居住的比丘可以分别举行布萨会（即检讨忏悔会，原来规定要全体集中）；（5）赞同净，谓遇事一部分比丘可先做出决定，然后征求他人同意（原来规定有事要大家一起商量决定）；（6）所习净，谓出家前所学习的东西出家后仍可按照惯例学习行事；（7）不搅乱净，谓未搅动的牛乳也允许喝；（8）饮阇楼伽酒净，谓因病可喝一些未发酵的棕榈酒；（9）无缘坐具净，谓坐具可以随意大小；（10）受蓄金银钱净，谓可以受蓄金银钱财。 这些新的主张遭到了印度西部摩偷罗一带以耶舍为首的长老们的反对，他们专门为此召集了七百比丘举行结集，宣布这"十事"不合戒律，是非法的。 东部的大多数比丘并不接受这种裁定，他们依然坚持实行"十事"，据说他们曾另外召集了一次有万人参加的规模更大的"大结集"。 统一的佛教教团由此发生了分裂。

据北传佛教《异部宗轮论》等记载，统一佛教的分裂主要是由于对佛教修行果位"阿罗汉"的看法不同。 "阿罗汉"是小乘佛教修行的最高果位，其义有三：（1）杀贼，意谓杀尽一切烦恼之贼；（2）应供，意谓应受天人的供养；（3）不生，即不再在生死中轮回。 当时有一个名叫大天的比丘对原始佛教的修行理论不满，提出了对阿罗汉的五条新见解（"五事"），即认为只有佛才是究竟位，阿罗汉却并非完美无缺而是仍然有着五种局限：（1）仍有生理欲望；（2）仍有"无知"；（3）对教理和戒律还有疑惑；（4）还需要得到佛的指示；（5）若不发出"苦"的叹声，仍有无常、痛苦的感受。 这种新见解遭到了长老们的反对，却得到了众多比丘的附和，于是佛教发生了分裂，形成了以长老为主的上座部和非正统的大众部。

从实际情况来看，佛教的分裂，除了因为佛陀口传的教理戒律经弟子辗转相传必然出现差异之外，与佛教本身为了适应社会条件的变化而做出某些变革以求生存和发展也有很大的关系。 例如，当时的印度东部地区经济比较发达，佛教徒已开始有了自己的私有财产，佛教变革不蓄金银钱财、僧团财产共有等戒条，正是为了求得在这些地区的广泛传播与发展。再如，佛教抬高佛的地位，甚至创造出许多有关佛陀的神话，这也正是为了更好地适应广大民众的心理需要，以求吸引更多的信徒。

由上座部和大众部进一步分化出众多的部派，其名称、时间、地点和原因等，南北传佛教也有种种不同的说法。各部的名称，有的是根据部主的名字命名的，如犊子部、法上部等；有的是根据部派流传的地点命名的，如西山部、北山部等；还有的是根据部派学说的性质或特征来命名的，如说假部、说一切有部等。

总之，佛陀的弟子们对教义和戒律的不同看法，导致了佛教教团分裂为倾向保守的上座部和倡导改革发展的大众部两大派，史称"根本分裂"。前者属于正统派，后者属于非正统派。这两大派后又继续发生多次分裂，史称"枝末分裂"。形成的派别，据南传佛教说，有十八部，据北传佛教说，则有二十部。这一时期的佛教，统称部派佛教，其佛学，就是部派佛学。

部派佛教虽然对"四谛"、"五蕴"、"八正道"和"十二因缘"等原始佛教的根本教义一般仍然是坚持的，但在许多宗教问题的理解上却有很大的分歧，从这种分歧中可以看到佛教的发展与变化。部派佛教与原始佛教的区别，除了表现在上述由于对某些戒律的看法不同而导致了宗教实践方面的差异之外，还突出地表现在对佛陀的不同看法以及对业报轮回的主体与宇宙万物的实有、假有等问题的讨论上。

关于佛陀，上座部一般坚持原始佛教的看法，即认为他是一个历史人物而不是神，他之所以伟大，主要在于他思想的正确、智慧的精湛、人格的崇高。而大众部则开始出现把佛陀神化的倾向，认为佛陀具有无限量的寿命和无边的法力，具有"三十二相"、"八十种好"等特殊的相状，是神通广大、超自然的神，历史上的佛陀并不是佛的真身，而是为了在世间教化众生方便所显的肉身。大众部的这些说法，在大乘佛教中有进一步的发展。

原始佛教为了反对婆罗门教关于万能的造物主（大梵天）和不死的灵魂（神我），从自己的基本理论"缘起说"出发，特别强调了"无我说"。但是，"无我说"与佛教所坚持的业报轮回说之间的关系如何？正如《成唯识论》卷一中所说的："若无实我，谁能造业？谁受果耶？"部派佛教围绕着这个问题曾展开过激烈的争论。除了少数还坚持业感缘起的理论之外，大多数部派都通过种种途径提出了"补特伽罗"（"我"的别称）、"果报识"等变相的我或灵魂来试图解决原始佛教理论表达上的矛盾。

关于心性及其解脱问题，部派佛教也曾有过许多争论。原始佛教虽然已有把众生的解脱归结为"心"的解脱的倾向，但尚未从理论上作专门的发挥，部派佛教则围绕着心的解脱，对心性的净染提出了许多不同的观点。大众部一般都主张"心性本净，客尘所染"，认为只要去除所染，恢复本净的心性，即为解脱。但由于大众都是主张"过去未来非有实体"的，因此他们所说的"净心"解脱不能是"过去"的净心，而只能是未来解脱了的净心，也就是说，他们实际上是指染心未来可以实现的一种可能性。上座部的观点则比较复杂，说一切有部反对"心性本净"，他们把心分为净心与染心两种，认为解脱就是以净心取代染心。但上座部中的化地部、法藏部等又都主张"心性本净"，不过他们强调染心净心是同一个心，这个心由染到净，体性始终不变，这与大众部的"心性本净"说显然又是有很大差别的。部派佛教对心性解脱问题的争论直接影响到了大乘心性学说的形成与发展，对中国佛教文化的影响也是巨大而深刻的。

关于宇宙万物的实有、假有问题，也是部派佛教争论得比较激烈的问题。原始佛教比较注重对人生现象的分析，通过对"五蕴"、"十二因缘"等的分析来说明人生无常，一切皆苦，以强调解脱的必要性。对于那些有关世界的本体等哲学问题，一般都采取了回避的态度。部派佛教的理论则逐渐由侧重人生哲学而扩大到了整个宇宙观。一般说来，上座部的各派比较偏重于说"有"，即肯定心法与色法（精神现象和物质现象）都是实在的，例如说一切有部主张"三世实有"，认为一切法不仅现在实有，而且过去、未来也是实有的。不过，说一切有部主张的是"法有我无"，即认为万法皆因缘而有，没有常恒的主宰（我）。犊子部则进一步主张"我法俱有"，即认为万法及其主宰（我）都是实有的。这些观点与原始佛教的无常说和无我说显然都有所不同。而大众部的各派一般都比较偏重于说"空"，对现实世界持否定的态度。例如一说部主张"诸法俱名论"，认为世间法、出世间法全是假名，一切法都无有实体，都是不真实的。

部派佛教争论的问题及其提出的观点，促进了佛教教义向神学化的方向发展，不仅在理论上与原始佛教拉开了距离，而且对大乘佛教的兴起与发展产生了深刻的影响。从哲学理论上看，大众部各派一般比较偏重说"空"，因而其理论对大乘空宗的影响比较大；而上座部各派比较偏重说"有"，因而其理论则更多地为大乘有宗所继承。

大乘佛教的正式形成一般认为是在公元1世纪左右。这个时期正是次大陆历史上的所谓"南北朝时期"，即贵霜王朝和案达罗王朝分立的时代。一般认为，大乘佛教的发展经历了由龙树、提婆所创立的中观学派为代表的初期大乘（公元1—5世纪）、由无著、世亲所创立的瑜伽行派为代表的中期大乘（公元5—6世纪）以及密教流行的后期大乘（公元7—12世纪）三个阶段。

"乘",梵文 yāna 的意译,音译为"衍那",原意为"乘载"或"车辆",也有"道路"的意思。大乘佛教兴起后,自称能运载无量众生从生死轮回之此岸到达涅槃解脱之彼岸,故称大乘,而把原始佛教和部派佛教贬为小乘,认为那是佛陀为小根器的人所说的教法。原有的佛教则并不承认自己是什么小乘,他们不但认为自己是佛教的正统,而且指责大乘非佛说,认为大乘佛教教义是杜撰的。

大小乘佛教在宗教信仰、宗教理论和宗教实践等方面都存在着一定的差异。例如在佛陀观上,小乘佛教将佛陀视为人间的尊者,大乘佛教则将佛陀描绘为神通广大、全智全能的神;在修行目标上,小乘佛教偏重于个人的解脱,大乘佛教则致力于普度众生;在修持内容上,小乘佛教一般主张修"三学"、"八正道",大乘佛教则提倡兼修"六度";在理论学说方面,小乘佛教一般比较拘泥于佛说,大乘佛教则比较注重依据社会和人生的需要而对佛说加以自由的解释和发挥,并因此而发展起了更为系统而完整的大乘学说,形成了更多的经典佛书。

大乘佛教的出现,是印度佛教史上的一件大事,是继部派佛教之后佛教内部的又一次大分化,也是印度佛教最大的一次分裂。在大乘佛教正式形成之前,就已有大乘思想存在。一般认为,大乘佛教是伴随着大乘经典的出现而产生的。大乘经典卷帙浩繁,种类也很多。最早出现的是《般若》类经典,宣说万法性空的道理。接着又有《宝积》、《华严》等丛书性质的经典出现。《宝积》提出的"中道正观"发展了般若的空观,《华严》的"十方成佛"、"三界唯心"则成为大乘佛学的重要内容。此外,还出现了《法华》与《维摩》等经,它们依据般若,采用中道正观的方法,发挥了"诸法实相"的思想,并对小乘佛学加以评说,认为小乘虽出于佛说,但只是佛的权宜方便之说而非究竟之谈。另外还有一些关于信仰与修持的经典,例如宣扬东方净土的《阿閦佛国经》与宣扬西方净土的《阿弥陀经》、论述大乘禅法的《般若三昧经》与《首楞严三昧经》等。 初期大乘经典出现并流行了一个时期以后，就有学者出来对众多的经典加以整理和研究，并据以组织学说思想体系，于是便有了大乘佛教基本派别之一的中观学派。

中观学派是由龙树（约 150—250）及其弟子提婆（约 170—270）创立的，因其在理论上坚持不执著有、无二边的"中道"而得名。 由于该学派的基本思想是"一切皆空"，因而又被称之为"大乘空宗"。中观学派主要阐发般若类经典的思想，以《大品般若经》与龙树的《中论》、《十二门论》、《大智度论》以及提婆的《百论》等经论为其基本的理论经典，在理论上把性空与方便统一起来，在认识上和方法上把名言与实相、俗谛与真谛统一起来，在宗教实践上把世间与出世间、烦恼与涅槃统一起来，始终坚持"假有性空"、不着有无的"中道"立场。

继中观学派之后，又有瑜伽行派出现。 瑜伽行派与中观学派并称为印度大乘佛教的两大派别，它的实际创始人是无著（约 395—470）和世亲（约 400—480）。 大乘瑜伽行派因强调瑜伽的修行方法而得名，又因其在理论上主张"万法唯识"、"识有境无"而被称之为"大乘有宗"。 该派尊弥勒菩萨为始祖，相传无著曾上天受弥勒口授，回来后诵出了《瑜伽师地论》作为创立学派的主要依据。 瑜伽行派的主要经典，除《瑜伽师地论》之外，还有《解深密经》。 此外，无著的《摄大乘论》、世亲的《唯识二十论》、《唯识三十颂》、《大乘百法明门论》等也在创立学派中起了极大的作用。

另外值得一提的是，在龙树、提婆创立中观学派之后，在印度还出现了以《大般涅槃经》为代表的宣说一切众生皆有佛性、皆可成佛的大乘经典。 这些经典所宣扬的佛性—如来藏思想因与佛教的基本教义

"无我说"不相合而在印度未能得到广泛流传并产生很大影响，它很快就被无著、世亲的唯识学所代替，但这种思想传到中国后却受到了长期主张"灵魂不灭"的中土人士的欢迎，经晋宋时中国著名佛教思想家竺道生等人的倡导，最终成为中国化佛学的主流。这是由中印两种不同的社会文化背景所决定的。

大乘佛教发展到公元 7 世纪时，瑜伽行派与中观学派都还有所发展，但随着密教的兴起，大乘各派开始接近且趋于融合，出现了所谓的瑜伽中观派，并逐渐向密教化方向发展。公元 10 世纪以后，大乘佛教名存实亡，完全融于密教之中，成为密教的附庸。

印度佛教发展的最后一个阶段是密教流行时期。一般认为，密教开始于公元 6—7 世纪。当时印度政治上处于分裂状态，出现了许多封建小国。曾经一度衰落的印度婆罗门教在公元 4 世纪前后吸收了大量的民间信仰，融合了佛教、耆那教甚至希腊、罗马宗教的思想内容而演化成的新婆罗门教，即印度教，这时在印度广大地区取得了统治地位。佛教在印度教的影响下，逐渐出现了密教派别。印度教的许多宗教仪式与信仰方式都为密教所吸收。公元 8 世纪以后，密教在印度佛教中取得了主导地位。密教主要盛行于德干高原、西南印度、南印度等地，恒河南岸的超行寺（又称"超戒寺"）是密教的学术中心。密教后来传入我国，在唐代时形成了中国佛教宗派密宗，并由中国传至日本，称"真言宗"。密教也由印度直接传到了我国的西藏地区，形成了所谓的"藏密"。

密教是大乘佛教、印度教和民间信仰相结合的产物，它以高度组织化的咒术、仪礼、民间信仰为主要特征。它的主要经典有"六经三论"之称，而最主要的是《大日经》与《金刚顶经》。

密教认为，世界万物，佛与众生，都是由地、水、火、风、空、识

"六大"所造，佛与众生体性不二，众生如果依法修"三密加持"，即手结印契（"身密"，特定的手势）、口诵真言咒语（"语密"）、心观佛尊（"意密"），就能使自己身、口、意"三业"清净，与佛的身、口、意相应，从而"即身成佛"。密教的仪规行法极为复杂，对设坛、供养、诵咒、灌顶（入教或传法仪式）等，都有严格的规定，需要导师（阿阇梨）秘密传授。

约在公元 8 世纪后半叶，密教开始出现分化并俗化，以《金刚顶经》为中心形成的以实修为主的金刚乘中又分化出一个支派，称俱生乘或易行乘，这一派以超行寺为活动中心，进一步与印度教性力派结合，提倡以男女性行为为解脱之道，行女性崇拜，宣扬纵欲，其末流趋于淫秽不堪，遭到了许多人的反对。后佛教徒与印度教徒为了共同抵抗伊斯兰教的入侵而创立了时轮教，佛教实际上完全融入了印度教之中。

佛教在印度流传了 1500 多年，从 10 世纪开始急剧衰落，至 13 世纪初而在印度绝迹。直到 600 多年以后的 19 世纪，佛教才由斯里兰卡重新传入印度。

三、印度佛教的向外传播

释迦牟尼在世时佛教主要在恒河中上游一带传播。释迦牟尼去世后，他的弟子逐渐把佛教传到了东部的恒河下游，南部的高达维利河畔，西部的阿拉伯海岸，北部的泰义尸罗地区。印度佛教由南亚次大陆向其他国家和地区的传播，大约是从公元前 3 世纪孔雀王朝的阿育王统治时期开始的，在公元 1 世纪、2 世纪贵霜王朝时期，佛教进一步走向世界，成为名副其实的世界性宗教。

佛教的走向世界最初是与阿育王的名字联系在一起的。阿育王为印度摩揭陀国孔雀王朝创始人旃陀罗笈多之孙，是佛教史上有名的保护佛教的国王，被佛教徒尊为"法阿育王"。相传他杀兄修斯摩后即位，兴师征服了羯陵伽国，除半岛南端之外，统一了全印度，建立了印度历史上第一个幅员广大的统一帝国。他起初并不信佛，在征服羯陵伽后，因对战争的大屠杀感到痛悔而皈依了佛教，并立佛教为国教。显然，阿育王的信佛还具有借用宗教来维系世俗统治的意图，他在征战中已经意识到，光靠武力的征服是远远不够的，只有"正法"的征服才是真正的征服。为此，他在战后不久便开始推行"正法"统治。他对"正法"的解释是：为善去恶，节制欲望，慈悲施舍，戒除杀生，服从并维护社会等级制度。为了实现"正法"统治，巩固统一成果，阿育王经常派"正法大官"到各地去巡视，并在全印境内广建寺塔，推行佛教。据传，他在位期间（公元前 273—前 232）曾建立了八万四千座佛舍利塔。他在全国颁布敕令和教谕，刻制于摩崖和石柱，名为"法敕"。他还亲自朝拜佛教圣地，到处立柱纪念。现已有不少雕制精美的阿育王时代的遗存被发现。

据有关记载，为了统一信仰和教规，并清除混入佛教僧团的异教徒，阿育王曾在即位后的第十七年邀请目犍连子帝须为上座，在华氏城召集主持了佛教的第三次结集，有上千比丘参加。在这次会上，重新合诵并整理了《阿含经》，使这部古老的佛经最后定型。这次结集以后，阿育王派出大批比丘到各地去传教，足迹所至，不仅遍及全印，而且东至缅甸，南及斯里兰卡，西到叙利亚、埃及、希腊等地。佛教逐渐发展成为世界性的宗教。

佛教在贵霜王朝兴起以后得到了进一步的传播与发展，特别是在第三代国王迦腻色迦王（约 78—120，一说 144—170，或说 129—152）的大力推动下，佛教不仅传到了伊朗和中亚各地，而且经丝绸之路传到了我国内地，后又由我国传至朝鲜、日本等国。贵霜王朝是由外族大月氏人在印度建立起来的，至迦腻色迦王时代达到了它的顶峰，疆域西起咸海，东连葱岭（帕米尔高原），北有康居，南包印度河和恒河流域。大月氏人大约在公元前 1 世纪时已信奉佛教，公元前 2 年有大月氏王使伊存口授《浮屠经》给我国的博士弟子，是为中国内地传入佛教的最早记载。 迦腻色迦王是与阿育王齐名的佛教护法名王，但据说他本来也并不信佛，可能是出于缓和与印度民族的矛盾等原因而皈依了当地的宗教佛教。 他曾修建白沙瓦大塔，并在塔的四方建造四大伽蓝，供养三万大、小乘比丘。 据《大唐西域记》等记载，由于当时佛教分裂，歧说纷纭，迦腻色迦王曾召集五百比丘于迦湿弥罗（今克什米尔）举行了佛教的第四次结集，由世友为上座，对经、律、论三藏进行注释，共作论释三十万颂，九百六十万言，迦腻色迦王以赤铜为鍱，镂写论文，用石函缄封，建塔藏于其中。 迦腻色迦王还效法阿育王，不仅在国内各地建立了许多寺院佛塔，而且鼓励佛教向外发展，促进了佛教在世界各地的传播。 公元 2 世纪下半叶，西域一些译经师陆续来到中国，译出大量佛典，推动了佛教在中国的传播与发展。 我国最早翻译佛教大乘经典的支谶，就是来自月氏国。

从印度佛教向外传播的历史来看，佛教之所以能走向世界，不仅与帝王支持是分不开的，而且与帝王政治、经济和文化上的向外扩张也经常是联系在一起的。 而印度佛教的走向世界之所以不像后来产生的基督教、伊斯兰教那样往往通过宗教战争等激烈对抗的方式，而是通过比较平和的方式，最终成为一种世界性的宗教，则与佛教本身的特点以及不同的社会和民众对它的需要有密切的关系。 佛教强调的"人生皆苦"可谓超出了印度的国界，反映了大多数下层民众的感受，而佛教提出的"普度众生"无疑又给企求永超苦海而在现实中又找不到出路的人们以某种希望；佛教的轮回报应说既可以为统治者的现实特权作论证，又能给予现实苦难中的芸芸众生以来世幸福的精神寄托与安慰；佛教的"慈悲仁和"以及"善权方便"，则为它主动与各种不同的文化传统和宗教信仰相协调、相融合打开了方便之门。因此，佛教相对平和地走向世界，并不是偶然的。

印度佛教的向外传播，一般认为大致有南北两条路线，最初主要在亚洲国家和地区传播。佛教走出亚洲，在全世界范围内传播并产生广泛影响，是从 19 世纪中叶开始的。虽然早在公元前 3 世纪，阿育王就曾派出传教师远至希腊属地传教，但佛教在相当长的时期内主要流传在亚洲的范围以内，直到近代随着西方殖民主义在亚洲的活动才开始引起西方世界的重视。佛教在欧美地区的传播是近一个多世纪以来的事。首先是在英国、法国等西欧国家，接着是在美国，并由美国北向加拿大、南向巴西和阿根廷等地传播。目前，在英、法、德、美等国都有全国性的佛教组织和佛学研究机构。特别是第二次世界大战以后，禅宗和密宗在欧美得到广泛的传播，并蔚为世界性的信仰和研究热潮。佛教一向与基督教、伊斯兰教并称为世界三大宗教，现在名副其实地传遍了全世界。

第二章　佛教的传入与汉魏佛教

佛教在印度趋于衰落并一度绝迹，但通过不同途径传到中国的佛教，却不仅在中国社会中生根、发展、茁壮成长，而且对中国社会与文化产生了广泛而深远的影响。

一、佛教初传与中印文化的最初碰撞

关于佛教的初传中国，历来有汉明帝感梦、永平传法等不同的传说，现在学术界则大都认为佛教于两汉之际传至我国。需要指出的是，这里所说的初传，是指佛教传入我国内地中原一带。实际上，印度佛教至少在公元前 1 世纪左右就向北经大夏、大月氏等国，再东逾葱岭而传到了我国西北部的龟兹（今新疆库车县）、于阗（今新疆和田县）等地区，并由这些地区进一步向中国内地传播。

关于佛教传入我国内地的确切年代，历来传说纷纭。其中有不少是后来佛教徒的穿凿附会，不足为信。尤其是魏晋以后，佛教与道教为了争优劣高下，各自都编造了许多假说以争先后。 西晋道士王符曾伪造《老子化胡经》，利用东汉以来流传的"老子化胡说"抬高道教，贬低并排斥佛教，说老子西涉流沙，入天竺为佛，化导胡人，释迦牟尼是其弟子，佛教的地位当然低于道教。 佛教徒也不甘示弱，针锋相对地提出许多说法，强调佛教创立在先，佛教传入甚早。 例如有的说，秦始皇之时，就曾有"外国沙门释利防等一十八贤者赍持佛经来化始皇"（法琳《对傅奕废佛僧事》）。 还有的说，早在春秋末年，孔子已"闻西方有圣者焉"，并称佛为"不治而不乱，不言而自信，不化而自行"的大圣人（道宣《归正篇》引）。 有的甚至将时间推到了佛教实际创立之前，认为远在三代以前，中国就已经知道了佛教（宗炳《明佛论》引），而在公元前 10 世纪的周穆王之世，佛教便传入了中国（僧祐《弘明集后序》）。 这些说法的不可信是显而易见的。

另外还有一些说法，虽然掺杂了不少虚夸的成分，但仍有一定的历史参考价值。 例如《魏书·释老志》说，汉武帝时，张骞出使大夏，已知"其旁有身毒国，一名天竺，始闻浮屠之教"。 霍去病讨匈奴，带回了休屠王的金人神像，汉武帝将其"列于甘泉宫"，"不祭祀，但烧香礼拜而已。 此则佛道流通之渐也"。 从当时中西交通的开拓以及汉与西域的交往来看，说中国已有人知道佛教，这并非不可能。 但印度佛教此时还处于部派佛教阶段，尚未开始制造佛像，因此说汉武帝已礼拜佛像等，就不太可信了。

在中国历史上，影响最大的是东汉明帝永平年间"感梦求法"的说法，此说几成定论，也为史家长期认可。 关于这一传说，历来有许多不同的记载，最早的见于《四十二章经序》和牟子《理惑论》。 《理惑论》中说："昔孝明皇帝梦见神人，身有日光，飞在殿前，欣然悦之。明日，博问群臣，此为何神？ 有通人傅毅曰：臣闻天竺有得道者，号之曰佛，飞行虚空，身有日光，殆将其神也。 于是上悟，遣使者张骞、羽林郎中秦景、博士弟子王遵等十二人，于大月氏写佛经四十二章，藏在兰台石室第十四间。 时于洛阳城西雍门外起佛寺，于其壁画千乘万骑，绕塔三匝。 又于南宫清凉台及开阳城门上作佛像。"这段记载，没有标明年月。 后来才逐渐有了永平三年（60）、永平七年（64）等不同的记载。 通行的说法是，永平七年感梦遣使，十年（67）使还。 关于这次求法，后来在内容和情节上也不断有所充实和发展。例如说当时用白马驮来了经书佛像，译出了第一部佛典《四十二章经》，洛阳的白马寺也因此而得名，等等。 这些说法虽有夸张的成分，有的甚至富有神话色彩，但其中所反映的汉明帝遣使求法的基本情节则有可能是事实。 不过，这并不能说是佛教传入之始，而只说明佛教在中国有进一步的传播。 对此，我们可以证之以光武帝之子楚王刘英奉佛的事实。 据《后汉书·楚王英传》中记载：永平八年时，楚王刘英在他的领地与沙门、居士一起奉佛，还"洁斋三月，与神为誓"，人们却并未感到有什么特别的惊奇，汉明帝还对此加以褒奖。 这说明，佛教至少在永平八年（65）时已有了一定的流传，并在上层社会产生了一定的影响，显然，佛教的传入已经有了一段时间。

另外，裴松之在《三国志·魏志·东夷传》的注中引曹魏鱼豢撰的《魏略·西戎传》说："昔汉哀帝元寿元年（公元前2年），博士弟子景庐①受大月氏王使伊存口授《浮屠经》。"从当时佛教的传播和中西之间的交往等历史情况来看，这一记载是比较可信的。 虽然目前由于缺乏其他资料对此无从详考，但目前学术界和佛教界一般以此为佛教传入中国内地的标志性事件。

---

① 景庐，《魏书·释老志》作"秦景宪"。

佛教传入中国内地的路线有海、陆二路。 陆路即由西域各地经著名的"丝绸之路"而传入，它又分为南北两道。 南道是指自敦煌西出玉门、阳关，沿昆仑山北麓，经于阗而至莎车。 北道是指从敦煌北上到伊吾（今新疆哈密），然后西行，沿天山南麓，经龟兹而至疏勒（今新疆喀什市）。 以上两道都在天山南侧，因而又统称天山南路。 东汉时著名的译经大师安世高和支娄迦谶就是经天山南路二道来到中国内地传播佛教的。 海路的开辟一般认为比陆路晚些，因而直到南北朝时才有译经大师经海路来到中国的记载。 海路是指经由斯里兰卡、爪哇、马来半岛、越南而至广州，再进一步传到内地。

佛教自两汉之际传至中国内地后，在相当长一个时期内，发展极其缓慢。 最初，它只是被当作黄老神仙方术的一种而在皇室及贵族上层中间流传，一般百姓很少接触，基本没有汉人出家为僧，少量的佛寺主要是为了满足来华的西域僧人居住和过宗教生活的需要。 到东汉末年，佛教开始在社会上有进一步的流传。 随着西域来华僧人的增多，译经事业日趋兴盛，大小乘佛教都于此时传到中国，流传下来的佛教史料也逐渐丰富起来。

从总体上看，佛教在汉代并未以它那一套烦琐的思辨理论取胜，而是依附于黄老方术等得以流传，"精灵起灭，因报相寻"等，曾成为汉代佛教最重要的信条。 在佛教来华之时，正值中土神仙方术盛行之际，人们把佛教理解为是黄老神仙方术的一种，往往把黄老与浮屠并提，这一方面是由于人们对佛教缺乏了解，难免以自己固有的眼光去看待一种外来的文化现象，另一方面也与佛教有意迎合并依附黄老方术有关。 由于西汉初年的黄老尚与老庄道家的清静无为相近，而东汉时的黄老则与社会上流行的道术和谶纬迷信合流，成了神仙方术的代称，因此，早期佛教对黄老的依附，更直接地表现为对神仙方术的迎合。 例如把"佛"描绘为"轻举能飞"的"神人"，来华传教的僧人也往往借助于一些道术医方来拉拢信徒，扩大影响。

佛教产生于印度，由于文化传统和社会背景的不同，它在许多方面都与传统思想文化存在着巨大的差异。但佛教非常懂得"入乡随俗"的重要性，当它传入中国以后，就十分注意与传统的宗教观念、社会伦理和思辨哲学相适应，特别是努力调和与儒、道的关系。这表现在佛经翻译中，就是借用中国传统的术语、概念来表达佛教思想，或者把传统的思想引入佛经之中，对佛教的观念做出某种修正。

据现有的资料看，东汉时的佛事活动以译经为主，译者大多为外来僧人。佛教主要流行于中原与齐楚江淮之间，而洛阳始终为佛教重镇，汉代的译经基本上都集中在洛阳。译经大师安世高、安玄、支娄迦谶、竺朔佛等都于汉末桓、灵之际来到洛阳，译出了大量佛教经典。稍后，在汉灵帝、献帝之间，又有支曜、康巨、康孟祥等来洛阳从事佛经的翻译。最初的翻译并没有什么选择性和系统性，传来什么就译出什么。在众多的传译中，以安世高译介的小乘禅学和支娄迦谶译介的大乘般若学在中土影响最大。

虽然汉代的译经与后世相比，不仅数量少，而且质量也稍为逊色，但从汉代译经中我们可以清楚地看到初传的佛教为适应中土的社会环境而做出的努力，从当时人们对佛经的理解中，我们也可以看到中土人士了解佛义所采取的态度和方法。

以传为第一部汉译佛经的《四十二章经》为例，这本是一部介绍小乘佛教基本教义的佛经。一般认为，它是一种经抄，主要摘译自小乘佛教的基本经典《阿含经》，经的内容重点宣扬佛教的人生无常和爱欲为蔽等思想，但同时却又夹杂着"行道守真"之类的道家思想和"以礼从人"之类的儒家语言，甚至还有"飞行变化"等神仙家的思想。就连此经的文体也模仿了儒家经典《孝经》。继《四十二章经》之后出现的汉译佛经，也都程度不同地打上了传统思想的烙印。据《出三藏记集》卷二的记载，从汉桓帝到献帝之间的数十年中，共译出佛典54部、74卷。当时的译经，很不系统，部头也比较小，许多是从梵文大本中节译出来的。从译文来看，许多佛教的名相概念译得都比较晦涩，例如译"正业"为"直治"、译"十二因缘"为"十二种"、译"苦、集、灭、道"四谛为"苦、习、尽、道"等。但值得注意的是，许多译文明显地表现出了对传统思想文化的迎合。例如把"释迦牟尼"译为"能仁"，把"世尊"译为"众佑"。释迦牟尼者，印度释迦族的圣人也，其与众人不同者，在于智慧超群，译为"能仁"，显系迎合了儒家的圣人观念。世尊者，"为世尊重"，世间最尊者，译为"众佑"，释迦牟尼又成了福佑众生的神灵。

汉代译经对中国传统思想观念的依附和对传统固有的名词概念的借用，为汉魏间格义佛教的流行创造了条件。所谓"格义"，就是引用中国固有的思想或概念来比附解释佛教义理，以使人们更易理解并接受佛教。例如早期译经用"无为"来译"涅槃"，把"释迦牟尼"译为"能仁"，以至于当时人们往往以传统的周孔之教和老庄之道来理解佛教，可将之视为格义的最早运用。"格义"既为佛教的中国化敞开了大门，也为佛教在中国的传播发展进一步开拓了道路。随着佛经的大量译出和人们对佛教的全面把握，魏晋以后，"格义"才逐渐被废弃不用。

佛教初传，中印两种不同的文化最初碰撞而在社会上引起的各种反响，在牟子的《理惑论》中有充分的体现。《理惑论》约成书于东汉末三国时，从中可以看到，当时社会上有许多人对外来的佛教表示出了种种的疑虑，有的甚至对佛教在中土的传播持强烈的反对态度。《理惑论》的作者牟子则站在佛教的立场上，广泛引证老子、孔子等人的话语来为佛教辩护，论证佛教与传统儒、道思想并无二致，努力弥合外来佛教与中国传统文化的差异。 如果实在难以弥合，就强调三教虽然表现形式不同，但在本质上都是一样的，都有助于王道教化，有助于社会的安定和人生的幸福。 牟子的《理惑论》在中国历史上最早提出了佛道儒三教一致论，这在一定程度上打消了人们对外来佛教的拒斥心理，为佛教在中土的传播和发展提供了思想基础。

随着佛教的不断输入与发展，洛阳、徐州、豫州等地区先后兴建了一些佛教寺塔，并开始塑造佛像。 史籍中关于笮融祠佛的记载，则最早记述了东汉时建寺造像和民间奉佛的有关情况。 据《三国志·吴志·刘繇传》中说：笮融者，丹阳人。 初，聚众数百，往依徐州牧陶谦。 "乃大起浮屠祠，以铜为人，黄金涂身，衣以锦采，垂铜盘九重，下为重楼阁道，可容三千余人，悉课读佛经。 令界内及旁郡人有好佛者听受道，复其他役以招致之。 由此远近前后至者五千余人户。 每浴佛，多设酒饭，布席于路，经数十里，民人来观及就食且万人，费以巨亿计。"从这段记载中可以看到，佛教在东汉末年已从宫廷贵族上层逐渐走向了民间，影响和传播的范围都有所扩大，建寺造像的规模也已相当宏大。 特别值得注意的是，这里已经不再把黄老与浮屠并祠，而是突出了"课读佛经"和"浴佛"等佛教仪式，反映出当时人们对佛教已有进一步的了解，透露出了被视为黄老神仙方术之一种的汉代佛教向登上中国思想学说舞台的魏晋佛教过渡的消息。

二、汉代传译的佛学两大系统

汉末桓、灵之间，大批西域佛教学者纷纷来华，相继译出了分属大乘和小乘的阿毗昙学、禅学、般若学以及释迦牟尼传等多部佛教典籍，其中最主要的是安世高传译的小乘禅学和支娄迦谶传译的大乘般若学两大系统。

安世高乃安息国僧人，于东汉桓帝建和二年（148）来到洛阳，至灵帝建宁（168—172）中，二十多年的时间里，共译出佛典数十部，其中比较有代表性的有《佛说大安般守意经》二卷、《阴持入经》二卷、《禅行法想经》一卷以及《道地经》一卷等，另有大小《十二门经》均已佚失。从这些译经中可见，安世高所译介的主要是小乘佛教"说一切有部"的理论。说一切有部是从上座部中分化出来的，主要流行于古印度西北的克什米尔、犍陀罗一带，主要强调"三世实有"，即过去、现在和未来都是实际存在的，并认为"法体恒有"，即一切法，包括有生灭变化的"有为法"和无生灭变化的"无为法"，都有"实体"。由此出发，说一切有部把佛所说的一切教法，都视为是实有其体的真实存在。这种观点体现在安世高所传的禅法上，就是注重禅修的形式和对禅境的执著，并通过对佛教名相概念的分析而提出了禅修实践上的要求。

从总体上看，安世高本人所精的是禅经与阿毗昙学，其所传则为"禅数之学"。禅，即禅定、禅观。数，即数法，指阿毗昙。阿毗昙，意译也可译为"论"，是对小乘基本经典《阿含经》的论述。由于在解释佛经时，对佛之教法常以数分类，故又译为"数法"。安世高善于把禅与数法结合起来讲，故史称其"善开禅数"，这构成了安世高一系小乘禅学的主要特点。

代表安世高系禅学思想的主要是《阴持入经》和《安般守意经》。这两部经的内容都是提倡通过戒定慧来对治各种"惑业"，通过禅定的修习而离生死，得解脱，"坐禅数息"成为安世高一系用以对治世俗欲望的主要修行方法。由于汉代社会盛行神仙方术，而安世高所传的小乘禅数之学所倡导的禅定修习，许多方法与当时社会上流传的吐纳养气等道家方术相近，因此，在东土最早得到流行的佛学就是安世高所传的小乘禅数之学。

安世高有很多弟子，他们从不同的方面发挥了安世高的学说，形成了一个小乘禅学的传承系统。 三国时的名僧康僧会曾受学于他们，并协助陈慧注解了《安般守意经》，在系统阐释安般守意的要求、方法和过程的同时，特别突出了"心"的作用，对安世高一系的禅学做了进一步的发挥。 东晋时，著名的佛教学者释道安继承了此系学说，后来庐山释慧远和建康竺道生也都深受此系思想的影响。

汉代另一位重要的译经大师是支娄迦谶，简称支谶，比安世高稍晚一点来到中国。 本为月支国僧人，大约在汉桓帝末来到洛阳，在汉灵帝光和、中平之间（178—189）致力于佛经的翻译。 在十多年的时间里，他先后译出了佛经 14 部 27 卷，其中主要的有《道行般若经》、《首楞严三昧经》和《般舟三昧经》等。 从内容上看，支谶译介的基本上都是大乘佛教的经典，他是中国佛教史上第一位把大乘般若学和大乘禅法传至汉地的僧人，他所传译的大乘般若学在魏晋时曾依附玄学而盛行一时，并对整个中国佛教的理论产生过巨大的影响。

支谶所传的大乘般若学主要宣说的是"万法性空"的道理。 其中心内容是说，世界万法皆因缘和合，没有恒常不变的自性或实体，因而都是虚幻不实的；认识到万法性空的道理，就是把握了宇宙的真实相状，就能获得解脱。 而要把握宇宙的实相，则必须靠般若。 般若是佛教所特指的能够观悟诸法性空之实相的一种智慧。 获得了般若智慧，才能观悟诸法实相。 因而《般若经》反复强调，只有通过般若对世俗认识的否定，实现主观精神的根本转变，才能体悟佛教的真理，把握世界万法的性空实相，从而达到解脱。 在主要译介大乘般若学的同时，支谶也译出了《首楞严三昧经》和《般舟三昧经》等禅经，系统介绍了大乘禅法中具有代表性的"般舟三昧"和"首楞严三昧"等禅法，这些禅法都要求在般若思想的指导下来从事实际的佛教修行，并通过实际的禅修而证悟佛法大义，这对后来中国禅的发展有很大的影响。

在支谶从事译经的时代，有一批月支的侨民入了中国籍。其中有支亮（字纪明），"资学于谶"，发挥支谶的学说。后又有三国时的支谦受学于支亮，把般若学传到了江南吴地。支谶、支亮、支谦，号称"三支"，在当时曾被认为是最有学问的人。月支人所保持的对佛学本来意义上的理解，对于将中国佛教与黄老方术区分开来，恢复本来面目，曾起过一定的作用。

支谶系的大乘般若学对后来中国佛教的理论与实践都有很大的影响，不仅为东晋时玄学化的般若学派"六家七宗"奠定了理论基础，而且成为鸠摩罗什关中学派的理论重心。隋唐时期，般若学渗透到了中国佛教各个宗派的思想学说中，与涅槃佛性论一起成为中国佛教哲学的两大理论主干。

三、三国两晋佛教的进一步发展

汉代佛教依附于黄老方术而得到了流传，并逐渐在中土扎下了根。到三国两晋时期，在统治者的直接倡导与支持下，佛教很快在社会上蔓延开来，在与中国固有的思想文化相互冲突、相互融合中，佛教得到了迅速的传播与发展，特别是社会的分裂与动荡不安、百姓的苦难与被拯救的渴望，为佛教的传播提供了良好的土壤，使佛教得以赶超中土原有的各种宗教信仰而与传统的儒、道并存并进，为形成三足鼎立之势奠定了基础。这个时期佛教的一个最显著的特点是，一批中国的佛教学者脱颖而出，他们在理解消化佛教思想、融会中外文化方面进行了不懈的努力，终于使佛教登上中国思想文化的舞台，并在与玄学的合流中，创立了富有中国化特色的佛教般若学派，为南北朝佛学的兴盛和隋唐时期佛教宗派之学的出现提供了坚实的理论支柱。

在魏、吴、蜀三国鼎立时期，佛教在汉地有了进一步的发展。许多译经大师继续从天竺、安息与康居等国来华，大量的佛教经典被译成汉文。这个时期最著名的佛经翻译家是支谦和康僧会，他们都是祖籍西域而生于汉地，深受汉地文化的熏陶与影响，他们在译出佛典的同时还注经作序，用传统的思想和术语来发挥佛教教义，并积极向统治者宣化以扩大佛教的影响。戒律的传入与朱士行的西行求法，都是三国时期佛教的重大事件，并对后世佛教产生了较大影响。从现存的资料看，三国佛教的中心，北为魏都洛阳，南为吴都建业（今江苏南京）。关于佛教在蜀地的流传情况，由于现存史籍无载而不可详考。旧录相传有蜀《首楞严经》和《普曜经》等，也因缺乏资料而无法确证。但根据有关的考古发现可以断定，四川地区在三国以前就已有佛教传入，并可能是由云南传入的。

最早来到魏地的外国僧人是昙柯迦罗。迦罗乃根据中国当时佛教初传、戒律不全的实际情况，译出了大众部戒律的节选本《僧祇戒心》，更请梵僧立羯磨法。"羯磨"是梵文 Karma 的音译，意译为业、作业、作法等，通常指有关戒律的活动。羯磨法即是关于授戒仪式的规定。从昙柯迦罗以后，中国便有了出家受戒的制度。昙柯迦罗所译的《僧祇戒心》早已佚失，但他在中土首创授戒度僧制度，对以后中国佛教的发展影响很大，他也因此被后世的律宗奉为始祖。康居沙门康僧铠也于魏嘉平（249—254）末年来到洛阳，译出有关在家居士学出家之戒的《郁伽长者所问经》一卷、《无量寿经》二卷。当时又有安息国沙门昙帝，亦善律学，于魏正元（254—256）之中来到洛阳，在白马寺译出《昙无德羯磨》一卷，此书原出于小乘上座系法藏部的《四分律》，因而对后来中国的律宗独尊《四分律》有很大的影响。 稍后，又有龟兹沙门帛延在魏甘露（256—260）年间来洛阳，译出《首楞严经》二卷、《须赖经》一卷、《除灾患经》一卷等。

魏正始（240—249）以后，玄学盛行，谈玄说虚也激起了人们对佛教般若学的兴趣，人们纷纷倾心于对般若空义的探究，并促成了中国内地僧人西行求法的开始。 中土僧人朱士行，常于洛阳讲《小品》（即支谶所译的《道行般若经》）。 由于支谶的译本不很完善，其中的意义往往解说不通，朱士行"每叹此经，大乘之要，而译理不尽"。 后听说西域有更完备的大品《般若》，朱士行乃"誓志捐身，远迎《大品》"，于魏甘露五年（260）从雍州（治所在今陕西西安）出发，西涉流沙，到达于阗，"果写得正品梵书胡本九十章，六十余万言"①。 西晋太康三年（282），朱士行遣弟子弗如檀等十人将经送回洛阳，他自己后以八十高龄卒于于阗。 抄回的经本于西晋元康元年（291）由竺叔兰、无罗叉等在陈留仓垣（今河南开封市西北）水南寺译出，是为《放光般若经》二十卷（此与竺法护于西晋太康七年即公元286年译出的《光赞般若》十卷为同本异译）。 《放光》的译出，曾对两晋般若学的兴盛起了极大的推动作用。 从此以后，讲习般若成为一代风气。 朱士行是中国佛教史上第一个西行求法的汉僧，同时，他也被认为是中国佛教史上第一个依律受戒成为比丘的汉人，因此，他在中国佛教史上有一定的地位。

东吴当时占据着长江中下游的广大地区。 由于地域的关系，吴地佛教是由南下和北上两路传入的。 东汉末年，楚王刘英在他的封地与

---

① 以上引文均见《出三藏记集》卷十三《朱士行传》。

沙门、居士一起奉佛，笮融在广陵、彭城一带祠佛以招徕民户，并建寺造像，这些都扩大了佛教的影响和传播范围，使佛教逐渐由中原向江南传播。　汉末，关中、洛阳战乱不止，许多人逃避战乱而南迁吴地。　著名僧人支谦等佛教徒随避乱的人群南下，也把佛教带到了吴地。　当时南海交通发达，佛教从海路经由林邑（今越南中南部）、扶南（今柬埔寨）等地传到了广州、交州一带，名僧康僧会即是在交趾出家为僧后北上吴都建业的。　南下和北上的佛教齐汇吴地，吴都建业遂发展为佛教重镇，成为江南佛教的中心。

　　吴地佛教的兴盛，与支谦和康僧会等人的译经传教活动是联系在一起的。　支谦，祖籍为大月支，其祖父法度在汉灵帝时率国人数百归化东汉，因而他生长于洛阳。　汉献帝末年，汉室大乱，支谦与乡人数十，共奔于吴。　吴主孙权闻其博学有才慧，即召见之，甚加宠秩。　支谦深感佛教虽然在中土流行，但佛经仍多胡文，众人莫有解者，而自己既善华戎之语，便收集众本，译为汉言。　从黄武元年（222）至建兴（252—253）中，译出了《维摩诘经》等 27 部佛典①，并为自己所译的《了本生死经》作注，这是中国佛经注释的最早之作。

　　支谦的译经与汉代支谶等重质朴的风格有所不同，颇重文丽简略以迎合时尚。　因此，他的译经既通畅易解，受到了时人的欢迎，推动了佛教在中土的普及与流行，也被认为是"理滞于文"而受到了一些佛学家的批评。　其实，支谦的译经正好使我们能从一个侧面看到外来的佛教是如何不断适应中土需要而变化发展从而更对传统文化发生影响的。支谦还首创了"合本"的方法。　"合本"，也称"会译"，即是把同一

---

　　①　此据《出三藏记集》卷十三《支谦传》。《出三藏记集》卷二中却说支谦在此期间共译经 36 部、48 卷；《高僧传》中则说他译经 49 部。

经典的不同译本合在一起，从文字的比较中来究明其义旨。支谦曾作有《合微密持经》，把自己所译与另外两个译本合为一本以进行比较。"合本"之法在两晋时曾被普遍使用，促进了佛教义理的研究。

与支谦齐名的康僧会，其先祖为康居人，世居天竺，其父因商贾移于交趾。十岁时，父母双亡，他孝事完毕后即出家。吴赤乌十年（217），康僧会从交趾来到建业，从事译经传教活动，译出《吴品》五卷、《六度集经》九卷等，注解了《安般守意》、《法镜》和《道树》三经，并为之作序。康僧会对佛教在吴地的传播影响是最大的。在他以前，"吴地初染大法，风化未全"；他到建业后，不仅译注佛经，而且重视对一般民众的传教。据说他曾营立茅茨，设立佛像，从事传教活动。当人们对此有怀疑时，康僧会应吴主孙权之要求，通过烧香祈祷，求得了佛舍利，孙权大加叹服，便为之建造佛寺，是为江南建寺之始，故号为建初寺，"由是江左大法遂兴"。康僧会自此以后也就一直以建初寺为中心从事译经和传教活动，直至太康元年（280）去世为止。康僧会在传教时还特别注意用传统儒家的经典和善恶报应理论来扩大佛教的影响。据说孙皓即位后曾对佛教发生怀疑，并想毁坏佛寺，康僧会便引用《诗经》中"求福不回"和《易经》中"积善余庆"等说法来说明"虽儒典之格言，即佛教之明训"，进而提出佛教有"行恶则有地狱长苦，修善则有天宫永乐"的理论作为儒家名教的补充以助王化，从而解除了孙皓"若然则周孔已明，何用佛教"的疑虑，最终说服了孙皓，不仅使佛寺免于被毁，而且使佛教在吴地得到了进一步展开。①

支谦与康僧会虽然同在建业，所传的却是汉代以来佛教的两个不同

---

① 以上引文均见《高僧传》卷一《康僧会传》。

的系统。　支谦受学于支谶的弟子支亮，主要发挥支谶系的大乘般若学；康僧会则受学于安世高的弟子南阳韩林、颍川皮业和会稽陈慧等人，发挥了安世高系的小乘禅学。　从中国佛教的发展来看，安世高、康僧会之学主养生成神，与中国道教相近；而支谶、支谦之学主神与道合，与玄学同流。　由于两晋以后盛行的佛学主要是玄学化的般若学，因而有人认为康僧会继承了东汉的佛教传统，而支谦则开拓了两晋以后的玄学化佛教，这是有一定道理的。

在支谦译出的经典中，首先值得一提的是《大明度无极经》，简称《大明度经》。　该经是东汉支谶所译的《道行般若经》的改译，两相对照，支谦更注重意译，并特别注意与传统思想文化相调和。　另一部对中国佛教和中土社会影响较大的是《佛说维摩诘经》二卷。　《维摩经》是一部从般若类经典的基础上发展起来的大乘经典，它通过有无双遣的中道"不二法门"，强调世间和出间不二、生死和涅槃不二，把佛教的出世移到了世俗世界，宣扬唯心净土说。　这为大乘佛教在中土以儒家修齐治平为人生理想的文化氛围中比较顺利地展开提供了理论基础。　经中还专门塑造了一个理想人物的典型——在家菩萨维摩诘。　维摩诘是一个精通佛理、辩才无碍的居士。　他的重要特征是"智度无极"和"善权方便"（罗什译为"善于智度，通达方便"）。　他那超人的般若智慧使佛的大弟子们一个个相形见绌，甚至不敢前往见他；他那灵活的善权方便更是令人惊叹不已。　由于他能够净化自己的思想，具有佛一般的智慧和精神境界，因此，他居住在维耶离城，表面上出入酒肆妓院赌场等场所，实质上却是在教化超度众人。　这种出世不离人世、理想社会就在现实之中的理论，受到了当时社会的普遍欢迎。《维摩经》译出后，在中土十分流行。　到东晋鸠摩罗什重译此经为止，社会上至少出现了四种译本和一个合本。　僧叡、僧肇等一代高僧都是在《维摩经》的影响下皈依佛教的。《维摩经》的理论体系反映了三国两晋时期佛教理论在中国发展的主要倾向。

从总体上看，康僧会主要是继承发挥了安世高系的小乘禅学。一方面，他受汉代佛教的影响，仍然将禅定引发的神通作为追求的理想境界；另一方面，他又对安世高系的禅法有所发展，这主要表现在他对"明心"的强调上。在他看来，心是本净的，本净的心若受到色声香味触法等外境的迷惑，便会生出许多秽念，通过修持禅法，使净心复明，便能达到理想的境界。这种思想对中土禅学的发展影响很大，对中国禅宗思想特点的形成，也有一定的影响。在主要弘传安世高系小乘禅学的同时，康僧会也在许多方面接受了大乘佛教的立场，并在译介佛经时融合吸收了不少儒家和道家的思想内容。他曾把安般禅法说为"诸佛之大乘"，他所编译的《六度集经》也是按照大乘菩萨行"六度"的次序，辑录佛经和佛经段落91种，通过一系列佛的本生故事（佛过去世中行菩萨道，利生受苦的寓言故事）来宣传佛教救世度人的思想，并努力把佛教的思想与传统的儒、道思想调和在一起。经中不仅大讲"恻隐心"、"仁义心"，而且还主张"治国以仁"，并大力提倡"尽孝"。"出世"的佛教在中国传统文化的影响下逐渐融入了重视现实人生的品格，这与康僧会等人的努力是分不开的。

到两晋时，中国佛教的发展，出现了一些与以往不同的新特点。佛教自汉代传入后，在相当长的时期内都是以译介印度典籍为主，很少有中国人的著述发挥。到两晋时，在佛经继续译出的同时，开始出现了一批从事佛教理论研究的中国佛教学者，中国佛教的发展逐渐结束了对外来思想的格义，开始尝试着对外来佛教的消化吸收和融会贯通。鸠摩罗什的入关，道安、慧远、僧肇等人的努力，对中国佛教走上相对独立的发展道路及其基本特色的形成起了重要的推动作用。玄学的刺激，统治者的支持与提倡，佛图澄等人的大力传教，是这个时期佛教得到广泛传播、势力日盛的重要原因。

　　两晋时期，老庄玄学盛行，汉末支谶传入的大乘般若学，依附于玄学而得以大兴，并在玄学的影响下逐渐形成了佛教般若学的"六家七宗"。当时的佛教般若学者，往往同是清谈人物，他们兼通内外之学，尤其熟悉老庄玄学。僧人的立身行事，言谈风姿，皆酷似清谈之流。名僧名士，志趣相投，风好相同。西晋僧人支孝龙与当时的世族大家阮瞻、庾凯等交游甚厚，"并结知音之友，世人呼为'八达'"，东晋名士孙绰作《道贤论》，以佛教七道人比配"竹林七贤"，这些都反映了时代的风尚。两晋佛教发展的规模较之以前有了很大的发展。相传西晋时两京（洛阳、长安）共有寺院 180 所，僧尼 3700 余人。东晋时共有寺院 1768 所，僧尼 24000 人（此据唐法琳《辩正论》卷三）。这虽是后世的记载，数字不一定很可靠，但两晋时佛教在社会上的流传已经相当普遍，这却是事实。两晋时的佛教译经也比以前有了较大的发展，不仅内容广泛，包括了大小二乘，空有两宗，经律论三藏，还有禅经和密教经典等，而且数量也大增。据《出三藏记集》所载，这个时期共有译者近 30 人，译出佛典 250 多部，1300 多卷，其中，小乘佛教的根本经典《阿含经》和对中土佛教影响极大的《华严经》（华严宗的宗经）、《法华经》（天台宗的宗经）都于此时系统译出，而般若大小品的再译和《中论》、《百论》、《十二门论》、《大智度论》的译出，更是对整个中国佛教的发展起了巨大的推动作用。这个时期最重要的译经大师有竺法护和鸠摩罗什等。

　　随着印度和西域僧人的来华，中国佛教徒中也兴起了一股西行求法的热潮。两晋时西行僧人中以法显的成就为最大。法显（约 337—约 422）常感叹当时律藏的残缺，誓志寻求，遂于东晋隆安三年（399）和慧景等四人出发，赴天竺"寻求戒律"。 前后历时十四年，游经三十余国，后只剩下他一人，经狮子国（今斯里兰卡），渡南海而于东晋义熙八年（412）回到中国，带回多部律藏和《阿含经》等。 后至东晋首都建康，与佛陀跋陀罗共同译出《大般泥洹经》等，对中国佛教思想界的影响很大。 他又根据自己的旅行见闻撰写了《佛国记》，为研究古代中亚、南亚各国的历史、宗教和中外交通情况提供了宝贵的资料。

西晋的佛教活动以洛阳和长安为两大中心。 到东晋十六国时期，长安仍是北方佛教的中心，道安和鸠摩罗什都先后在长安主持译经事业，弘传佛教，南方则有慧远主持的庐山东林寺和佛陀跋陀罗、法显等据以译经传教的建康（今江苏南京）道场寺两个佛教中心。

东晋政权偏安江南，与之形成对峙的是北方由匈奴、羯、鲜卑、氏、羌等少数民族贵族建立的诸多割据政权，史称"五胡十六国"。入主中原的少数民族统治者为了给自己的统治寻找理论支柱，纷纷倡导佛教，促进了佛教在北方广大地区的传播，其中尤以后赵、前后秦和北凉的佛事活动为盛。

北方佛教的广泛传播与佛图澄在后赵时的努力是分不开的。 佛图澄（232—348），西域人，本姓帛（一说天竺人，本姓湿）。 自幼出家，诵经数百万言，善解经义。 西晋怀帝永嘉四年（310）来到洛阳，后以道术神咒赢得了建立后赵政权的羯人石勒及其继承者石虎的崇信，经常参议军政大事，被尊奉为"大和上"。 关于佛图澄的神异事迹，传说极多。 据说他善诵神咒，能役使鬼物。 以麻油混合胭脂涂于手掌，能彻见千里外之事；耳听铃音，能辨别吉凶。 他常服气自养，能积日不食，还能救龙致水降雨、喷洒兴云灭火等。 他初见石勒时，石勒问他："佛道有何灵验？"他回答说："至道虽远，亦可以近事为证。"随即作了一番表演。 他取来一个钵子，盛满水，烧香念咒，须臾之间，钵中生出了光色耀目的青莲花，使石勒十分信服。从此，凡有重大的事情，石勒都要先来向他请教。石虎即位后，对他更加敬重，称之为"国之大宝"，事事都要先征求他的意见然后才实行。佛图澄也尽量利用自己的渊博知识和众多弟子提供的消息来为石氏政权服务，并以佛教慈悲戒杀的教义来感化、谏劝残暴成性的石勒、石虎不要滥杀无故。他还充分利用后赵统治者石勒、石虎出身非汉族的特点及其对佛教的崇信，大力弘法传教，使佛教这一非汉族的宗教在统治者的支持与倡导下在北方得到了迅速传播。石虎曾专门下诏书允许各族民众都可以出家为僧，从而打破了以往"汉人皆不得出家"（《高僧传》卷九《佛图澄传》）的旧例。一般认为，这是中国历史上第一次官方明令汉人可以出家。

继后赵之后，前秦苻坚十分好佛，他曾派兵攻打襄阳以迎请佛图澄的弟子道安去长安主持译事，并对道安十分尊崇。正是在帝王和权贵富豪的支持与资助下，道安讲经说法，译经传教，在襄阳和长安都有成百上千的弟子僧众，形成了当时我国最大的佛教僧团，影响所及，遍布大江南北。

后秦的佛教比前秦更盛。后秦主姚兴出兵凉州，迎罗什大师至长安，"待以国师之礼"，并"使入西明阁及逍遥园，译出众经"（《晋书·罗什传》）。姚兴身为国主，不仅提供译场，委派助手，而且还"亲帅群臣及沙门听罗什讲佛经"（《资治通鉴》卷一一四）。罗什的译经和讲习都大大超过了前代。四方前来的义学沙门多达三五千人。罗什培养的一大批弟子对中国佛教发展的影响是巨大而深远的。

四、玄佛合流与中国佛教学者的崛起

两晋时期，汉末传入的大乘般若学在玄学的刺激下得以大兴，并与玄学合流而蔚为时代思潮。 这里所说的"玄佛合流"主要是指玄学和佛教般若学的相互影响、相互渗透，并不是说玄学和佛学曾经失去各自的特点而融合为一。 事实上，玄学和佛学既相互影响，又有着各自内在的发展逻辑。 玄学化的佛教般若学派"六家七宗"的出现，可说是佛教在中国文化氛围下发展的必然。 道安、慧远、僧肇、僧叡等中国佛教学者的崛起，则开创了中国佛教发展的新阶段。

如前所述，佛教传入中国后，最早在社会上发生影响的是它那一套轮回转生的宗教教义。 随着译经的增多，人们开始转向对佛教义理的探讨，特别是魏晋玄学的盛行，促进了佛教般若学的兴起，而当玄学发展到它的极限，需要从佛学中吸取养料来充实发展自己的时候，人们的理论兴趣更是由玄学转向了般若学，纷纷倾心于对般若思想的研究，出现了支孝龙、康僧渊等众多的般若学者。 但是，早期的译经很不完善，这样的译经，必然给人们的理解带来困难。 为了探究佛教义理，汉魏时出现的"格义"和"合本"等方法在两晋时得到了普遍使用。

首创于三国支谦的"合本"之法，在两晋时已成为解经的重要方法。 例如支愍度把支谦、竺法护、竺叔兰的三个《维摩经》译本合为一部，又把支谶、竺法护、竺叔兰的三个《首楞严》译本合为一部。当时对《般若经》的研习尤为重视，故有名僧支道林作《大小品对比要钞》，把《道行》、《放光》详加对比；道安合《放光》、《光赞》，对这两个译本逐品比较，并随文为之略解，以图准确把握般若要义。 但是，由于这些合本只能限于译理未尽的译本，因此人们仍然难以透彻地理解佛经原义。

"合本"是就佛经本身来相互比较，"格义"则是在内外思想之间进行比配。 一般认为，这种方法始创于晋代的竺法雅。 从实际情况来看，早期译经用"无为"来译"涅槃"，把"释迦牟尼"译为"能仁"

等，就可以视为是格义的最早运用。"格义"的出现，有它的历史必然性，它既是早期佛教发展的需要，也反映了佛教传入初期，中国学者力图理解佛学、融合中外思想所作出的努力。

由于早期《般若经》的各个译本都译理未尽，不很完备，而系统阐发般若性空思想的"三论"又未译出，因此，人们虽然广泛使用了汉魏以来"格义"、"合本"等方法来探究般若空义，但仍难以准确地把握般若思想的全貌。"格义"等方法的运用，却给佛教的中国化进一步敞开了大门，给了人们自由发挥的余地。当时社会上老庄玄学盛行，般若学者大都兼通内外之学，能够博综六经，尤精老庄玄学。这样，在"格义"时就免不了以老庄玄学来比附佛学，从而使般若学打上了玄学的烙印。玄学和般若学互相吸收，互相影响，形成了玄佛合流的一代学风。

受玄学的影响，当时对佛教般若思想的研究曾盛极一时，见之于经传的有名般若学者就有数十人之多。但他们对般若"空"义的理解，或者流于片面，或者用老庄玄学等思想去附会，从而围绕着般若空义，产生了众多的学派，主要的就是"六家七宗"。最早提到"六家"之说的是东晋的僧叡，但他对"六家"未作具体说明。刘宋时的昙济则第一次对此作了解释，并提出了六家分为七宗的说法。唐元康的《肇论疏》引昙济《六家七宗论》说："论有六家，分成七宗。第一本无宗，第二本无异宗，第三即色宗，第四识含宗，第五幻化宗，第六心无宗，第七缘会宗。本有六家，第一家分为二宗，故成七宗也。"关于"六家七宗"的主要思想和各自的代表人物，综合史籍中的有关记载，大致情况如下。

本无宗：代表人物是道安。根据吉藏的《中观论疏》和《名僧传钞·昙济传》等记载，道安主要借用了中国传统的元气论来说明"无"

并不是绝对的空无，不是无中生有之无，而是在"元化之先"、"众形之始"的一种廓然无形、无变化的状态，"本无"并不是说"虚豁之中能生万有"，而是说"一切诸法，本性空寂"。就此而言，道安的本无论虽然打上了传统思想的烙印，受到了老庄玄学、特别是郭象思想的影响，但对般若空义的理解还是比较符合佛教原义的，因而道安的本无论在当时被认为是般若学的正宗，也被称之为"性空宗"。不过，道安所要求的"宅心本无"，具有空万物、不空心识的倾向，这与般若空义仍然是有差异的。

本无异宗：代表人物有竺法深与竺法汰等。其观点，据吉藏的《中观论疏》和安澄的《中论疏记》等记载，主要是把有与无割裂开来，以有无之无来释空，主张无中生有，认为万物皆从无而生。这与般若学所言的非有非无之空论显然相去甚远，它带有明显的宇宙生成论的色彩。

即色宗：代表人物是支道林。其主要观点是，色并不是靠自性而成其为有，所以是空。僧肇在《不真空论》中曾认为，这种观点"直语色不自色，未领色之非色也"，即这种观点只讲到了万法不能独立自存，并以此来否定色之存在，却不懂得色本身就是非色的道理，因而才有"色复异空"这种把色与空对立起来的说法。

识含宗：代表人物是于法开。据吉藏《中观论疏》的记载，其对般若空义的理解是，世界万有虚假不实，犹如梦境，人们之所以执著为有，是由于心识的迷惑。也就是说，虚假的群有只存在于惑识之中，识含故空。就其把万法说成是虚幻如梦而言，是符合般若空义的。但它对"心识"的肯定，却是违背"一切皆空"思想的。它认为，群有属于梦境，离梦境，群有便不复存在，所以是空，这与《般若经》所要求的即假有而观空也是不一致的。

幻化宗：代表人物是道壹。 据吉藏的《中观论疏》和安澄的《中论疏记》记载，该宗对"空"的理解是：世谛之法，皆如幻化，幻化故空。 幻化故空，这本来是符合般若空义的，但幻化宗的理解比较片面。 般若的空应该是"一切法"空，即世谛法、真谛法皆如幻化。 而幻化宗却只说"世谛法"如幻，并且肯定"心神犹真不空"，这种空论显然"空"得还不够彻底。

心无宗：代表人物有支愍度、竺法蕴（一作竺法温）和道恒等人。该宗对般若空义的理解是，把佛教对客观世界的否定引向主观上的不起执心，认为"无心于万物，万物未尝无"（僧肇《不真空论》引）。 僧肇的《不真空论》对这种观点的批评是"得在于神静，失在于物虚"，即只说到了心不为外物所动而没有认识到外物本身的虚假不实，无可执著。

缘会宗：代表人物是于道邃。 该宗对"空"的理解是："明缘会故有，名为世谛；缘散故即无，称第一义谛"（吉藏《中观论疏》）。缘会故空，这本是般若学的基本思想，但般若学强调的是缘起法本身的虚假性而不是缘起法的不存在。 认万法为有，是俗谛；知万法性空，是真谛。 万法不待"缘散"才空。 缘会宗理解的空却是缘散后的万法"非有"，没能从缘起法的"非无"中来体认空。

从上述"六家七宗"的观点来看，各家虽然从不同的侧面对般若空义有所理解，却都未能准确而全面地加以把握。 "六家七宗"般若学派在两晋时的出现，既是传统思想，特别是玄学影响的结果，同时也反映了当时中国佛教徒对佛教般若思想的探索和企图摆脱对玄学的依附而建立自己思想体系的努力。

佛教传入中国后，在与传统思想文化的冲突与交融中逐渐展开并不断发展，到魏晋时，其理论学说正式登上了中国学术思想的舞台，一批中国佛教学者的脱颖而出，标志着佛教在中国的发展进入了一个新的历史时期。 一代高僧道安及其高足慧远，以及鸠摩罗什门下的僧肇、僧叡、道生等，是当时崛起的中国第一代佛教学者中的佼佼者，他们是这个时期著名的佛教学者，他们从事的佛教活动及他们的佛学思想，对中国佛教的发展产生了极其广泛而深远的影响。 下面对他们略作介绍。

道安（314—385，或说 312—385），据《高僧传》卷五《道安传》载，十二岁时出家为僧，二十岁受具足戒以后，便外出求学。 约 335年，道安游学至邺，在那里遇到了正为后赵政权服务的著名高僧佛图澄。 从此师事佛图澄，直至佛图澄去世。 在这十多年的时间里，道安跟随佛图澄研习佛学，以小乘为主，兼学大乘般若学，在佛教理论方面打下了比较坚实的基础，并崭露头角。 佛图澄去世后，为避战乱，道安离开了邺地，先后在河北、山西和河南一带弘法传教。 在颠沛流离的十多年时间里，他修学不止，斋讲不断，并积极培养弟子，广传佛教。 由于这一时期道安主要活动于北方，因而深受北方佛教重视禅定的影响，对安世高系的小乘禅学特别用心，不但注经作序，对之推崇备至，而且身体力行，修习禅观，只是由于现在文献不足而对道安禅观方面的造诣已难以详考了。 在研习禅学的同时，道安也开始留心大乘般若学，他由禅学而逐渐转向般若学的学术经历，奠定了他整个佛学思想的基本特点。 后为避北方战乱，道安率徒众南下，来到东晋统治下的襄阳。

道安在襄阳的十五年时间是他一生中从事佛教活动的最重要时期，在经典之整理、佛理之阐发、僧规之确立等多方面为中国佛教的发展做出了重要的贡献。 在佛学研究和阐发佛理方面，由于受南方佛教重义理的影响，以及迎合东晋朝野崇尚玄学的风气，道安这时期的思想重心开始由禅学转向般若学，创立了般若学派中影响最大的"本无宗"。

在研讲般若思想的同时，道安还花大力气收集并整理佛教典籍，编纂佛典目录。 在道安以前，已经有人对汉代以来流传的各种佛典加以整理，编出目录，但都很不完备，道安在广泛收集、详加校阅当时流行的各种经典之基础上，第一次系统而全面地加以整理，并严格地辨别真伪，评定新旧。 凡入录者，必定亲自过目，充分表现了他治学之勤劳与严谨。 道安编的经录原本虽然早已佚失，但部分内容在梁僧祐编的《出三藏记集》（此为现存最古的经录）中得到了保留。

　　道安时，汉地虽有戒律，但很不完备，道安时常感叹戒律传来之不全。 他在襄阳时，有僧尼数百，为了使之行有节度，他参照当时已有的戒律，制定了僧尼轨范，在佛教界影响很大，当时"天下寺舍，遂则而从之"。 道安是中国佛教史上定立寺院规则的第一人。 在道安晚年，各种戒本纷纷传入。 至鸠摩罗什来华，大出律藏，从此天下僧人仪范有所遵循而不必再实行道安所制。 道安定立的僧尼轨范行至何时，史载不详，但他划一僧尼姓氏，千百年来却始终为汉地佛教所遵循。 在道安以前，中土沙门皆依师为姓。 师从天竺来而姓"竺"，从月支来而姓"支"，从安息来则姓"安"，弟子便分而从之，因此，当时沙门所姓不一。 道安以为，"大师之本，莫尊释迦，乃以释命氏"。 后来得到《增一阿含经》，经中果称"四河入海，无复河名，四姓为沙门，皆称释种"。 于是，佛教徒以"释"为姓，便永成定式，至今不变。 道安在襄阳，还有一项重要的活动，就是经常与弟子法遇等人在弥勒像前立誓愿生兜率天宫。 一般认为，这是中国佛教史上弥勒信仰的最早提倡。

　　当时北方的前秦王苻坚素闻道安之名，派遣苻丕率兵攻打襄阳。苻丕攻下襄阳后，将道安与习凿齿一起送往长安。 道安在长安，被安排住在五重寺，有僧众数千人。 他受到了苻坚和当地官僚及文人的推崇和厚遇。 在符坚的支持下，道安在长安组织中外僧人译出了大量佛经。 在主持译事的过程中，道安还对译经的经验和困难作了认真总结，提出了著名的"五失本、三不易"的说法。 "五失本"是指佛经翻译中有五种情况要改变原本经典的表达方式，"三不易"是指三种不容易翻译的情况。 道安的经验总结在一定程度上得到了国家的保护和支持，因而译经的规模和译经的质量都比以前有了进一步的发展。

道安作为一代宗师，在中国佛教史上有着极其重要的地位，影响深远。 首先，他在组织翻译、整理和介绍佛教经典方面做出了重要的贡献。 他晚年在长安主持译事，共译出佛典约 14 部，183 卷，百万余言。 他还勤勉地注经作序，一生共有著作 60 多种，现存的约 20 多种，内容包括佛教大小乘理论、禅修、律仪等广泛的领域。 他编纂的佛经目录，不仅为研究中国佛教的译经史提供了第一部可信可据的译经史料书，而且为后人继续整理佛教典籍提供了有益的经验，带来了极大的方便。 其次，他大力弘法传教，积极培养弟子，对中国佛教的传播与发展起了极大的推动作用。 他在河北、襄阳和长安，都有成百上千的弟子，形成了当时中国佛教最大的僧团。 他曾先后两次分张徒众，派遣弟子到各地去传法，使佛教逐渐从黄河流域扩大到了长江流域，并进而在全国到处传播。 他制定僧尼轨范、统一沙门姓氏等，对佛教的进一步发展起了一定的作用。 最后，道安在佛学上集汉魏以来小乘禅学和大乘般若学这两系思想之大成，并创立了本无宗，大大推进了佛教中国化的进程。 道安以后，他的弟子慧远继之成为佛教界的领袖，进一步为中国佛教的发展做出了巨大的努力。

慧远（334—416），据《高僧传》卷六《慧远传》载，"少为诸生，博综六经，尤善庄老"，后闻道安之名，遂往归之，出家为僧，随道安学佛。 道安在襄阳分张徒众，慧远与弟子数十人南适荆州，途经浔阳（今江西九江），见庐山清净，足以息心，便停留在此，始住龙泉精舍。后江州剌史桓伊为之建东林寺，慧远便久住于此，修道弘法，从事著述，直至去世。慧远在庐山居住长达三十多年，这是他一生中从事佛教活动的最重要时期。他聚徒讲学，培养弟子；撰写文章，阐发佛理；组织译经，弘律传禅；建斋立寺，倡导念佛；同时，他还与鸠摩罗什书信往来，促进了南北佛教的学术交流。

慧远在庐山定居后，常感叹江东一带佛经不完备，于是，便派遣弟子西行求法。弟子法净、法领等人奉师之命远寻众经，在西域求得了大量梵本新经，使之得以传译。与此同时，慧远又积极组织西来僧人翻译佛经。由于慧远的组织翻译和大力提倡，毗昙学曾在中土盛行一时。慧远对佛教戒律也十分重视，曾遣弟子致书西域沙门昙摩流支，祈请诵出《十诵律》，昙摩流支后与罗什合作译全了此律，使《十诵律》一部具足无阙，得以在汉地相传，并在南北朝时的南方形成了专门弘传《十诵律》的学派。慧远还曾为禅经的翻译出过大力。时有印度禅师佛陀跋陀罗来华，先至长安，因所传之禅与鸠摩罗什所奉行的大乘禅法不合，便率弟子慧观等四十余人南至庐山。慧远特请佛陀跋陀罗译出了介绍达摩多罗和佛大先禅法的《达摩多罗禅经》两卷，并亲自为之作序。由于慧远的介绍和提倡，佛教禅法在江南得到了流传。

慧远在积极组织译经的同时，还刻苦钻研佛理。他跟随道安多年，主要研究般若学。上庐山后，又从僧伽提婆学毗昙，从佛陀跋陀罗学禅法。当时著名的佛学家鸠摩罗什入关至长安，慧远闻之，即主动遣书通好，并经常与之讨论佛学问题。慧远在主持译经、开讲经论以及与罗什的学术交流中，结合自己的体会，写下了大量的佛教著作，现已佚失不少，在《弘明集》、《广弘明集》和《出三藏记集》中保留了《沙门不敬王者论》、《沙门袒服论》、《三报论》、《明报应论》

等四篇重要的论文和其他一些经序、书信及铭赞等。

慧远在佛教理论上主要是发挥道安的"本无论"。他吸收了传统思想中灵魂不死的宗教观念，以"法性论"为核心，论证了形尽神不灭和三世报应的理论，从而形成了他富有特色的中国化的佛学思想。他还利用自己的特殊身份和广博知识努力调和佛法与名教的关系，为沙门袒服和沙门不敬王者进行辩解，强调佛法和名教在形式上虽然有所不同，但在协和王化等根本问题上却是完全一致的。慧远对佛法与名教的调和，为佛教在中土的生存与传播提供了理论依据。

慧远在中国佛教史上是十分重要的人物，他的弟子众多，享有高名的就有慧观、僧济、法安、道祖等近二十人。由于他精通内外之学，因此吸引了一大批文人学士，大大扩大了佛教在社会上的影响。他与在长安的鸠摩罗什的学术讨论，不仅促进了南北佛教的学术交流，也使罗什弘传的般若三论之学得以在江南广传。同时，他一方面遣弟子西行求经，另一方面又组织西来僧人译经，在他的努力下，毗昙学、禅学和佛教戒律等经典也在江南得到了广泛流行。在佛教理论方面，慧远融合传统思想而发挥的法性论、神不灭论和三报论，使佛教天堂地狱、因果报应的理论在中国几乎家喻户晓，其影响远远超出了佛教徒的范围。慧远倡导弥陀信仰，奉行念佛三昧，推进了净土信仰在中土的流传，虽然他倡导的念佛是"观想念佛"，与后世盛行的净土宗的"称名念佛"并不相同，但他仍被净土宗奉为初祖。慧远以出世的姿态，护法传教，调和佛法与名教的关系，为佛教赢得了统治者更多的支持。东晋以来佛教的兴盛与江南佛教的流行，与慧远的努力是分不开的。

僧肇（384—414），据《高僧传》卷六《僧肇传》载，京兆长安（今陕西西安）人。由于家贫，以代人抄书为业。"遂因缮写，乃历观经史，备尽坟籍"，熟悉了中国的传统文化。后见三国时支谦译的

《维摩经》，"欢喜顶受，披寻玩味，乃言始知所归矣，因此出家"。
出家以后，又"学善方等，兼通三藏"。 不到二十岁，他便"名振关
辅"。 正当年轻的僧肇在佛学方面崭露头角之时，鸠摩罗什来到了中
国，先停留在当时凉州的治所姑臧（今甘肃省武威县），僧肇仰慕其
名，"自远从之"。 僧肇在罗什门下，聪明好学，深得罗什的赞赏。
弘始三年（401），罗什被姚兴迎到长安，僧肇也随之同至，被安排协
助罗什译经并从之受学。 在罗什众多的高足中，僧肇的佛学造诣是最
出类拔萃的。 他在协助罗什译经的同时，虚心从之学佛，认真听罗什
讲解经义。 有时还把罗什的讲解加以整理，作为译出经典的注释。

僧肇跟随罗什多年，对罗什所传的般若三论之学领会极深，并有独
到的体会。 他深感当时中国佛教界对般若学理解得不够准确，因而就
著论发表自己的见解。 他的著作并不多，后人将他的几篇论文汇编成
《肇论》一书流行于世。 现存《肇论》为南朝梁陈时人所编，除了收
有《不真空论》、《物不迁论》、《般若无知论》、《涅槃无名论》等
四篇阐发般若性空思想的论文外，还有《答刘遗民书》。 卷首则为
《宗本义》，近似全书的纲领，有人疑为后人的伪作。 从总体上看，
《肇论》是一个完整的哲学思想体系，它在回答当时玄学提出的一些主
要理论问题，也是佛学中带有根本性问题时，系统地阐发了佛教的般若
性空思想，具有极高的理论思辨水平，它的出现标志着中国佛教的发展
进入了初创理论体系的新阶段。 除《肇论》之外，僧肇的著作还有
《维摩经注》以及几篇佛教经论的序文，对《肇论》的思想有所发挥和
补充，也是研究僧肇思想的重要参考资料。

僧肇在罗什众多的弟子中年纪最轻，对后世的影响却最大，也是最
有才华的一个。 他在中国佛教史上的影响与地位主要在于他对佛教理
论的贡献。 他的全部佛学思想都是围绕着解般若学的"空"这个主题

展开的。 在僧肇之前，人们受老庄玄学的影响，都从有和无的二分对立上来理解般若的性空之义，因而"有无殊论，纷然交竞"，形成了老庄玄学化的"六家七宗"等般若学派。 僧肇通过批判其中有代表性的本无、即色和心无这三家的观点而对当时割裂有和无、离开假有来谈空的普遍倾向作了综合性的批判，并在此基础上系统发挥了鸠摩罗什所传的中观般若思想。

僧肇佛教思想体系的出现，是玄学和佛学的发展以及玄佛合流的需要。 就佛学的发展而言，罗什的译经传教，为结束般若学各派的纷争提供了可能，僧肇正是顺应着依据佛教经典来统一佛教义理的时代需要，把中国佛教的发展推向了建立理论体系的新阶段。 就玄学的发展而言，玄学发展到郭象的"名教即自然"的出现，标志着玄学的发展已到了它的顶峰，也到了它的极限，玄学要有新的发展，就需要寻找新的出路，吸收新的养料，佛教般若学的高度思辨正好能满足玄学发展的需要。 僧肇以佛教思辨来解答当时玄学提出的有无、动静等主要问题，用"绝名教而超自然"的佛理发展了玄学，并最终取代了玄学，把玄学的发展拉向了佛学。 再从玄佛合流来看，当时也需要有人出来做出总结。 由于"六家七宗"等玄学化的般若学并没有真正全面把握般若空义，因而未能完全包容和吸收玄学，玄学也没有能够借助于般若学而有重大突破。 这时，需要有一种能同时容纳玄学和佛学的更为高超的理论，来把玄佛合流推向新的高度。 僧肇的思想体系正是适应这种需要而产生的。

僧肇的佛教思想比较符合《般若经》和龙树中观学原意，但它并不是印度佛学的复制品。 僧肇在阐发佛教思想时，十分注意从传统思想中吸取养料。 他融会中外思想而创立的佛教思想体系，是佛教中国化的重要里程碑。 他创立的中国佛教史上第一个比较完整的中国化的佛教哲学思想体系，把佛教的中国化推向了一个新的阶段，为佛教结束对传统思想的依附而走上相对独立发展的道路做出了重要的理论贡献。同时，僧肇用佛教的理论思辨解决了玄学长期争论而一直没有解决的问题，在批判玄学化的般若学各家学说的同时，也间接地批判了玄学的各派，并站在佛教的立场上对玄佛合流做出了批判性总结，因此，他的哲学思想的出现既把玄佛合流推向了顶峰，也标志着玄佛合流的终结，并在客观上结束了玄学的发展。在此之后，玄学虽有余波，但已没有多大的发展，中国化的佛教哲学理论则开始了自成体系的发展。僧肇的佛教哲学思想是中国学术思想从魏晋玄学和玄佛合流的局面逐渐向南北朝及隋唐佛学大发展的局面过渡的重要环节。

第三章　南北朝佛教发展与学派林立

南北朝时期是佛教进一步流传发展的时代。 在帝王的直接支持下，寺院和僧尼数量激增，僧官制度得到了确立，寺院经济有了很大的发展。 随着大量经论的进一步译出，对佛典的研究也日益深入，并逐渐形成了许多以弘传某一部经论为主的不同学派。 这个时期，佛教与儒、道相融相争的三教关系全面展开，佛教的世俗化与民间信仰也有进一步的发展。 由于南北社会政治条件的不同，地域文化传统的差异，因而南北佛教也形成了不同的特点和学风。

一、佛教趋于繁兴与南北不同特点

南北朝时期中国佛教的发展趋于繁兴，也出现了与以往不同的一些新特点。 由于北方战乱不止，晋王室的南迁，一大批文人学士和义学沙门也相继南渡，学术重心逐渐南移。 到南北朝时，由于南北政治、经济和文化的不同，更促使南北佛教呈现出了不同的特点。

南朝宋齐梁陈各代皇帝，大都崇信并提倡佛教，其主要目的乃是希望"神道助教"、"坐致太平"，因此，他们或设斋供僧，或修建寺庙，或资助译经，或学习佛理，对佛教给予了多方面的支持。 在帝王的支持下，南朝时继续译出了大量佛典。 据《大唐内典录》的有关记载，南朝共有译者68人，译出佛经387部，1963卷；而据《开元释教录》，则有译者40人，共译出佛经563部，1084卷。 这个时期最重要的译者有晋末宋初的佛陀跋陀罗及稍后的求那跋陀罗，还有梁代的真谛。 佛陀跋陀罗所译的《大方广佛华严经》和《大般泥洹经》、求那跋陀罗所译的《胜鬘狮子吼一乘大方便方广经》和《楞伽阿跋多罗宝经》及真谛所译的《摄大乘论》等从不同的方面为南朝佛教的持续发展提供了理论基础。

从总体上看，南方佛教继承了东晋以来玄学化佛教的传统，偏重玄远的清谈与义理的探讨，在帝王的直接倡导下，讲论佛法成为时尚。因此，围绕着涅槃佛性义、真俗二谛义、神灭与神不灭等，当时都展开过激烈的论争，般若三论等学说也十分流行。 这反映了南方佛教既摆脱了魏晋佛教对于玄学的依附，走上了相对独立的发展道路，却又仍然深受着魏晋以来清谈之风的影响。

南朝时出现了大量在佛教史上产生很大影响的中国僧人的佛教著述，其中不少已经佚失，现存最值得重视的有梁代僧祐为"订正经译"而作的《出三藏记集》十五卷和为"护持正化"而集的《弘明集》十四卷以及梁代慧皎编撰的《高僧传》十四卷。 《出三藏记集》是我国现存最古的佛教经录，《弘明集》则是僧祐站在佛教的立场上，面对儒、道两教对佛教的攻击，为护持正法、驳斥异教而编集的。 其中既搜集了大量颂佛护教的文章，也保存了一些反佛的史料，如范缜的《神灭论》等，弥足珍贵。 慧皎所作的《高僧传》，通过为僧人立传，为我们保留了大量可贵的佛教史料。 全书共收录从佛教初传到梁天监年间中国佛教著名僧人近五百人的生平事迹，成为我们了解并研究汉魏六朝佛教传播发展情况不可多得的重要参考书。

相比之下，北朝佛教却呈现出了另一种景象。 北朝佛教虽然也译出了一些佛典，但数量远不及南朝。 据《大唐内典录》，北朝共有译者 27 人，译出了佛经 127 部，395 卷；据《开元释教录》，则有译者 18 人，共译佛经 105 部，355 卷。 其中最重要的译者是北魏的"译经元匠"菩提流支和在北凉译出大本《涅槃经》的昙无谶。 北方少数民族统治者虽然也重视佛教，但他们大都崇尚武功，没有玄学清谈的传统。他们比较重视修福、修禅等实际的活动，例如建寺、度僧、凿石窟、造佛像等，对空谈玄理不怎么感兴趣。 与南方佛教崇尚玄理相比，北方佛教更偏重修习实践，因而禅学、律学和净土信仰比较盛行，尤其重视禅观。 当时统治者对禅定的倡导和社会上对"讲经"的不重视，导致了北朝的义学高僧不多见，却相继出现了许多著名的禅师，例如北魏时佛陀跋陀罗的弟子玄高，专精禅律，妙通禅法；北齐时传佛陀禅师禅法的僧稠，被誉为"自葱岭以东，禅学之最"；北周时传勒那摩提禅法的僧实，名重一时。 特别是南天竺僧人菩提达摩禅师来华，渡江北上至魏，广传"南天竺一乘宗"，在北方逐渐形成规模，最终形成了中国的禅宗。 天台宗的先驱慧文、慧思也都曾是北方著名的禅师。

由于南北政治文化背景的不同，因而佛教与王权以及佛教与儒道的关系在南方和北方的情况也有所不同。 南朝帝王在崇佛的同时，一般对儒道仍加以利用，儒佛道三教皆有助于王化的思想在南朝基本上占主导地位。 即使出于现实政治的需要，帝王对过分发展的佛教采取某些限制措施，其手段一般也比较温和，结果还往往未能实行。 儒道对佛教的批评攻击有时虽然很激烈，但也仅停留在理论的论争上。 正因为如此，南方才有夷夏之辨、佛法与名教之辨以及神灭与神不灭等理论上的大论战，也才会有释慧远为"沙门不敬王者"所作的辩解。南朝虽有反佛之声，却未能阻止佛教的进一步发展，社会中反而出现了"南朝四百八十寺，多少楼台烟雨中"的佛寺遍布的兴盛景象。

在北方的情况却不太一样。由于与南朝相比，北朝的君权更为集中，因而在北朝出现了帝王利用政治力量灭佛的流血事件。佛教与儒道之间的争论，特别是佛道之争，也与南方的理论争论不同，往往更多的是借助于帝王的势力来打击对方。北方两次较大规模的灭佛事件，即北魏太武帝和北周武帝的灭佛，其实都与佛道之争有关，而两次灭佛最终也都以流血而告结束。正因为如此，所以在北方非但没有出现沙门该不该礼敬王者的争论，反而出现了拜天子即为礼佛的说法。南北佛教对帝王的不同态度从一个侧面反映了佛教的发展及其特点的形成受社会历史条件的影响。

南北佛教的不同特点和学风，给我们留下了不同特色的文化遗产。在南方出现《弘明集》、《高僧传》等大量佛教著述的同时，北方社会中却出现了大量的石窟艺术珍品，如世界著名的云冈石窟和龙门石窟等都始凿于北魏，这些文化遗产至今依然熠熠生辉。

南北朝时期，始创于东晋末年的僧官制度也得到了完善与发展。佛教传入之初，僧尼一般都由朝廷的鸿胪寺兼管。随着佛教的广泛传播和僧尼人数的激增，国家便开始从僧人中选拔任命僧官以协助政府管理佛教僧尼事务。据记载，罗什入关以后，关中佛法大兴，后秦姚兴为了加强对僧尼的管理而设置了僧官，史书中一般以此为中国设立僧官之始。北魏设置僧官的时间实际上可能较后秦为早。据《魏书·释老志》载，北魏道武帝在皇始年间（396—397）召沙门法果到京师，"后以为道人统"。道人统或称沙门统，为最高的僧官。北魏统一北方后，从中央到地方，建立了比较完备的僧官制度，并为北朝所通用。北朝时，在地方上也设立了许多僧官，例如在州有州统、州都，在郡有郡统、郡维那，在县也有县维那等，分别管理各级地方上的僧尼事务，其办事机构则为沙门曹。诸州郡县沙门曹由昭玄寺统管。这样，在北朝就形成了一个从上到下的比较完备的僧官体系。南朝的僧官体系较之北朝要松散一些。在南朝，最高的僧官称僧正，因在京都，也称都邑僧正，有时还有比丘尼担任此职。在僧正之下有都维那，称京邑都维那，有时也称大僧都或悦众。南朝在各级地方上设立的僧官也称僧正或僧主。州郡的各级僧官大都由皇帝亲自任命，但也有少数例外。

佛教的基层组织是寺院，寺院一般都有一个主事僧，南北朝时称为寺主。后来，随着寺院经济的发展和寺院事务的扩大，原来作为寺院僧人中年长者之尊称的"上座"和寺院中一般执事僧的"维那"也逐渐被列入寺院僧官序列，与寺主共同统辖僧众，管理寺院事务。不过，南北朝时，寺院组织和寺院制度尚不很完备，比较严格的"三纲"（上座、寺主、维那）制度及其统一的名称大约到隋唐时才最终形成。

说到寺院经济的发展，这其实是中国佛教的一大特点。在印度佛教中，虽然不允许僧尼个人蓄金银财物而并不禁止寺院僧团拥有土地财产，但出家修道的僧尼一般是不直接从事生产劳动和各种经济活动的。但佛教传入中国后，受自给自足的小农经济的封建社会影响，佛教寺院不仅占有田产，而且从事多种以盈利为目的的经济活动。这种情况在东晋时就已较为普遍，但还没有形成比较强大的寺院经济。到南北朝时，随着皇帝、贵族和地主布施的增多和寺院多种经济活动的扩大，寺院经济得到了极大的发展，相对独立的寺院经济在当时的社会经济中已占有很重要的地位。

在南朝，寺院的田地财产有很大一部分来自于帝王和贵族们的布施。 例如宋孝武帝一次就曾"赐钱五十万"，梁武帝更是一次就向寺院捐赠了价值一千多万的财物，他四次舍身同泰寺，使寺院每次都获得"钱一亿万"的赎金。 南朝的寺院还在帝王的支持下利用积聚的钱财经营无尽藏以获利。 无尽藏又叫长生库，类似于当铺、钱庄之类。 无尽藏经营的范围很广，从黄金到各类物品，都可以送去典当。 经营无尽藏和占有大量土地，再加各种布施，使南朝的寺院经济实力大增，僧人中的豪富也为数不少。 在北朝，寺院经济同样获得了很大的发展，各个寺院都拥有大量的土地财富，通过收租、经商、放高利贷等，形成了较为雄厚的相对独立的寺院经济，在当时的社会经济中占有重要的地位。 与南朝佛教寺院经营无尽藏形成对照的是，北朝的寺院经济更多的是依靠地租的收入。 南北朝寺院经济的极大发展，曾遭到来自各个方面的批评，当寺院占有过多的田产以及农民为逃避沉重的租税徭役而纷纷遁入寺院直接影响到世俗统治者利益的时候，也往往成为世俗统治者排佛灭佛的重要原因之一。

二、经论讲习与佛教学派

南北朝时期，在佛教经论继续译出的同时，中国僧人开始倾心于对佛教义理的探究，特别是在南朝，经论的讲习之风大盛。 僧人务期兼通众经，广访众师听讲，一些人也渐以讲经知名，并各有所专精。 由于讲习经论的不同，逐渐形成了以弘传某部经论为主的不同的学派，如毗昙学派、涅槃学派等，其学者也相应地被称为"毗昙师"、"涅槃师"等，这些学派虽也有称其为"宗"的，其实尚不能算是真正的宗派，但它们为隋唐佛教宗派的创立准备了理论条件。 当时的佛教界对涅槃佛性义、真俗二谛义等佛学的基本理论，都曾进行过激烈的争辩。有的即使是讲解同一经论的学者，见解也往往有所不同。 南北朝时期佛学上的争论最后表现为传法定祖的问题，学派遂逐渐有了教派的性质。 在义理纷争的情况下开始出现了判释佛说经教的"判教"。 判教的方法非中土所创，但中土的判教在佛教学派向佛教宗派的演进中起了特别重要的作用。 到隋唐时，随着统一王朝的建立和佛教寺院经济的进一步发展，中国化的佛教宗派相继形成，学派林立的南北朝佛教也就过渡到了宗派并存的隋唐佛教。 可见，众多的学派的出现也是佛教中国化进程中的一道特殊的风景线，它们从不同的理论方向推动了中国佛学的完形。 当时的佛教学派主要有如下一些：

1. 毗昙学派和俱舍宗

毗昙学派是专门研习并弘传小乘说一切有部论书《阿毗昙》的佛教学派，主要通过对佛教法相的分析来表述"四谛"等基本思想，论证解脱的必要性和可能性。 毗昙学自东晋道安和慧远的提倡而开始在南北同时流传，至刘宋时形成了学派。 著名的学者很多，南方有昙机、僧镜、僧韶、法护、慧集等，其中以慧集为最。 在北方，最著名的则首推慧嵩，元魏、高齐之时，他活跃于邺洛彭沛之间，大弘毗昙之学，世称"毗昙孔子"。 他的弟子道猷、智洪以及再传弟子靖嵩、辩义等也都是北方著名的毗昙师。 值得一提的是，当时的毗昙学者，一般都兼传《涅槃经》、《成实论》等其他佛典，例如慧嵩就同时是北方著名的成实论师。 至于当时其他论师兼习毗昙的就更多，著名的义学僧人大都对毗昙学有所涉猎，这可能与他们视毗昙学为佛学之基础有关。

南朝末年真谛初译《俱舍论》（称《阿毗达磨俱舍释论》）。 由于此论在诸阿毗昙中体系特别完整，名相解说也最为简明，因而受到欢迎，毗昙学派的一些学者也逐渐转向对《俱舍论》的研究，成为俱舍师。 例如真谛的弟子慧恺及其再传道岳等皆大力弘传俱舍学。 俱舍学以"五位七十五法"来概括世界诸法，主张我空法有，对三世实有、法体恒有等作了系统的论证。唐初，玄奘再译《俱舍论》（称《阿毗达磨俱舍论》），掀起了对此论的研习高潮，玄奘的门人普光、法宝、神泰分别作疏记，世称"俱舍三大家"。而旧译毗昙学则随之而渐趋衰歇，许多毗昙师的著作都没有留传下来。日本僧人智通、智达和道昭等来华从玄奘学法，同时传回了法相和俱舍教义，以俱舍宗作为法相宗的附宗，在日本有一定的影响。

2. 涅槃学派

涅槃学派是以研习并弘传大乘《涅槃经》而得名的佛教学派。《涅槃经》的主要思想是"泥洹不灭，佛有真我，一切众生，皆有佛性"。涅槃佛性问题曾是南朝佛教理论的中心问题。南方涅槃学派的重要代表人物是晋宋时的竺道生，他曾根据自己研习经论的体悟，大胆提出了一阐提也有佛性、亦得成佛的主张，并倡立"顿悟成佛"义以反对当时流行的渐悟成佛说，与持渐悟说的慧观形成了南方涅槃学派的两大系。慧观也十分看重《涅槃经》，曾立二教五时的判教，把《涅槃经》视为如来说法的归结。一般认为，此为中土判教之始，对后来的各种判教学说，影响很大。当时在南方，著名的涅槃学者很多，梁代宝唱等所撰的《大般涅槃经集解》为南朝涅槃学说的集大成之作，其中收录了宋齐梁时僧亮、宝亮等十多家涅槃师说，从中可见当时南方研习《涅槃经》盛况之一斑。北方的涅槃师，则有慧嵩、道朗等。慧嵩作《涅槃义记》，道朗作《涅槃义疏》，阐发《涅槃经》的奥旨，推进了北方涅槃学的盛行。特别是道朗，提倡以非真非俗的中道为佛性，成为北方涅槃师的重要代表。其他如昙准、昙无最、圆通、道安、道凭等，也都以研习《涅槃》而知名。另外，当时的成论师、地论师等，也大都兼善涅槃学。

南北涅槃师曾围绕着《涅槃经》中有关佛性的问题展开过长期的争

论，并形成多家异说。 隋吉藏在《大乘玄论》卷三中曾将他以前的各种佛性学说归纳为十一家，再加上他自己所赞同的，共列出对佛性的解释有十二家之多。 涅槃学至梁代而达极盛，入陈以后，由于三论、天台、唯识学的渐兴而趋衰微，但至隋代仍有这方面的研究和争论。

3. 摄论学派

摄论学派是以研习弘传真谛所译的《摄大乘论》而得名的佛教学派。 《摄大乘论》为古印度无著所造，是瑜伽行派的重要代表作之一。 它比较集中地阐述了瑜伽行派所主张的唯识学说，特别是对三性说和阿赖耶说等作了细致的论述，奠定了大乘瑜伽行派的理论基础。《摄大乘论》传入我国后，最早由北魏佛陀扇多译出，但未得广传。真谛在重译此论的同时，还首译了世亲的《摄大乘论释》，系统介绍瑜伽行派的唯识学说，在中土形成了摄论学派。 其主要理论是在第八识"阿梨耶识"之外另立纯粹清净的第九识"阿摩罗识"，肯定人人皆有佛性。 真谛门下的慧恺、道尼、法泰等均大力弘传真谛的摄论之学。法泰曾协助真谛翻译《摄大乘论》，真谛以后，屡讲《摄论》，但并不为时人所重。 曾从其受学的靖嵩却弘传摄论，知名一时。 其弟子智凝、道基等，都有《摄论》的章疏传世。 另有昙迁一系，也盛弘真谛《摄论》之学于北方。 至唐代时，玄奘重译《摄大乘论》，视"阿摩罗识"为转染成净的第八识而非另有第九识，并将《摄大乘论》作为瑜伽行派的典据之一而并不独尊，从而使摄论学派趋于衰歇。

4. 成实学派

成实学派是研习并弘传《成实论》的佛教学派。 《成实论》的作者诃梨跋摩，原为印度说一切有部的僧人，后受大众部的影响而著此论批判有部的理论。 "成实"，意为成立"四谛"真实的道理。 其主要思想是人法两空，反对说一切有部"诸法实有"的观点，并在有部对世界万法分析的基础上提出了"五位八十四法"。 此论被认为是由小乘向大乘空宗过渡的重要著作，也有人称此论为"小乘空宗"的论典。鸠摩罗什为助初学佛者而译出此论后，其门下刘宋僧导和北魏僧嵩对此深加研究并作注疏，此论遂成为南北朝时期最流行的佛典之一。 僧导在寿春（今安徽寿县），僧嵩在彭城（今江苏徐州），分别形成了成实学派的南北两大系统，世称寿春系和彭城系。 南方著名的成实论师有宋代的昙济、道猛、僧钟等，齐代有慧次和僧柔。 至梁代，成实学趋于大盛，"梁代三大家"智藏、法云和僧旻，皆为著名的成实论师。陈代的成实论师明显减少，但出现了值得重视的变化，即发挥《成实论》的"新"义，有所谓"新成实论师"之称。 北方著名的成实论师有僧嵩的弟子僧渊，僧渊的弟子昙度、慧纪、道登，另外还有慧嵩、灵珣、道凭、道纪等，都知名于一时。

成实师讲《成实论》，或兼弘"三论"，或调和《涅槃》，曾对各家学说发生过广泛的影响。 到隋代吉藏创三论宗，判《成实论》为小乘后，成实学派逐渐衰微。 唐代唯识学兴起，成实学虽仍有余波，但学派已不复存在。

5. 地论学派

地论学派是研习并弘传《十地经论》的佛教学派，为北朝所特有，且对北朝佛教影响最大。 古印度世亲的《十地经论》原是对《华严经·十地品》所说菩萨修行的十个阶位（十地）和教义作的解释，由于它特别发挥了"三界唯心"和"唯识"等理论，因而成为瑜伽行派早期的代表作之一。 译出此论的北魏僧人菩提流支和勒那摩提对论中所论的"阿梨耶识"和佛性的解释各不相同，其徒遂分为地论学派的南北两道，佛教史上称其为相州南道和相州北道。 相州南道和相州北道曾围绕着当常、现常（即佛性的本有、始有）问题进行过长期的争论，并在判教问题上有过四宗五宗之争。

地论学派的南北两道，以南道为盛。北道道宠门下著名的地论师有僧休、法继、诞礼、牢宜、儒果、志念等，但除志念外，其他人的情况都没有被记载流传下来。有关《地论》方面的著作，现也几乎无存。南道慧光所传的《地论》之学，在当时北方就是一代显学。慧光门下知名者极多，最突出的有法上和道凭等。法上在魏齐二代得到了统治者的崇信和支持，历为统师近四十年。法上的弟子很多，以净影寺的慧远影响为最大。慧远的《大乘义章》在阐述地论学派南道的主张的同时，对佛教大小乘的各种教义、术语都进行了解释，被认为是集南北朝佛学之大成的佛教名著，在中国佛教史上有重要的地位。除南北两道之外，还有其他一些论师也兼通《地论》，例如前面提到的摄论师靖嵩就是兼通《地论》的著名代表。地论学派在南北朝末年和隋代便趋于与摄论学派融合，至唐代唯识宗和华严宗创立以后，便不再独立存在。

6. 三论学派

三论学派是以《中论》、《百论》和《十二门论》这"三论"为理论依据而成就的学派。"三论"虽由后秦鸠摩罗什译出，有僧肇等人加以阐释发挥，但三论学的兴起则始于梁代的僧朗。僧朗为辽东人，刘宋时入关研习三论，于齐梁时来到江南，住建康郊外的摄山栖霞寺从法度受学。法度卒后，僧朗"继踵先师，复纲山寺"，后人称其为"摄岭师"或"摄山大师"。梁武帝曾派僧诠、僧怀等十人入山从僧朗学"三论"，唯僧诠得法，继僧朗之后在摄山弘传"三论"之学。僧诠有弟子数百人，最著名的有法朗、慧布、智辩、慧勇四人，世称"诠门四哲"或"诠公四友"。这四人各有所专，最突出的是法朗。法朗出家后曾习禅学律，精研《成实》、《毗昙》，后入摄山从僧诠学《般若》、《华严》及"三论"，大力弘传般若三论之学，成为著名的三论师，并为隋唐三论宗的创立开拓了道路。 他的弟子很多，知名者号称"二十五哲"，影响最大的吉藏即为隋唐佛教宗派三论宗的创始人。

7. 十诵律学派

十诵律学派所研习的《十诵律》为小乘说一切有部的根本戒律，是传入中土的四部广律中最早译出并得以弘传的一部律书。 原为后秦弗若多罗和鸠摩罗什共译，后因弗若多罗入灭，由昙摩流支和罗什续译，共成五十八卷。 罗什早年在龟兹曾从专精《十诵律》的罽宾沙门卑摩罗叉学习。 卑摩罗叉于东晋时来到长安后，对原有译本加以整理补充，定为六十一卷，并携此律至江陵，在辛寺开讲弘扬，由此兴起了《十诵》之学。 当时南方的律学几乎都限于《十诵律》，弘传此学的人很多，至齐梁时而盛极一时。 著名的十诵律师有慧猷，曾从卑摩罗叉受学，后大弘《十诵律》，为一时宗师，著有《十诵义疏》八卷；僧业，曾从鸠摩罗什受学，专弘《十诵律》，其弟子慧光、僧璩等，也常讲习此律，知名一时；智称、僧祐等，均著《十诵义记》多卷，为一代《十诵》名匠。 唐代时，弘传《四分律》的律宗兴起，《十诵律》的研究遂不再被重视。

8. 四论学派

北方的四论之学是将《大智度论》与"三论"并重的一个学派，著名的学者有北齐的道长、东魏的昙鸾和北周的静蔼等人。 昙鸾等后又归宗净土。 龙树所著的《大智度论》为论释《大品般若经》的重要论书，该论全面阐发了《般若经》的"性空假有"思想，有"论中之王"之称。四论学派弘传《大智度论》等四论，对中国佛学有较大的影响。

9. 四分律学派

四分律学派所研习弘传的《四分律》原为印度部派佛教上座部系统

法藏部所传的戒律，在佛教诸部戒律中对中国佛教的影响最大，后成为唐代律宗所依据的基本典籍。《四分律》在后秦时由佛陀耶舍和竺佛念共同译出后，直至北魏时的法聪、道覆等才专事弘传。后又有慧光作《四分律疏》，此学才大盛。慧光已判此律为大乘律，唐代道宣更认为此律内容应属大乘，并据此而创立了中国佛教宗派律宗。

10. 楞伽学派

当时在北方还有一批专以四卷本《楞伽经》为印证并递相传授的禅师，始倡者为中国禅宗奉为东土初祖的菩提达摩，传其禅者有慧可等。慧可的弟子有那禅师、璨禅师等，那禅师及其弟子慧满等也都赍四卷《楞伽》以为心要，此系禅学后演化为中国禅宗。

11. 净土学派

随着宣扬净土思想的佛经相继译出，当时北方也出现了一批专事弘传阿弥陀净土信仰的僧人，著名的代表人物有昙鸾，倡导称名念佛法门，开净土信仰的一代风气，对中国净土宗的形成影响极大，他的著作《往生论注》等奠定了中国净土宗的理论基础，他倡导的修行方法也为净土宗所继承和发展。

南北朝佛教学派的繁兴在客观上使佛学理论得到了深化。然而，佛教理论虽然趋向了独立发展，但还没有能够对佛教本身各种不同的观点加以系统的综合和会通，特别是因为南北政治的分裂，使佛教也形成了南北不同的学风。这种状况到隋唐时期才得到了根本改观。

三、佛教与儒道的相融相争

佛教传入中国以后，始终与儒道等中国固有的传统思想文化处在既相互冲突排斥，又相互融合吸收的关系之中。南北朝时期，随着佛教势力的兴盛，佛教与统治阶级以及与儒道的矛盾冲突比以前有了进一步的发展，儒佛道三教的关系问题也一再引起人们的争论。

从总体上看，自汉末三国时牟子《理惑论》提出最早的儒佛道一致论以来，三教融合的思想在三教关系论中一直占有重要的地位。 两晋南北朝时期，名士、佛徒和道士，都从不同的角度提出了三教一致、三教融合的思想。 梁武帝则以皇帝的身份既大倡佛教，同时又提出了"三教同源"说，认为老子、周公和孔子等都是如来的弟子，儒道两教来源于佛教。 这样，三教虽有高下区别，但在归崇佛教的同时仍可以提倡儒、道。 梁武帝还写下了不少融合三教思想的文字，特别是经常以儒家思想来解释发挥佛教教义，这对三教的进一步融合产生了一定的影响。

但是，儒佛道三教之间的争论也一直没有间断过。 三教之间一直有着这样一种基本格局：儒家在吸取佛教思想的同时常以佛教不合传统礼教等为由，激烈地排斥佛教，而佛教对儒家却总是以妥协调和为主；佛道之间虽然互相吸收利用，特别是道教模仿佛教的地方甚多，从宗教理论到修持方式，乃至宗教仪礼规范等，都从佛教那里吸收了不少东西，但佛道之间的斗争却一直很激烈。

早在牟子的《理惑论》中就已记载了儒家的种种反佛排佛言论。魏晋南北朝时期，随着佛教的广泛传播和势力日盛，儒家更从社会经济、王道政治、伦理纲常等多方面来排斥佛教。 在理论上，儒家则展开了对佛教神不灭论与因果报应论的批判，例如孙盛提出人死形散神灭，不能"更生"；戴逵以大量历史事实对因果报应说提出质难；何承天提出生必有死，形毙神散；范缜更把批判佛教的神不灭论推向了高潮，他以刃利为喻，提出了形神相即、形质神用、形谢神灭的无神论思想。

面对儒家的种种攻击，佛教徒或通过把佛教与儒家相比附来说明儒佛一致，或不惜改变佛教本身而在佛教思想中加入忠孝仁义等儒家的内容以调和儒佛的分歧，而更多的则是以社会教化作用的相同来强调儒佛的互为补充，可以并行不悖。南朝时期还有不少佛教徒借助于王权来反击神灭论以维护佛教的神学理论。

在南北朝时的三教之争中，尤以佛道之间的争论更为激烈。佛教与道教，既有理论上的分歧，例如佛教讲"无我"、"无生"，道教讲"真我"、"无死"，佛教讲"因缘而有"，道教讲"自然之化"，等等，更有政治上的争宠和宗教上的矛盾。佛道互相指责对方为异端邪说，甚至不惜利用政权的力量来打击对方，以至酿成了多次流血事件，宗教之争发展为政治斗争。佛道之间的争论，北朝要比南朝激烈得多，而且理论上的争论少，政治上的斗争多，这种斗争直接导致了北魏太武帝和北周武帝的两次灭佛事件。

北魏太武帝灭佛有深刻的社会历史原因。建立北魏政权的鲜卑拓跋部在入主中原的过程中曾积极利用佛教这个非汉族的宗教来为维护和巩固自己的统治服务，佛教在北魏时达到极盛。但是，大量户口劳力和财物流向寺院直接影响到了政府的租调收入和兵丁劳役方面的需要，而民族矛盾的激化，也使统治者想进一步争取汉族地主阶级和文人士大夫的合作以缓和矛盾，巩固统治，这就是后来北魏太武帝逐渐尊崇儒家、听信道家而排斥佛教的政治和经济方面的重要原因。佛教势力的增长也引起了道教徒的极度不满，他们往往与儒家结成联盟以华夷之辨来排斥佛教，并希望借助朝廷势力来打击佛教，这样，司徒崔浩和道士冠谦之等人的进言，便成了太武帝灭佛的直接原因。太武帝专门下令："自今以后，敢有事胡神及造形像泥人、铜人者，门诛！……诸有佛图形像及胡经，尽皆击破焚烧，沙门无少长，悉坑之！"这次灭佛，使佛教在传入中国后遭受到了第一次沉重打击，这也是南北朝时期三教之争中最激烈的一次斗争。 不过，佛教作为一种宗教，靠暴力是消灭不了的。 不久以后，继太武帝之后即位的文成帝便下诏复兴佛教，修复被毁坏的寺院，佛像经论，也逐渐重兴，佛教有了比以前更大的发展。

北周武帝灭佛也有政治、经济和文化多方面的原因。 当时，虽然北周王朝多"好佛"者，但北周武帝却重儒术，信谶记，为了消灭北齐，统一北方，他"求兵于僧众之间，取地于塔庙之下"，采取了灭佛政策以求"强国富民"。 同时，北周武帝的灭佛与佛道二教为争夺权势而进行的斗争也有直接的关系，道士张宾和原为佛教徒后改奉道教的卫元嵩对周武帝的灭佛起了重要的作用。 不过，周武帝的灭佛与北魏太武帝的暴力残杀有所不同，他虽然毁坏寺塔，焚烧经像，但并不杀害佛教徒，只是命令他们还俗而已。 在灭佛前，他还多次召集群臣和沙门、道士讨论三教优劣，辨释三教先后。 他自己或以儒教为先，道教为次，佛教为后；或以道教为上，儒教次之，而仍以佛教为最后，并有意"不立"佛教。 北周武帝的灭佛使佛教在中国的发展遭受到了又一次沉重的打击。 但武帝灭齐后第二年病逝，继位的宣帝、静帝又下令恢复了佛教，佛教很快又兴盛了起来。

四、佛教信仰在民间的传播

南北朝时期，佛教信仰在民间也相当发达，出现了义邑、法社等民间组织，并举行设斋、礼忏等法事活动。 随着佛教影响在民间的扩大，一些适应中国社会的需要而出现的"疑伪经"也在民间相当流行。

"义邑"最初是民间为共同修造佛像而建立起来的信仰团体，后逐渐发展，从事凿窟造像、举行斋会、写经、诵经等各类活动。 义邑的成员称邑子，或称邑人、邑徒等，其首脑称邑主或邑长。 另有邑师，是作为指导者和传教者的出家僧尼。 "法社"与义邑类同，也是一种民间的佛教组织，不过主要由达官贵人、知识分子和一些僧尼组成。义邑和法社常通过举办斋会等方式进行传教。

所谓斋会，是指集中僧侣进行活动并施食的法会。 梁武帝时曾举办水陆大斋、盂兰盆斋等，对此后中国佛教的法事活动影响很大。 水陆大斋亦称"水陆道场"，是佛教法会中时间较长、规模较大的一种，谓超度水陆一切鬼魂，普济六道四生，故得名，相传最早由梁武帝始创。 据《佛祖统记》卷三十三载，梁武帝在梦中得到神僧的启示，醒后受宝志禅师的指教，乃"迎《大藏》，积日披览，创立仪文，三年而后成"，于天监四年（505）在金山寺依仪修设。 参加这种法会的僧人往往多达数十乃至上百人，时间则少者七天，多者七七四十九天。 法会期间，诵经设斋，礼佛拜忏，追荐亡灵。 拜忏亦称"礼忏"，即依照忏法礼佛念经、忏悔罪业。 忏法的最早制作者也是梁武帝。 相传梁武帝曾集录佛经语句制成《慈悲道场忏法》十卷（简称梁皇忏），请僧人拜诵，为死者忏悔罪业，祈福超生。 梁陈之际，忏法十分繁兴，流行的有涅槃忏、摩诃般若忏、金刚般若忏等，推进了佛教在民间的传播。

盂兰盆斋亦称"盂兰盆会"，是每年夏历七月十五日佛教徒为追荐祖先而举行的一种佛教仪式。 盂兰盆是梵文的音译，意译为"救倒悬"。 据《盂兰盆经》中说，佛弟子目连见其母亲死后在饿鬼道受苦，如处倒悬，便求佛救度。 佛叫他在僧众夏季安居终了之日（即夏历七月十五日），备百味饮食，供养十方僧众，这样可使其母解脱。据说梁武帝时依此而始设"盂兰盆斋"，后世仿行，遂相沿成习。 在斋会期间，除设斋供僧之外，还举行水陆法会等其他佛事活动。 这些与民间习俗相结合的佛事活动加深了佛教对社会生活的渗透，扩大了佛教在民间的影响。

　　另外，由于大量宣扬弥勒佛、阿弥陀佛和观世音菩萨的佛典译出，民间对这些佛与菩萨的信仰也十分普遍，这是南北朝佛教的重要特点之一。 弥勒信仰与弥陀信仰所宣扬的佛国净土成为现实社会苦难中的百姓向往的美妙去处，观世音的大慈大悲、救苦救难又成为人们摆脱当下灾难的精神寄托。 这些佛教信仰的流行都与民间的灵魂不死等宗教观念和祭祖祈福等社会习俗结合在一起，这不但推进了佛教的世俗化和民族化，也在一定程度上丰富了中华民族的精神生活和社会生活。

　　随着佛教影响在民间的扩大，一些适应中国社会的需要而出现的"疑伪经"也在民间相当流行。 所谓"疑经"是指那些疑为"伪经"的佛教经典，"伪经"则是指中国人自己编撰而假托"佛说"并以汉文译经的形式出现的佛典。 从印度和西域传入的佛经中虽然也有不少是佛灭度后数百年才由人假托佛说制造出来的，但中国佛教徒一向把这些经典都视之为"真经"。 中国人开始制作疑伪经的时代难以确定，但在东晋时道安就提出了这个问题，并在他编撰的经录里列出了疑为伪经的佛典 26 部 30 卷。 梁僧祐在《出三藏记集》卷五《新集疑经伪撰杂录》中则列出了疑伪经 20 部 26 卷。 在隋彦琮的《众经目录》卷四里，所列疑伪经则更多达 209 部 491 卷，其中相当一部分当形成于南北朝时期。

　　南北朝时比较流行的疑伪经中，有些是论述佛教与中国传统思想文化关系的，例如《清净法行经》强调了儒佛道三教同源于佛教；有些是宣扬菩萨信仰的，例如《观世音三昧经》阐述了信仰观世音的理论和具体的实践；还有一些是专门为在家信徒和庶民撰写的佛经，宣扬佛教的基本教义和劝人守戒持斋修行，例如在南北方都十分流行的《提谓波利经》，吸收了阴阳五行、仁义五常等许多中国传统的思想和习俗，要人皈依佛法僧，守戒持斋，忠君孝亲，以求增寿益年，解脱成佛。 这些与传统思想文化、民间信仰和社会习俗相结合的疑伪经的流行，从一个侧面反映了当时中土人士对佛教的理解接受和佛教在民间的流传情况。

第四章　隋唐佛教兴盛与宗派创立

　　佛教在中国经过五六百年的发展，到隋唐时，进入了创宗立派的新时期。 南北朝时，由于政治上的分裂，佛教也形成了南北不同的学风，佛教理论虽然趋向独立，但还没有能够对佛教本身各种不同的观点加以系统的综合和会通，独立的寺院经济也处于形成发展过程中，因此，当时尚无佛教宗派出现，只有众多的佛教学派。 隋唐时期，随着大一统政权的建立和寺院经济的充分发展，佛教各家各学派的理论得到了进一步融合发展的机会。 顺应着思想文化大一统的趋势，一些学派在统一南北学风的基础上，通过"判教"而形成了富有特色的宗派。中国佛教由此而进入了创宗立派的新时期。 隋唐时期的佛教宗派都各具独特的教义、教规和修持方法，并为了维护自己的宗教势力和寺院经济财产而模仿世俗封建宗法制度建立了各自的传法世系。 隋唐时创立的佛教宗派，一般有"大乘八宗"之说，指的是天台宗、三论宗、法相唯识宗、华严宗、律宗、禅宗、净土宗和密宗。 此外还有在隋唐时一度流行的三阶教。它们的思想学说，是中国佛学的最主要内容。中国化佛教宗派的出现是中国佛学走向成熟的重要标志，也是中国佛教鼎盛繁荣的生动体现，佛教在中土的发展进入了新的历史阶段。

一、帝王的三教政策与佛教的鼎盛

隋唐佛教的兴盛，不仅与帝王的支持分不开，而且与帝王的儒佛道三教政策也密切相关。从总体上看，隋唐帝王对儒佛道一般都采取了三教并用的政策。这在客观上一方面促成了儒佛道三教的鼎足而立，另一方面也推动了儒佛道三教在思想上趋于融合。但在对待三教的具体态度上在不同的帝王那里，情况又有所不同。

首先，儒学在隋唐时恢复了在思想意识形态中的正统地位。隋代，儒学的地位开始得到恢复。到了唐代，儒学在政治和伦理的范围内更是得到了高度重视。唐太宗曾明确地说："朕今所好者，惟在尧舜之道，周孔之教，以为如鸟有翼，如鱼依水，失之必死，不可暂无耳。"（《贞观政要》卷六）唐代利用儒学，在制度上也有所发展，这就是实行科举制度，并由官方颁布了由孔颖达等编撰的《五经正义》，统一对经书义理的解释，以作为科举考试的依据。而颜师古奉唐太宗之命撰成的《五经定本》则统一了儒家经书的文字。儒学"官学"地位的确立对佛道二教的发展起了一定的制约作用，这正是帝王三教政策上的一种策略，即从现实的政治需要来利用佛教和道教，又以儒家的君臣父子之道来制约之，以更好地维护现实的统治。

其次，对佛道二教的不同利用。隋唐帝王对佛道的不同态度虽不排斥个人感情上的亲疏好恶等原因，但更重要的还是与他们切身的政治经济利益紧密联系在一起，隋唐时还特别地表现为与宫廷斗争密切相关。例如李唐王朝建立后，为了抬高李姓的地位，高祖李渊和太宗李世民都采取了"兴道抑佛"的政策。 唐太宗曾说："今李家据国，李老在前"（道宣《集古今佛道论衡》卷三），明确表示要对道教给予优先考虑。 而武则天要"变唐为周"当女皇，夺取李姓的政权，便反其道而行之，针锋相对地采取了"兴佛抑道"的政策，大力利用佛教。后唐中宗复位，又想"兴道抑佛"，而韦氏干政，则仍然坚持兴佛。唐武宗灭佛，原因是多方面的，但与唐武宗本人崇尚道教也是分不开的。 帝王对佛道的不同态度并不是佛道兴衰的唯一原因，但对佛道二教发展的影响是巨大的。 例如佛教华严宗就是在武则天的直接支持下才得以创立的。 帝王对佛道二教的不同利用对隋唐时期佛教的发展所产生的影响是值得重视的。

最后，帝王对儒佛道三教排列次序的看法，也对佛教的发展产生了直接的影响。 作为隋唐帝王宗教文化政策的一部分，如何安排儒佛道三教的先后，成为这个时期经常被讨论的问题。 隋朝的建国，得到过佛道的帮助，因而隋代的帝王虽然采取了一些恢复儒学的措施，但更多的是对佛道二教的扶植和利用，特别是佛教，得到了格外的重视。 唐代帝王开始更理智地看待儒佛道三教，虽然他们骨子里都以儒学为立国之本，但出于现实政治的需要，他们仍利用佛道，甚至把李老道教排在儒家之前。 例如唐高祖就曾下诏"令老先，次孔，末后释"（道宣《集古今佛道论衡》卷三），唐太宗也主张三教按道、儒、佛的次序排列。而武则天则反其道而行之，明令"释教在道法之上，僧尼处道士女冠之前"（《旧唐书》卷六《则天皇后本纪》）。 唐玄宗以后，由于唐王朝的日趋衰落，统治者才更注意平衡三教，以期更好地并用三教来为现实的统治服务。

隋唐佛教的兴盛与帝王的三教政策及对佛教的扶植和支持是分不开的。 隋唐各代帝王，虽然对佛教的看法不完全一样，但除唐武宗外，大都支持并利用佛教。 出生在寺院里的隋文帝在统一了南北对立的局面以后，就在他称帝的当年（581）即改变了北周武帝的灭佛政策，下诏修寺造像，允许天下人出家。 由于隋文帝大建寺塔，广度僧尼，并鼓励写经作佛事，因此，佛教在全国很快就得到了极大的发展。 隋炀帝也十分好佛，曾为智顗创立天台宗提供了各种有利条件。

唐代诸帝也都十分重视对佛教的利用。 唐太宗曾两次下诏，要各地普度僧尼，并下诏在当年"交兵之处"为阵亡者"各建寺刹"以超度他们。 也正是在唐太宗的直接支持下，玄奘才得以创立了中国佛教宗派法相唯识宗。 武则天为了当女皇，更是大力扶植并利用佛教。 她曾亲自参与组织了对《华严经》的翻译，支持法藏创立了佛教史上影响巨大的华严宗。 号称"中兴"唐室的唐玄宗在"三教"中比较偏重儒和道，对佛教不十分热心，甚至还曾颁布了不少诏书敕文以限制佛教，但他并没有放弃对佛教的利用。 他不仅敕建寺院，御注佛经，而且还曾给予佛教徒以某种宗教特权，同意僧尼和道士女冠等若有犯罪，可按教规处理，"所由州县官，不得擅行决罚"。 唐玄宗还特别崇信密教，对"开元三大士"（善无畏、金刚智、不空）加以礼敬，并请不空进宫为之授灌顶法。 "安史之乱"以后，唐王朝由盛而转向衰落，为了维护统治，帝王一般不再崇道抑佛，而是更加注意三教并重，崇信并充分利用佛教。 例如唐肃宗曾召不空等沙门百人入行宫朝夕诵经，并请不空为之灌顶和授菩萨戒；唐宪宗的崇佛佞佛，在他的大规模迎奉佛骨中也表现得淋漓尽致。 帝王出于政治需要而利用佛教，客观上推动了佛教在隋唐时走向了鼎盛。

隋唐佛教的繁荣，表现在佛教发展的规模和译经、著述及思想学说等许多方面，而中国化佛教宗派的创立则是最重要的标志之一。

在译经方面，隋唐时的成绩相当可观。 这个时期的译经基本上由国家组织，依敕进行，所需财物亦由朝廷支出，译场组织渐趋完备，分工精细，人员精干，译主、笔受、证梵、润文、证义、校勘等各司其职，保证了译经的质量。隋代由于时间较短，因而译者和译经不是太多。具体数字，各种记载不尽相同。唐代的译经则无论是在数量上还是在质量上，都达到了前所未有的水平。据圆照所撰的《贞元新定释教目录》载，从唐初到德宗贞元十六年（800）的近两百年间，共有译者46人，共译出佛典435部、2476卷。唐代最著名的译师有玄奘（约600—664）、义净（635—713）和不空（705—774），他们都有中国佛教"四大译经家"之一的美誉。① 至唐代，印度大乘佛教的精华基本上都译介过来了。隋唐的佛经翻译，与以前相比，系统性明显加强，它不再像以前那样，遇到什么经就译出什么经，而是有了选择性。译出的也大都是全集，而不像以前多为节选。所译佛典原本，大都为中僧取自西方，比较完备。这个时期的主译者也多为梵汉俱精的中国僧人，改变了过去由不精汉文的外僧主译，由不精梵文的中国人助译的局面，使译经质量大为提高。随着译典的增多，这个时期出现了不少较为系统且分类较精的经录，例如隋代费长房的《历代三宝记》十五卷、唐代道宣的《大唐内典录》十卷、智昇的《开元释教录》二十卷等。

隋唐时期中国僧人的著述也异常丰富。从隋初至唐元和（806—820）中就有不下两千卷。在隋唐以前，汉译佛经对中国佛教的影响较大，到了创宗立派的隋唐时期，中国人的撰述则占了重要的地位。随着大量佛典的译出和研究之风的日盛，这个时期出现了众多名目各殊而性质亦有不同的佛典注疏，还出现了大量中国僧人结合自己的体会创造

_____

① 中国佛教史上的四大译经家，或指罗什、真谛、玄奘和不空，或指罗什、真谛、玄奘和义净。

性地发挥佛理的论著，既有阐发天台、华严、禅宗等各家各派宗义的通论性著作，也有就形神、因果、佛性等问题展开论述的专论性著作，还有在儒佛道三教的争论中形成的各种护教之论等。 与此同时，对佛典系统地加以整理归纳的专集也相继出现。 现存比较重要的有道世的《法苑珠林》一百卷，道宣的《广弘明集》三十卷和《集古今佛道论衡》四卷，慧琳的《一切经音义》一百卷等。 此外，僧传、教史与地志等方面的撰述也有不少，可惜保存下来的只有十分之一二。 现存道宣的《释迦氏谱》一卷和《续高僧传》三十卷，敦煌本《楞伽师资记》和《历代三宝记》，灌顶的《国清百录》和玄奘的《大唐西域记》等，都有较高的学术价值。

南北朝时期逐渐形成的独立的寺院经济在隋唐时也有进一步的发展。 各大寺院都拥有大量的田产和财物，通过田租和放高利贷，每年都有相当庞大的经济收入。 例如浙江天童寺，有田一万三千亩，每年收租三万五千斛。 寺院发放的高利贷，种类繁多，有贷粮食、粮种的，有贷现金、银两的，还有贷粗布、丝绸的，利率则有百分之十、百分之二十，有的甚至高达百分之百。 隋唐时期，官府的赐给和信徒的布施仍然是寺院经济的重要来源。 寺院经济的膨胀，一方面为隋唐佛教各宗派的创立与发展奠定了雄厚的经济基础，另一方面也势必与世俗地主阶级的利益发生矛盾，与国家利益产生冲突。 因此，唐武宗的灭法就绝不是偶然的了。

隋唐时期的僧官制度也有进一步的发展，基层僧官的加强是隋唐僧官制度的重要特点之一。 隋唐时，僧籍和寺额的管理都是比较严格的。 唐代的僧官制度与以前相比，最大的不同在于撤销了中央到地方专设的僧务机构，僧尼的主要管理权隶于中央政府的常设官署，一般性的宗教事务才由各级僧官负责，在僧务管理上形成了以俗官为主、僧官为辅的局面，而在寺院中，僧官的权力却不断加强，寺庙僧职体制也日趋严密。这是与中央集权的加强以及佛教宗派的出现相适应的。

二、佛教宗派的创立与大乘八宗

隋唐佛教宗派的创立，是中国佛教发展史上的大事，也是中国佛教文化走向鼎盛的重要标志。中国佛教宗派在隋唐时得以创立，与当时社会和文化的发展都密切相关。首先，隋唐统一王朝的建立，既提出了统一佛教诸家纷争、异说纷纭的要求，也为统一南北各地佛教不同的特点和学风提供了条件。随着政治上的统一而出现的南北经济文化的交流与融合使会通佛教诸说、融会中印思想的佛教宗派的创立成为可能；新建王朝的统治者对各种宗教文化学说的宽容以及对佛教的支持和利用，则使佛教宗派的创立进一步成为现实。从根本上看，隋唐佛教宗派是适应社会需要而出现的。

其次，从佛教自身的发展来看。印度佛教传入中国，无论是为适应中土的需要而做出的自我调整，还是被中土逐渐理解并有选择地容纳接受，都有一个过程，都要经历一定的时间。正是在佛教中国化的演进中，中国佛教不断发展并逐渐得以成熟。南北朝以来寺院经济的发展，为隋唐佛教宗派的创立奠定了坚实的经济基础，同时也在新的历史条件下提出了确立传法世系以保护寺院经济的要求；南北朝以来佛教学派的林立，为隋唐佛教宗派的创立准备了理论条件，而隋唐社会的统一也为佛教各家各派的融合提供了机会；南北朝以来的判教，则为隋唐佛教宗派理论体系的建立提供了方法论上的帮助。关于寺院经济和佛教学派，前面已有论述，这里就判教再作点说明。判教，就是判别或判定佛所说的各类经典的意义和地位。如前所说，判教在印度佛教中就有，但中国的判教在佛教宗派的创立过程中有着特别重要的地位。这是因为，佛教传入中国之时，印度大乘佛教已经兴起，大小乘佛教的各种经典和思想学说几乎是同时在中土得到介绍并流传的。 随着佛教的发展，就产生了如何从理论上解释佛教内部各种不同说法的要求，隋唐佛教宗派要得以创立，更有必要通过调和佛教各种不同的经典教说来构建自成体系的思想学说，并借此来抬高本宗的思想，确立本宗的正统和权威。 天台、华严等中国佛教宗派都通过判教而建立了自己独特的思想体系，并标榜自己的学说为佛教最完满的教义。 显然，如果不是对佛教有比较全面的了解，要进行这种判教是不可能的。 因此，隋唐佛教宗派在判教的基础上得以创立，而各个宗派的判教也只有在隋唐时期才有可能出现，宗派的判教是中国佛教发展到一定阶段的产物。

最后，我们还可以从整个中国思想文化的发展史来看。 博大精深的中国传统思想文化是在众多民族的融合、多种文化的交汇中逐渐形成发展起来的，在漫长的演变发展过程中，它形成了开放性、调和性、包容性等特点。 在对待外来文化的态度上，它基本上都是宽容并加以吸取的。 但这种宽容和吸取又是有条件的。 从总体上看，传统思想文化在对待外来文化的态度上呈现出了相对封闭中有开放、相对排斥中有吸收的基本特色。 相对的封闭和排外保持了传统文化的稳定和一以贯之的持续发展，有条件的开放和吸收又使传统文化的发展充满活力。 在与外来佛教的关系上，传统文化的这一特点表现得格外明显。 与印度佛教相比，以儒学为主导的传统思想文化多的是人文精神和现实品格，相对缺乏的是哲学的思辨和对现实人生的超越精神，因此，当佛教传入以后，传统思想文化强烈地感受到了吸取佛教的精华来充实发展自己的必要性，但如何摆妥本位文化与外来文化的关系，却需要经历一个碰撞和冲突、排斥和融合的过程，而这个过程又与统治者的宗教文化政策密切相连。 随着佛教在中土站稳脚跟和佛教中国化的推进，传统思想文化对佛教的了解也日趋全面而深入，在隋唐儒佛道形成三足鼎立之势的时候，传统文化与佛教的冲突和对佛教的排斥虽然仍未停止，但更多的已是理论上的相互融合与共同发展，这为佛教思想文化的繁荣提供了有利的条件。因此，佛教宗派思想体系在隋唐时期得以创立也就不是偶然的了。

隋唐时创立的佛教宗派，一般有"大乘八宗"之说，指的是天台宗、三论宗、法相唯识宗、华严宗、律宗、禅宗、净土宗、密宗。此外，还有隋唐时一度流行的三阶教。下面，我们对这些宗派分别略做介绍。

1. 天台宗

天台宗是中国佛教史上创立最早的一个佛教宗派，它渊源于南北朝，初创于隋，兴盛于唐。因其实际创始人智顗长期住在天台山（今浙江省天台县内）而得名。又由于此宗奉《法华经》为主要经典，因此也称法华宗。

天台宗的传法世系，按照天台宗自己的说法，有"东土九祖"：初祖龙树→二祖慧文→三祖慧思→四祖智顗→五祖灌顶→六祖智威→七祖慧威→八祖玄朗→九祖湛然。天台宗人之所以把从没有到过中土的古印度人龙树奉为初祖，既表示对龙树的尊敬，也是为了标榜本宗的理论是承继印度佛教而来的正宗。从思想理论上看，天台宗与龙树的学说也确实有一定的关系。二祖慧文是北齐禅师，因读《大智度论》和《中论》而悟"一心三观"之理，并传给了慧思，奠定了天台宗的理论基础。慧思是一个禅智兼修的僧人，他既重禅法的践行，又重义理的探究。在思想上，他不仅融合佛道，而且努力统一南北佛教的不同学风，对天台宗的思想及其特点的形成产生了重要的影响。慧思的弟子很多，其中最著名的就是天台宗的实际创始人四祖智顗。据有关记

载，智顗一生建寺 36 所，亲手度僧 14000 余人，传法弟子 32 人，著书
140 余卷，其中大部分为其弟子灌顶记录整理而成。 由于灌顶在协助智
顗创立天台宗方面出力很多，思想上也主要发挥智顗的学说，因而被奉
为天台宗五祖。 唐代唯识宗和华严宗创立并兴起后，天台宗便相形失
势。 在六祖智威、七祖慧威和八祖玄朗时，天台宗的发展处于弱势。
直到九祖湛然提出"无情有性"说，不仅发展了天台宗的佛性论思想，
而且大大敞开了成佛的大门，才使天台宗出现了"中兴"的景象。 唐
武宗灭法后，天台宗与教下其他宗派一样，渐趋衰微。 五代至宋，才
略有复兴。

在智顗众多的著作中，最重要的是《法华玄义》、《法华文句》和
《摩诃止观》，号称"天台三大部"，是天台宗最基本的理论著作，尤
其是《摩诃止观》，代表了智顗的成熟思想，也奠定了天台宗的思想理
论基础。

2. 三论宗

三论宗因以龙树的《中论》、《十二门论》和提婆的《百论》为主
要经典而得名，又因主张"诸法性空"，也称"法性宗"。 为了区别于
也称"法性宗"的天台宗和华严宗，又称"空宗"。 自鸠摩罗什译出
"三论"以来，研习"三论"者代不乏人，至隋吉藏而集大成，正式创
立了三论宗。

关于三论宗的传法世系，历来说法不一。 但一般都上溯至印度的
龙树、提婆，中土则以罗什为始。 在罗什以下依次为：僧肇（或道
生）→昙济→僧朗→僧诠→法朗→吉藏。 其实，在吉藏之前的各位仅
为三论宗的创立逐步奠定了理论基础。 罗什传龙树、提婆的中观般若
学，译出了"三论"。 其学说经其弟子僧肇、僧叡和竺道生发扬光大
而一度成为显学，研究"三论"者群起。 后来有僧朗于齐梁时将"什

肇之学"传到盛行《成实论》的南方。 僧朗与著《六家七宗论》的昙
济实际上并无师承关系。 僧朗住建康郊外的摄山栖霞寺，一方面破斥
"三论"与《成实论》为一致的旧说，另一方面大弘三论之学。 在他
之后，有僧诠、法朗依次相传，形成了"摄岭相承"的三论学派，但并
没有成为佛教宗派。 直到法朗的弟子吉藏，以"二藏三法轮"的判教
理论来融会佛教诸家学说，提出了诸法性空的中道实相论，三论学派才
正式演变为中国佛教的宗派。 吉藏以后，三论宗的学说未再有多大发
展。 吉藏的弟子很多，有慧远、智凯、硕法师等，但在佛教史上大都
隐而不显。 再传弟子中只有相传出于硕法师门下的元康略为知名，曾
对"三论"和《肇论》等作了注疏。 三论宗流传的时间也不长，由于
华严与唯识等宗派兴起后，对三论之学或批判，或吸收，三论宗因此而
逐渐衰微。 但它的思想与方法却对中国佛教各宗派都有较大的影响，
诸法性空的中道实相论并没有因为三论宗的衰歇而退隐，相反，它以不
同的方式融入了其他各宗派的思想学说中去，产生着持久的影响力。

　　3. 法相唯识宗

　　法相唯识宗因通过分析"法相"而得出"万法唯识"的结论，故得
名，也称"法相宗"或"唯识宗"。 由于该宗的创始人玄奘和窥基常
住慈恩寺，窥基还有"慈恩大师"之称，因此又称"慈恩宗"。 又由于
该宗继承古印度瑜伽行派的学说，《瑜伽师地论》为该宗的根本经典，
故也有称之为"瑜伽宗"的。

　　法相唯识宗是直接继承印度瑜伽行派的理论学说，并严守其经典教
义的一个宗派，印度文化的色彩比较浓厚。 它的学说传承一般作：无
著→世亲→陈那→护法→戒贤→玄奘→窥基→慧沼→智周。 玄奘及其
弟子窥基是此宗的实际创立者，智周以后，此宗便趋衰微。

　　玄奘曾西天取经，游学印度十七年，特别在当时印度佛教的最高学

府那烂陀寺从著名的瑜伽行派论师戒贤学习唯识教义，深谙其真谛。回国后，玄奘受到了唐王朝的敬重。 在唐太宗的支持下，玄奘在系统译出大量佛典的同时，重点翻译介绍了瑜伽行派的思想和学说，为法相唯识宗的创立奠定了理论基础。 玄奘还接受窥基的建议，将古印度"唯识十大论师"解释世亲《唯识三十颂》的有关著作编译成了《成唯识论》十卷，这成为法相唯识宗最重要的代表作。 在译经的过程中，玄奘培养了一大批弟子，其中最有名最富有才气的是窥基。 窥基致力于著书立说，发挥玄奘所传的法相唯识学说，有"百部疏主"之称。《成唯识论述记》是他众多论著中最重要的一部，历来受到高度重视，其影响甚至超过了《成唯识论》本身。 窥基在协助玄奘创宗方面曾起了很大的作用，法相唯识宗实际上是经由窥基才完全建立发展起来的。《宋高僧传》卷四《窥基传》中说，"奘师为瑜伽唯识开创之祖，基乃守文述作之宗"，这是符合实际情况的。

法相唯识宗所依据的经典，号称"六经十一论"，"十一论"中又有以《瑜伽师地论》为"本"、其他为"支"的所谓"一本十支"的说法。 实际上，最主要的只有"一经二论"，即《解深密经》、《瑜伽师地论》和《成唯识论》。 其中又以《成唯识论》为最重要，它基本上包括了法相唯识宗的全部思想学说。 由于法相唯识宗的理论比较烦琐，且又固守着一些不适合中国国情的教义，因此，尽管它在帝王的支持下曾盛极一时，但还是很快就衰微了，仅在历史上辉煌了几十年。 关于法相唯识宗的主要思想，本书将在后文中予以专门论述。

4. 华严宗

华严宗因奉《华严经》为主要经典而得名，又因其实际创始人法藏被武则天赐号"贤首"，后人称法藏为"贤首大师"，故又称"贤首宗"。 该宗主要发挥"法界缘起"的旨趣，因而又有"法界宗"之名。

　　华严宗的传法世系没有追踪到印度，而是以中国人为主，一般作：初祖法顺→二祖智俨→三祖法藏→四祖澄观→五祖宗密。但实际创始人是法藏。初祖法顺基本上是一个禅师，相传《华严五教止观》和《华严法界观门》为其所作，由于他最早提出了"五教"的说法，把《华严》摆在了最高的位置上，因而被奉为华严初祖。其弟子智俨早年出家，广泛参学，后专攻《华严》，写下了《华严搜玄记》、《华严一乘十玄门》、《华严五十要问答》、《华严孔目章》等大量有关《华严》的专著，创造性地发挥了华严教义，并于各个寺院大力弘讲，为华严宗的创立准备了理论条件，被奉为"华严二祖"。智俨的弟子法藏则在继承发展智俨思想的基础上，进一步正式创立了华严宗。

　　法藏不仅主持翻译了八十卷《华严经》，而且一生先后讲《华严经》三十多遍，并著有《华严经探玄记》、《华严经旨归》、《华严一乘教义分齐章》（又称《华严五教章》）、《华严经义海百门》、《修华严奥旨妄尽还源观》、《华严金狮子章》等。法藏在弘扬华严教义的同时，还融合吸收法相唯识和天台的一些理论学说，对华严教义做出了创造性的解释与发挥，并进而在"判教"的基础上建构了以"法界缘起"为主要特征的具有中国特色的佛教理论体系。

　　法藏门下有宏观、文超、智光、慧苑等。法藏的理论一度为慧苑所修改，因而未得广传。但不久以后澄观即批判了慧苑的判教理论和缘起说，重新发挥法藏的教义，对"中兴"华严宗起了很大的作用。澄观有弟子一百余人，其中以宗密最为著名。宗密在主要阐述华严教义时，还进一步发展了澄观的教禅一致思想，并调和佛教内部各派和儒道各家的思想，著《注华严法界观门》、《禅源诸诠集》、《禅门师资承袭图》和《华严原人论》等。他的"三教即三宗"的教禅一致论和"会通本末"的判教理论，对中国佛教思想的发展和儒佛道三教融合的思潮，都产生了很大的影响。宗密以后，唐武宗灭法，华严宗与其他教派一样，受到了沉重的打击，寺院被毁，经论散失，从此一蹶不振。直至宋初，始稍有复兴。关于华严宗的思想，本书将在第十二章中予以专门论述。

5. 禅宗

禅宗是最为典型的中国化的佛教宗派，因主张用禅定概括佛教的全部修习而得名。又由于自称"传佛心印"，以觉悟所谓众生心性的本原佛性为主旨，故又称"佛心宗"。它渊源于印度佛教而形成于中国传统文化之中。于隋唐时正式成立，至唐末五代时达到极盛，宋元以后仍继续流传发展。

禅宗一向以"不立文字，教外别传"相标榜，其传承则一直上溯至释迦牟尼的大弟子、传佛心印的摩诃迦叶。禅宗尊摩诃迦叶为印度初祖，其后，历代祖师以心传心，次第传授，传至第二十八祖为菩提达摩。菩提达摩来华传禅，倡"二入四行"的"安心"法门，被奉为东土初祖。菩提达摩以下有慧可、僧璨、道信、弘忍等依次相传，此即所谓中国禅宗的"东土五祖"。五祖弘忍门下出神秀和惠能，遂有南北禅宗之分。惠能被视为禅宗的正脉，世称六祖。其实，西天二十八祖次第相传之说，乃是后人编造，不足为信。而达摩以来禅法的展开，则确实为禅宗的创立提供了基础。但中国禅宗的真正创立，是在道信和弘忍的"东山法门"之时。四祖道信不仅奠定了禅宗的思想理论基础，而且在组织形式和禅行生活方面使禅宗初具宗门的特点。弘忍则在此基础上进一步完成了禅宗的创立。弘忍继承并发展了道信倡导的山林佛教的特色，在湖北黄梅东山聚徒定居，弘法开禅，生产自给，大启法门。他将禅的修行与生产劳动相结合，将修禅与日常生活打成一片，从而使达摩至道信以来随缘自在的修行观具体落实到了实际的禅行生活中去，确立了中国禅宗的禅学思想、组织形式和修行风格，东土五祖的传法世系也于弘忍时基本成立。禅宗经道信初创而于弘忍时正式形成。

弘忍以后，禅宗得到了进一步的发展。随着因人因地传法所出现的差异，禅宗内部也开始出现了分化，逐渐形成了不同的派系，其中最有影响的是主要流传在北方嵩洛地区的神秀北宗和主要在南方传播的惠能南宗。南北禅宗虽然都继承了道信、弘忍"东山法门"的传统，依"心"而立论，但由于对"心"的不同理解而导致了两派在禅法上的差异，一个注重渐修，一个强调顿悟，形成了中国禅宗中具有不同特色的两大基本派别。

神秀北宗禅由于得到帝王的支持而盛极一时，但在安史之乱以后，就逐渐趋于衰落，唐武宗灭法以后，以寺院为主要依托的北宗禅便完全衰落下去，而保持山林佛教特色的惠能南宗则逐渐取代北宗而在全国得到了极大的发展。在惠能南宗门下，主要有荷泽神会、南岳怀让和青原行思三系。晚唐至五代，南岳系和青原系又进一步演变分化出五家七宗，即南岳系分化出沩仰宗、临济宗，青原系分化出曹洞宗、云门宗和法眼宗。宋代时，临济宗中又分出黄龙、杨岐二派。五家七宗遍布大江南北，在全国形成巨大规模，成为中国禅宗的主流。唐宋以后，惠能南宗不仅湮没了弘忍门下包括神秀北宗在内的其他各支脉，成为中国禅宗的唯一正宗，而且几乎成为中国佛教的代名词，对中国社会和文化产生了极为广泛而深远的影响。关于南北禅宗的禅学思想，本书将在第九章中予以专门论述。

6. 净土宗

净土宗因专修往生阿弥陀佛净土法门而得名。该宗倡导简易的念佛法门，故又有"念佛宗"之称。相传，东晋慧远曾在庐山邀集僧俗十八人成立"白莲社",发愿往生西方净土,慧远因此而被奉为净土宗初祖,净土宗也因此而又称"莲宗"。 一般认为,净土宗的实际创始人应该是唐代的善导,而其先驱则上可溯到昙鸾与道绰。 值得一提的是,净土宗的历代祖师与其他佛教宗派的传法世系有所不同,他们前后并非都有传承关系,之所以被推为祖师,主要在于他们对弘扬净土法门有所贡献。

东晋慧远之后,专修净土法门的代不乏人,但直到东魏的昙鸾才算奠定了后世净土宗的基础。 昙鸾晚年定居于汾州玄中寺,积极倡导净土法门,并著《往生论注》,依龙树的《十住毗婆沙论·易行品》而立"难行"、"易行"二道。 他认为世风混浊,依靠自力解脱,是"难行道",而靠佛的愿力,即借"他力"而往生西方净土则是"易行道"。昙鸾还提出,只要一心称念阿弥陀佛名号,死后就可以往生佛国乐土。隋唐时的道绰进一步发挥了昙鸾的思想和修行方法,其所著《安乐集》依难行道、易行道之说而大倡净土门,其本人且身体力行,专以"称名念佛"为务,为其弟子善导创立净土宗奠定了坚实的基础。 善导大力弘传念佛法门,并著述解说为何念佛及如何念佛,较完备地组成了净土宗的宗义及行仪,最终完成了净土宗的创立。

净土宗奉为主要经典的有"三经一论",即《无量寿经》、《观无量寿佛经》、《阿弥陀经》和世亲的《往生论》。 这些经论都宣扬阿弥陀佛西方净土是一个极乐世界,众生只要信仰阿弥陀佛,并称念其名号,临终便可往生。 净土宗提倡这种简便易行的修习法门,认为不必广研佛典,也无须静坐苦修,只需信愿行俱足,一心称念阿弥陀佛的名号,就可进入极乐世界。 由于净土信仰教义简单,法门易行,因而很快就在社会上流传开来,以至于许多人虽不一定懂得净土宗,但却都知道诵一声"南无阿弥陀佛"。 唐武宗灭佛后,一些依赖寺院经济和章疏典籍的佛教宗派相继式微，而净土信仰却依然在社会上广为流传。净土宗后与禅宗合流，禅净双修成为唐宋以后中国佛教发展的基本特点之一。

7. 律宗

律宗以研习及传持戒律为主而得名，因其所依据的是小乘法藏部的《四分律》，故又称"四分律宗"。又因创宗人道宣常住终南山而名"南山宗"或"南山律宗"。

中土自曹魏时就有戒律传译和依律受戒。东晋以后，小乘说一切有部的"十诵律"、法藏部的《四分律》、大众部的《摩诃僧祗律》（意译《大众律》）和化地部的《五分律》等四部广律先后传入中国。接着，有关律本的论著也陆续译出，重要的有《毗尼母论》、《摩德勒伽论》、《善见论》、《萨婆多论》和《明了论》等"律部五论"，与四部广律合称"四律五论"。南北朝时，出现了专门讲习律学的律师。南朝有十诵律师，北朝则有四分律师。到了唐代，独盛《四分律》，并经道宣等人弘扬而蔚为一宗。道宣创立的律宗把释迦一代的教法分为"化教"与"制教"。"化教"是"三学"中的定、慧二学，为如来教化众生使其发生禅定及智慧的教法。"制教"是"三学"中的戒学，为如来教诫众生而对其行为加以制约的教法。故也称"行教"。"化教"又可分为性空教（小乘）、相空教（大乘浅教）、唯识圆教（大乘深教）三类。而"制教"也可按照对戒体的不同看法而分为实相宗（小乘有部以色法为戒体）、假名宗（《成实论》以非色非心法为戒体）、圆教宗（唯识宗的以心法种子为戒体）。

律宗在上述三教、三宗中自称是唯识圆教宗。其主要学说为心法戒体论。道宣以心法，即阿赖耶识所藏的种子为戒体，并依《四分律》把诸戒分为止持与作持两门。止持为"诸恶莫作"，即比丘戒二百五十条，比丘尼戒三百四十八条。 作持为"众善奉行"，包括受戒、说戒、安居、悔过及衣食坐卧的种种规定。 《四分律》不仅成为律宗所依据的基本典籍，而且成为中国佛教戒律的基本依据，是佛教诸部戒律中最有影响的一部。

在中国佛教史上，弘扬律学的除了道宣的南山宗之外，还有同时弘扬《四分律》学的扬州日光寺法砺所开创的相部宗（因传法中心在相州而得名）和长安西太原寺怀素所开创的东塔宗（因怀素住西太原寺的东塔而得名），与道宣南山宗并称律宗三大家。 三家的主要分歧是对戒体的看法不同。 三家之间互有争论，而相部宗与东塔宗之间的争论尤为激烈。 后相部宗和东塔宗相继衰微，只有南山一宗畅行，且历经宋元明清而绵延不断。

8. 密宗

密宗也称"密教"、"秘密教"、"真言教"、"金刚乘"等，由于自称受法身佛大日如来深奥秘密教旨的传授，为"真实"言教，这种真言奥密若不经灌顶（入教或传法仪式）和秘密传授，不得任意传习及显示于人，因而得名。 又由于它修习三密相应（瑜伽），即手结印契（身密）、口诵真言秘咒（口密）、心中观想大日如来（意密）以与大日如来的"三密"相应，实现"即身成佛"，故又称"瑜伽密教"。 密教本是公元七世纪以后印度大乘佛教的一些派别与婆罗门教－印度教相结合的产物，后传入中国，形成了中国佛教的一个宗派。

一般认为，有关"杂密"的思想和实践早在三国时代就已经从印度和西域传入我国，两晋南北朝时许多印度和西域来华的僧人，也都精于咒术和密仪。 但"纯密"在我国得到弘传并进而形成佛教宗派，则始于唐代的善无畏、金刚智和不空等人。 唐玄宗开元四年（716），中印度僧人善无畏经西域来到长安，带来了梵本《大日经》，受到唐玄宗的礼遇。善元畏在弟子一行的协助下，译出了后成为密宗"宗经"的《大日经》。一行是我国著名的天文学家，精通历法和天文。他二十一岁出家，后随善无畏学习密法，不仅助译了《大日经》，而且作有《大日经疏》二十卷，此为《大日经》最著名的注释，也是密宗的重要著述。善无畏和一行主要传授胎藏界密法。开元八年（720），南印度密教高僧金刚智携其弟子不空经南海、广州而抵洛阳，大弘密法，后至长安，传入的《金刚顶经》由不空译出，后也成为密宗所依的主要经典之一。金刚智与不空主要弘传金刚界密法。

胎藏界和金刚界两部密法传入中国后不久，即相互传授，融为一体。由于善无畏、金刚智的弘传，当时两京从之灌顶问法者甚众，后又经不空的大力传布，终于形成了一个以修持密法为主的中国佛教宗派——密宗。其创始人善无畏、金刚智和不空，均于开元年间来华，世称"开元三大士"。继不空之后大弘密法的有影响的人物是惠果。惠果把善无畏所传的胎藏界密法和不空所传的金刚界密法融会在一起，建立了"金胎不二"的思想。后有日本僧人空海于贞元二十年（804）来华向惠果学习胎藏、金刚二界密法，回国后开创了日本真言宗，其传承至今不绝。

由于密宗的仪轨十分复杂，具有浓厚的神秘色彩，一时成为王公贵族信奉的热门。善无畏、金刚智和不空等都曾被帝王礼为国师，迎入宫内供养，包括皇帝在内的王室成员纷纷从之灌顶受法。尽管如此，由于密教的理论与修持方法在许多方面与汉族的文化传统及伦理习俗不合，因而不空以后，密宗在汉族地区很快就衰落了，只是在西藏地区得到了较大的传播和发展。

9. 三阶教

三阶教因主张把全部佛教分为"三阶"而得名，又因主张普遍信奉一切佛法而有"普法宗"之称。 它是隋代僧人信行所创立的一个比较特殊的佛教派别。 三阶教的"三阶"教法是根据佛教正法（佛灭后初五百年）、像法（第二个五百年）和末法（一千年以后）的说法①，而把全部佛教按"时"（时期）、"处"（所依世界）、"机"（根机，指人）分为三阶：第一阶是"正法时期"，"处"是一乘所依的世界，即佛国净土，人是一乘人，即唯有诸佛菩萨，修持的是大乘一乘佛法。第二阶是"像法时期"，"处"是三乘众生所依的世界，为"五浊诸恶世界"，"亦名三乘众生十恶世界"，人是凡圣混杂，根基不定，流行的是大小乘（三乘）佛法。 第三阶是"末法时期"，"处"虽然与第二阶相同，人却都是"邪解邪行"，"一切佛、一切经皆悉普不能救得"，这时应信奉"三阶教"，普信一切佛法，普归一切佛。

　　三阶教认为，佛法可分为"普法"和"别法"两类。 普法是不分大小乘和圣贤凡夫，普敬普信；别法则是分别大小和圣凡。 三阶教提出普法与别法的主要目的在于，强调隋代"时"当"末法"，"处"为秽土，因此，众生要想解脱，就不能仅满足于念一佛，诵一经，学一法，而应该信奉三阶普法宗义。 普法是三阶教的核心思想和基本主张。 三阶教在修持方面也颇具特色。 它以苦行忍辱为宗旨，倡乞食为生，并反对偶像崇拜，提倡"普敬"、"普施"。 它还强调个人的一善一行必须融化于"无尽藏行"中才能获得更大的福德，因而劝信徒施舍钱财由寺院库藏，既供斋僧或修缮寺塔之用，也布施或借贷给贫苦的信徒。

　　三阶教因具有独特的教义和修行方式而一度流行，信行的弟子也很

---

　　① 佛教对"三法"的具体时间有不同的说法，有的以正法为五百年，像法为一千年，末法为一万年。

多。 但由于三阶教所提倡的与当时佛教界的理论和行持很不协调，其散布的"末法"思想与封建王朝的需要也很不一致，因此，三阶教创立后屡屡遭到朝廷的禁止和佛教其他宗派特别是净土宗的攻击，唐末以后一直被视为异端邪说，入宋以后，便不再流传。

三、佛教社会性活动的进一步展开

随着隋唐佛教的趋于鼎盛，佛教的社会性活动也进一步展开。 隋唐时期，佛教的社会性活动十分活跃，佛教以寺院为中心经常举行各种法会和斋会，并赈济救灾，经营"悲田院"等社会事业，一些社会性佛教团体所从事的诵经讲经和设斋祈祷等，吸引了大批的徒众，既扩大了佛教的影响，也促进了佛教与社会生活和文化各领域的结合。

隋唐时期佛教所举行的法会进一步突出了中国化的特色，例如影响比较大的佛诞节和盂兰盆节等都与中国传统民间习俗关系密切。 佛诞节也称浴佛节，是佛教最大的节日。 传说释迦牟尼在农历四月初八这一日诞生，降生时有九条龙口吐香水为之浴身。 为了纪念佛祖的诞生，寺院每年在佛诞日都要举行"浴佛法会"，即在大殿里设一水盆，盆中供奉释迦牟尼诞生像，众信徒以香汤为之沐浴。 佛像一般作童子状，右手指天，左手指地，因为据说佛祖诞生之初就右手指天，左手指地说："天上地下，唯我独尊。"由于印度尚右，中土尚左，因此在中国特别是在汉地佛教的寺院里，释迦牟尼诞生像即悉达多太子像大多是以左手指天。 浴佛法会大约在东汉时就流行于中国的各个寺院，魏晋南北朝以后，更是普遍流行于民间，成为中国民俗的重要组成部分。自南北朝至隋唐，在佛诞节这一天，民间还逐渐盛行用宝车载佛像巡行城市街道的所谓"行像"（亦称"巡城"或"行城"等）和互送"结缘豆"（即互送一种撒上盐汁的煮熟了的豆子）等习俗，并在这一天集资刻经造像，互传自己熟读的经卷（称"传经"）等。由于佛经记载的不同，在东南亚各国和我国的云南及蒙藏地区都以四月十五日为佛诞节，同时也以这一天为佛成道日和佛涅槃日。

盂兰盆节是在佛教的自恣日举行盂兰盆会而形成的佛教节日。按照印度佛教的规定，在每年雨季的三个月（约五月至八月）里，僧尼要定居在寺院里坐禅修道，接受供养，而不得外出，据说外出易伤草木，这叫作"安居"，这段时间也就称为"安居期"。中国佛教的安居期一般为农历的四月十六日至七月十五日。南亚、东南亚各国称安居为"雨安居"，在中国则称之为"夏安居"，或简称"坐夏"。在每年安居期满之日，佛教徒要举行检举忏悔会，一方面自己检讨忏悔自己的过失，另一方面也尽情地互相揭发过失，这叫作"自恣"，这一天也就称之为"自恣日"。根据汉译《佛说盂兰盆经》载，释迦牟尼的弟子目连以道眼看到死去的母亲在饿鬼道受苦，如处倒悬，便求释迦牟尼救度，释迦牟尼叫他在七月十五日僧众自恣之日备百味饮食供养十方自恣僧众，说这样可以救其母亲倒悬之苦（盂兰盆即梵文"救倒悬"的音译）。佛教徒据此而在每年七月十五日举行超度祖先的"盂兰盆会"，这一仪式一般认为始创于梁武帝，后来便沿袭而成为民间的一种风俗。每逢盂兰盆节，寺院都要举行水陆法会和放焰口（焰口为饿鬼名，放焰口为施食饿鬼以度之的一种仪式）等追荐死者的宗教活动，民间则家家户户在祖先牌位前供上各种食品以事祭祀，并从下午四时起在家门口供上饭菜以招待无家可归的鬼魂。这样，每年七月十五日中国传统的祭祀祖先的中元节（一般认为源于道教）与佛教的节日便结合在了一起。唐代时，帝王和民众参与的盂兰盆会曾达相当的规模，装饰奢丽，十分壮观。宋代以后，盂兰盆会的奢丽庄严虽远不如以前，其意义也更多的是追荐亡灵，超度鬼魂，而不是以供佛供僧为主了，故民间俗称"鬼节"，其影响仍然十分广泛。

隋唐佛教除于佛诞节、盂兰盆节等举行的常例法会和不定期地举行各种斋会和讲经法会之外，还往往在帝王的诞辰日举行专门的法会，表明了中国佛教与政治的密切关系，这在印度和西域佛教一般是没有的。这些法会的规模往往很大，例如贞元年间（785—805）为纪念天子诞辰，五台山上十所大寺院及其他一些较小的寺院一起开设了万僧斋，即向上万僧众提供斋食的大斋会；唐大历七年（772）宋州（治所在今河南商丘）开元寺举行的八关斋会，或设五百人为一会，或设一千五百人为一会，更有设五千人为一会者，皆供养斋食，造成很大的声势。 在各种法会上，行香、诵经和忏法等中国佛教的礼仪也趋于成熟和程式化。 各个不同的佛教宗派，往往依照自己宗奉的经典编撰忏仪行法，例如天台宗智颢作《法华三昧忏法》、净土宗善导作《转经行道愿往生净土法事赞》等，都对忏法形式的独立起了很大的作用，但它们之间在形式上的差别并不是很大。 现存有关佛教礼忏的经典大都形成于唐代，有些至今仍十分流行，例如唐代悟达国师知玄所撰的《慈悲水忏法》就是如此。

佛教举行各种大规模的法事活动，是以其具有较雄厚的寺院经济为基础的。 正是依赖于经济实力，隋唐佛教还花大量资财修寺建庙，并在寺院里设立悲田院等从事社会福利事业。 例如唐代宗时五台山僧众就花费以亿万计的资财建造了金阁寺。 当时寺院里设立的悲田院是专门抚养鳏寡孤独穷民的场所。 佛教劝人广为布施，认为供养父母为"恩田"，供养佛法僧为"敬田"，布施贫苦孤老为"悲田"。 《像法决疑经》中说，布施"敬田"不如布施"悲田"，"悲田最胜"。 据此，隋唐时一些寺院便设有悲田院，亦称"养济院"，后改悲田养病坊。

南北朝时期出现的义邑和法社，在隋唐时也有进一步的发展，但出现了一些新的特点。如果说隋代的义邑还更多地像南北朝时那样以造像为主要的佛事活动，那么唐代的义邑就更多转向了以诵读佛经和开设斋会为主，净土信仰得到了更广泛的传播，祈求观世音菩萨保佑现世的幸福平安和对往生西方净土的向往成为许多信徒佛事活动的重要内容。唐代的法社主要活跃在安史之乱以后，有些法社有相当的社会影响。例如白居易曾参加的杭州龙兴寺僧人南操发愿而创立的"华严社"，每年都要在四季分别召开大聚会，还开设斋会等，拥有大量的法社成员。隋唐时向社会民众讲经成为佛教社会性活动的一个重要方面。为了使普通民众理解佛法经义，讲经者往往用悦耳动听的声音传教，从而出现了所谓的"唱导师"。中唐以后，面向世俗人的讲经活动被称为"俗讲"。由于唱导、俗讲而逐渐出现了变文等文学体裁和变相等艺术形式。

四、三教鼎立与三教关系新发展

隋唐时期，儒佛道三教逐渐形成了三教鼎立的局面，三教关系也有新的发展。在隋唐思想文化的多元格局中，一个最令人瞩目的特点就是以佛教兴盛为标志的儒佛道三教鼎立。隋唐时期三足鼎立的儒佛道三教关系，既是汉魏以来三教关系演变发展的延续，是三教各自的发展与三教关系长期互动的结果，也是隋唐多元文化格局中三教关系的新发展，它对包括儒佛道三教各自在内的中国思想文化发展的影响都是十分巨大的。

从总体上看，隋唐时期儒佛道三教之间政治、经济和理论上的矛盾争论虽然一直不断，但三教融合的总趋势却始终未变。儒佛道三教中许多重要的思想家都从自身发展的需要出发以及迎合大一统政治的需要，提倡三教归一、三教合一，主张在理论上相互包容，最终形成了唐宋以后绵延上千年之久的三教合一思潮。

儒佛道三教的鼎立，为三教的融合提供了客观条件，而三教在各自的发展过程中也都深切地感受到了相互补充、相互融合的必要性，因而都表现出了强烈的融合他人理论精华的主观意向，三教在理论上呈现出进一步融合的趋势是隋唐三教关系的最重要特点。

儒家虽然在隋唐时期恢复了正统地位，但它在思辨理论方面却不及佛教，也没有佛教的轮回报应、解脱成佛或道教的羽化成仙、长生不老等说教和宗教修行方式可以满足社会大众多方面的需要，因此它十分有必要从佛、道那里吸取营养以充实自己。早在隋代，就有王通站在儒家的立场上提出了"三教归一"的主张，希望以儒家学说来调和佛、道二教。韩愈和李翱则在"排佛"的旗号下援佛入儒，对佛教宗派的法统观念与心性学说加以改造利用，提出了道统说与复性论，开了宋明理学扛着儒家的大旗出入于佛道的先声。

隋唐是佛教创宗立派的时期。中国化的佛教各个宗派都是在调和融合中国传统儒、道思想的基础上创立的。这个时期，不少佛教思想家在融合吸收传统思想的同时都提出了三教融合、三教一致的观点。例如中唐名僧神清认为，三教"各适当时之器，相资为美"（《北山录》卷一）。比神清稍晚一些的名僧宗密也提出三教内外相资，皆可遵行，不应当相互排斥。当时社会上出现了许多中国人编造的强调忠君孝亲等伦理纲常的佛教经典，还出现了不少以孝而闻名的"孝僧"。道教是中国土生土长的宗教，道教奉老子为教主，老庄的玄思和自然主义的生活态度为一部分士大夫所津津乐道，因此，佛教对道教亦表示了足够的重视。天台宗把止观学说与儒家人性论调和起来，天台宗的先驱慧思还把道教长生不死的神仙思想纳入佛教，发愿先成神仙再成佛。

华严宗人不仅融合吸收儒、道的思想内容，而且还从理论上对调和三教做出论证。 禅宗更是站在佛教的立场上，将儒家的心性论、道家的自然论与佛教的基本思想融通为一，形成了它所特有的中国化的禅学理论和修行方式。

从道教方面来看，在它开创时期，就吸收了不少儒家忠君孝亲的伦理观念。 到隋唐时，它更充实了儒家名教的内容，并在佛道之争中以"不仁不孝"来攻击佛教。 此前，道教的理论一向比较粗俗，戒条教规也不完善，缺乏系统性。 在佛教的影响下，隋唐道教开始注重创立理论体系，完善戒条教规。 在这个时期的道教学说体系中，无论是成玄英的"双遣"体道，还是王玄览的"三世皆空"或司马承祯的"净除心垢"、"与道冥合"，都可以清楚地看到道教对佛教思想理论的吸收和融合。 道教的五戒、八戒和十戒等基本上也模仿了佛教。

隋唐时期的三教合一，虽然主要还只是指三教在维护社会秩序、协助社会教化这方面具有一致性，作为三教各自来说，都还是立足于本教而融摄其他两教，以丰富发展自己，但它为唐宋以后三教思想理论上的进一步融合奠定了基础，也开辟了道路。

在儒佛道三教融合的总趋势下，隋唐时期的三教之争也有新的发展，佛道之间为了政治地位的高低，经常就排列的先后问题展开激烈的争论，而儒家从维护封建统治出发，也经常站在道教一边，从国家经济收入或社会伦理纲常的角度对佛教进行批判。 三教之间的争论往往与帝王对三教的政策交织在一起。 隋唐统一王朝建立以后，统治者就经常考虑儒佛道三教的先后次序问题，这实际上也就是如何更好地利用三教来为自己的统治服务的问题。 不同的统治者由于现实政治斗争的需要，在如何利用三教的问题上，具体的政策与手段往往是有所不同的，这又对三教之争造成直接的影响。 因此，宗教的斗争与政治斗争始终是有着密切联系的。

唐武宗时，朝廷不能容忍寺院经济的过分膨胀，再加宫廷内部的王权斗争与佛教发生牵连，社会上流传着有"黑衣天子"将要得位的谶语，因而促使武宗采取了大规模的灭佛措施，摧毁了佛教所依赖的经济基础，大量经籍文书，特别是《华严经》和《法华经》的章疏，也由此而湮没散失。从此，随着唐王朝的日趋衰落，佛教的许多宗派也一蹶不振，三教关系也迎来了唐宋之际以儒家为本位的三教合一的新阶段。

唐武宗会昌年间（841—846）的灭佛事件是中国佛教史上的一件大事，佛教称之为"会昌法难"。武宗灭佛除了经济与政治方面的主要原因之外，与武宗本人崇尚道教的成仙长生之术以及道士赵归真、刘元靖等人的煽动也有直接的关系。武宗灭佛是唐代佛道斗争的表现之一。据记载，唐武宗在尚未登上皇帝宝座之前就笃信道教，即位之后，又采取了一系列鼓励道教的措施。在崇奉提倡道教的同时，他又连年下令限制佛教。会昌五年（845），唐武宗采取了大规模的灭佛行动。在他下的诏书中，曾宣布了这次废佛所取得的实际成果："其天下所拆寺四千六百余所，还俗僧尼二十六万五百人，收充两税户，拆招提、兰若四万余所，收膏腴上田数千万顷，收奴婢为两税户十五万人。"（《旧唐书》卷十八上《武宗本纪》）由此可见，这次对佛教的打击确实是十分沉重的。武宗灭佛后不久，宣宗即位，又下敕恢复了佛教，佛教继续得到流行。不过，从此以后，佛教的发展便逐渐趋于衰微，佛道之争乃至儒佛道三教之争，也就不再像过去那么激烈和频繁了。

这里值得再提一下的是五代十国时帝王的崇道抑佛与周世宗的灭佛对佛教发展的影响。五代十国时期（907—960），南北各割据政权一般都奉行崇道的政策，道教在这个时期仍有所发展，特别是道经的搜集整理工作有了较大的进展，而佛教却出现了与道教不同的情况。 南方由于社会相对安定，帝王又多热心佛教者，因而佛教在建寺、造塔、写经与度僧等方面仍有发展。 北方则由于战乱时起，社会动荡，政局不稳，各个政权为了维护统治，都需要将沉重的赋税负担压到广大劳动者身上，而佛教寺院却往往成为那些不满现实和不愿承担捐税者的躲避之处。 同时，由于这个时期的佛教信徒中普遍风行着烧身、炼指等自残身体的荒唐行为，既破坏了社会劳动力，又有违封建的伦理道德规范，从而遭到了统治者的不满，因此，北方各政权对佛教大都采取了比较严格的限制政策。 例如后唐明宗曾下令禁止私度僧尼和新建寺院，后汉统治者也曾严格禁止佛教徒私度和修建寺庙，并且不允许佛教徒开设当铺和过奢侈生活。 后周世宗的灭佛则是这个时期最有影响的一次抑制佛教事件。

后周世宗是五代时期比较有作为的统治者，他对佛道采取的也是崇道而抑佛。 他一方面宠信道士，另一方面又对佛教采取了严厉的手段。 他即位不久，鉴于寺僧的泛滥影响了国家的赋税兵役，便于显德二年（955）对佛教进行了沙汰。 周世宗的这次灭佛，具有对佛教加以整顿的性质，史书中没有关于屠杀佛教徒的记载，却留下了周世宗"说理"性的文字。 因此，当时仍然保留了上千所寺院和上万名僧尼。 但虽然如此，由于当时北方的佛教已经是在勉强维持，经过此番波折，就愈显日益衰落了。

第五章　宋辽金元佛教的由盛而衰

　　中国佛教经唐末武宗灭法、黄巢农民起义以及五代后周世宗灭佛等一系列的打击以后，逐渐开始走下坡路。入宋以后，虽然大多数统治者仍对佛教采取了扶植利用的政策，有些宗派，特别是禅宗和净土宗，也有进一步的流传和发展，但从总体上看，隋唐时期佛教的兴盛局面已一去不复返。时间上与北宋、南宋大体上相应的辽和金两代，在中国的北方对佛教也采取了信奉和支持的态度，使佛教得到一定的发展。元代主要崇奉喇嘛教，形成了它所特有的帝师制度，汉地原有的佛教诸宗也大都余绪未绝，继续存在。由于帝王宗教政策的不同和历史的变迁，这个时期的佛教在不同的地区和不同的时代表现出了不同的特点。随着佛教中国化的新发展，佛教向社会文化各个领域的渗透也日益加深。

一、佛教在衰微趋势中的持续发展

宋辽金元时期，佛教虽然趋于衰微，但仍然有所发展，特别是它传播的范围和在中国民众中的影响，它对社会生活和文化领域的渗透，都达到了相当的程度，以至于若就此而言，甚至可以认为这个时期的佛教发展超过了唐代。 佛教义理与宋代儒学的结合、禅净合流与民间信仰的结合，都为佛教在中土的传播开辟了新的天地。 但就佛教本身而言，特别是就佛教本身的思想理论而言，入宋以后，便少有新的发展和突破，正是在此意义上，我们说中国佛教由唐至宋，逐渐趋于衰微。佛教的衰微，与理学的形成和独尊有关，也与帝王的佛教政策有关，而佛教在衰微中的持续发展，也是与统治者分不开的。

宋王朝，包括北宋和南宋，是一个始终处在内忧外患之中的王朝。儒学虽然在这个时期取得了绝对正统的地位，但最高统治者并没有放弃对佛教的扶植利用。 有宋一代，除宋徽宗曾一度兴道反佛之外，大多数帝王对佛教都采取了利用的政策。 宋太祖刚即位，便改变后周的佛教政策，停止废毁寺院，对佛教适当地加以保护，并放宽度僧名额，敕雕刻大藏经版，中国木刻雕印史上第一部汉文大藏经《开宝藏》就是在北宋开宝四年（971）奉敕始刻的。 宋太宗也非常"崇尚释教"，在他即位后的短短四五年内，共度僧十七万余人。 此后，从宋真宗、宋仁宗到宋哲宗，都十分好佛，对佛教大加提倡，使佛教有了相当的发展。由于寺院经济的发展与政府财政之间发生了尖锐的矛盾，再加宋徽宗本人笃信道教，他曾大造宫观，大塑圣像，并诏天下访求道教仙经，甚至册己为"教主道君皇帝"，因此，宋徽宗曾一度反佛。 他强令佛教与道教合流，改寺院为道观，并使佛号、僧尼名称都道教化。 宋徽宗的反佛举措，给了佛教很大的打击。 但不久以后，佛教即得到了恢复。

南宋时，王朝政府财政困难。因此，虽然一方面采取措施限制佛教，例如宋高宗时就曾停止额外的度僧，但另一方面，又继续实行北宋以来发度牒征费的政策以增加收入，使佛教在基础本来就比较好的地区继续保持一定的盛况，直至宋末。两宋时期，比较流行的是禅宗和净土宗。另外，天台宗和华严宗也有一定的发展。宋代的刻经刻藏事业比较发达，官私所刻藏经共有六种版本。译经数量也相当可观，不过，其中有不少属于密教经典，在中国佛教史上，特别是对佛教义学来说，影响不大。

辽代的统治者契丹族的贵族，为了维护统治，始终注意吸收内地文化，以拉拢汉人，对佛教也采取了保护和利用的政策。太祖时，帝室成员就经常带头前往佛寺礼拜，并举行祈愿、追荐、饭僧等佛事。太宗取得佛教盛行的燕云十六州等地以后，进一步利用佛教，使佛教得到了更快的发展。至圣宗、兴宗、道宗三朝之间（983—1100）而臻极盛。建寺、造塔、开凿石窟、编纂藏经，佛事活动相当频繁。著名的房山云居寺石经也于此时由帝王拨款而得到大规模的续刻。

佛教在女真族建立于中国北方的金王朝时代，也是有所发展的，并在许多方面沿袭了辽代的遗风。从太宗始，金代帝室即对佛教表示崇奉并予以支持。到熙宗时，佛教已具相当规模，寺院经济也不断发达。世宗即位后，一方面继续大造寺塔，布施财物；另一方面也开始对佛教加以整顿，采取有节制的保护政策。章帝时进一步加强了对佛教的管理，制定了僧官制度，严禁民间私度僧尼，规定由国家定期定额试经度僧。但由于国家财政困难，金代也仿照北宋采取了公卖度牒的政策，章帝在位末年就公卖度牒、紫衣、师号和寺院名额等，使政府对佛教的管理政策缺乏一贯性。章帝以后，金王朝面临日益强大的蒙古族的威胁，更是滥发空名度牒以筹军费，从而使金代佛教日趋腐化和衰退。

金代佛教中最为盛行的是禅宗，临济宗的杨岐、黄龙两系分别在汴京（今河南开封）天宁寺和济南灵岩寺大弘法化，后又有万松行秀盛传曹洞宗风。此外，华严宗、净土宗和律宗等也有相当的发展。在此期间，民间刻印大藏经取得了很大的成就，20 世纪 30 年代所发现的著名的《赵城藏》即是金代留下来的宝贵文库，故也称《金版大藏经》（简称《金藏》）。

元代皇帝崇奉的是喇嘛教。元世祖忽必烈即位前即召请西藏地区的名僧八思巴东来，并从受佛戒。即位后，又尊八思巴为国师，不久进封"帝师"、"大宝法王"等称号，令其掌管全国佛教兼统领西藏地区的政教。元代规定每个帝王都必须先就帝师受戒，然后才能登基。帝师制度是元代佛教的一大特点。元代各朝帝王都热衷于念经、祈祷、印经、斋僧等各类佛事活动，并大建塔寺以修功德。在帝王的大力支持下，元代佛教有很大的发展。全国有僧尼二十多万，寺院四万两千多所。朝廷将成千上万亩的土地赐给寺院，使寺院经济大为膨胀。寺院在拥有大量土地的同时，还大力经营解库（当铺）、酒店、湖泊（养鱼场），乃至煤矿铁矿等工商业。寺院经济的畸形发展成为元代佛教的又一大特点。元朝政府为了加强对佛教的管理，也曾对出家还俗等做出过一些规定，颁布过一些禁令，但这些规定并没有严格执行。为了增加财政收入，元代沿袭前代的做法，公开标价出售度牒、师号等，使得限制出家的规定成为一纸空文。元代在对原有大藏经版重加校订与对勘的同时，也曾刻成不同文字的大藏经数部，可惜有些已经佚失。元代除喇嘛教外，天台、华严、唯识等传统的佛教宗派也都余绪未绝，特别是禅宗比较流行。北方主要传曹洞宗，南方则以临济宗为主。

　　此外，在江南还有白云宗、白莲宗等流传。 这两宗皆起源于宋代，提倡念佛素食。 白云宗被认为是华严宗的一个派别，因其创立者北宋末年的清觉常住杭州白云庵而得名。 该宗奉《华严经》为最高教义，特别排斥禅宗。 主张儒佛道三教一致，重视忠孝慈善，不事荤酒，励行菜食，信徒被称为"白云菜"。 后因有人奏称此宗"吃菜事魔"而遭朝廷明令禁止。 白莲宗被认为是净土宗的一个派别，其创立者为南宋初苏州沙门茅子元，他自称"白莲导师"，其徒号为"白莲菜人"，因慕东晋慧远结莲社之遗风而劝人信奉净土教义，主张禅净一致。 此宗因发展迅速而遭受"妖妄惑众"之嫌，茅子元以"事魔"罪被流放到江西九江，教徒也被解散。 元代白莲宗与弥勒信仰等相混合而演化为白莲教，成为民间秘密宗教。 元末农民起义中曾被加以利用，明清两代均遭严禁。

　　由于政治与经济上的需要，宋辽金元各朝的统治者都曾采取各种措施以加强对佛教的管理。 北宋的僧官制度大体沿袭唐代，但也有不同。 宋代管辖僧尼的功德使，不是宦官，地位和实力也都很低。 北宋末，僧尼转归鸿胪寺管辖。 南宋时，鸿胪寺并入礼部，僧尼事务便由祠部统一管理。 宋代在设立各级僧官的同时，还常常封赠僧人以师号、紫衣，以拉拢上层僧人更好地为宋王朝服务。 辽代的僧官制度大体上沿袭了唐制而略有损益。 辽代在五京各设僧录司，配有都僧录、僧录等官职，在各州郡则设僧正、都纲和都维那等。 当时在民间盛行一种支持佛教寺院活动的宗教社团"千人邑社"，其内部往往也依次设有都维那、维那等，但这都不是僧官，而是和邑长、邑证、邑录等一样，是社团的一种管事职务。 金代也制定了僧官制度，在首都设国师，四京设僧录、僧正，州郡设都纲，各县设维那，在一些重要的佛教圣地也别置僧官。 金代还规定，各级僧官的职责是统理管内事务，不得参与国政，并严禁僧尼与朝贵往来。 这正好与元代形成显明的对照。 元代的僧官制度很有特色。 元代最初设总制院，院使由帝师兼领，秩正二品；后又设功德使司。 至元二十五年（1288），总制院改称宣政院，秩从一品，并在各路设行宣政院。 僧录、僧正、僧纲等都归宣政院管辖。 宣政院设立以后，原来有较大权能的功德使司的实际地位下降，逐渐成为一个专管宗教活动的纯事务性机构，元天历二年（1329），"罢功德使司归宣政"（《元史》卷八十七《百官志三》），创置于唐代的功德使司在历史上便不复存在，僧务统归宣政院。 宣政院是掌管全国佛教事务和藏族地区军政事务的机构，其最高领导是帝师，故元代的帝师兼有政教两方面的权力。

帝师制度是元代佛教的一大特色，在元代之前，只有国师而没有帝师，更没有形成帝师制度。 元世祖中统元年（1260），藏传佛教的著名僧人八思巴被刚即位的忽必烈尊为国师，并受赐玉印。 至元元年（1264），领总制院事，管理全国佛教及藏族地区事务。 至元七年（1270），升号"帝师"，进封"大宝法王"，更赐玉印，统领诸国释教。 八思巴以后，嗣为帝师者，皆例领宣政院事，秩从一品，赐玉印。 由于元朝历代皇帝即位之初均须从帝师受戒，故终元之世，皆设帝师之职，形成了帝师制度，帝师具有相当高的地位和极大的权力。

宋辽金元时期，佛教的僧制与清规也有进一步的发展。 僧制，亦称清规，为中国佛教僧团制度。 在印度佛教中，僧尼主要以戒律为生活规范，实行"三衣一钵，日中一食，树下一宿"。 但佛教传入中国后，这种不事生产的乞食制度与中国自给自足的小农经济的社会生活不相适应，因而中国佛教僧团在遵奉佛教基本戒律的同时，也制定了适应在中国社会过团体生活需要的有关规定。 官方政府为了加强对佛教的管理，也常常为僧尼制定一些法规。 中国佛教僧团制度，亦即通行的丛林清规，在宋元时基本成为定式。 丛林，意谓众僧和合共住一处，如树木丛集为林，指佛教多数僧众聚居的寺院，也取喻草木生长有序，表示僧众有严格的规矩制度。 清规，意谓清净的规则。 丛林清规，即寺院的规则，它本是中国禅宗寺院组织的规程和寺众日常行事的章则，形成于唐代。 中唐以后，禅宗盛行。 百丈怀海禅师根据中国国情和禅宗特点，制定了丛林新制，世称"百丈清规"。 "百丈清规"流行到北宋，历有增订。 至元代，更由朝廷敕修，使之成为历代寺院的基本法规。

佛教的译经、刻经与佛教史学在宋辽金元时期也有发展。 这个时期的译经，除了汉译之外，也出现了回鹘文、西夏文、蒙古文、藏文等多种少数民族文字的译经，这些译经有的直接译自梵文，有的则是从汉文等转译的。 宋代的译经虽然对中国佛教的影响不大，但宋代的刻经却对以后佛教的传播和发展起了相当大的影响。 有宋一代，共刻有六个版本的大藏经。 辽代在大藏经的刻印方面也有所成就，刻成了著名的契丹藏。 关于金代的刻藏，由于文献残缺，长期无闻。 1933 年在山西省赵城县广胜寺发现了金藏印本，通称"赵城藏"，为民间劝募，此藏既保留了宋代官版开宝藏的本来面目，又补充了很多重要的著述，在版本、校勘和义学研究等方面都具有极高的价值。 元代也曾刻成大藏经数部，包括西夏文大藏经和蒙文、藏文的大藏经，可惜有的印本久已佚失。

宋代以来，佛教除了译经和刻经之外，在编纂佛教史书方面也有很大的发展。 宋初赞宁不仅撰有《宋高僧传》三十卷，还写成了《大宋僧史略》三卷，广泛记载了有关译经、讲经、出家以及僧尼礼仪、僧官制度、朝廷与佛教的关系等事项，是为宋代佛教史学发展的开端。 后编写佛教史书的风气日趋兴盛，既有大量编年体的佛教史著作问世，也出现了不少以纪传体为主的佛教史书。 另外，入宋以后，佛教以禅宗为最盛行，宋代禅宗继承唐以来的传统，编写了大量记载本宗传法谱系的灯史方面的著作，如《景德传灯录》三十卷与普济的《五灯会元》二十卷等。

在佛教宗派方面，入宋以后，由于理学的形成和被定于一尊，佛教的思辨精华又为其所吸收，因而佛教本身的发展日趋衰微，但隋唐时形成的佛教各宗派，除三论宗、三阶教等之外，大都仍继续维持，并在社会上有所传播，特别是禅宗和净土宗，还一度比较盛行，并在演变发展中形成了一些不同于以往的新特点。

禅宗是宋代最为流行的一个佛教宗派。 但在宋代，惠能门下分化出来的五家禅中，沩仰宗已经不传，法眼宗虽在宋初盛极一时，宋中叶以后法脉即断绝，而曹洞宗在宋初则比较消沉，盛行于各地的主要是云门宗和临济宗。 入宋以后的禅宗在思想理论上并没有很大的发展，但其规模及社会影响却达到了相当的程度，并形成了许多与唐五代时不同的特点和风格。 例如大量公案语录的出现，形成了区别于默照禅的文字禅，不立文字的禅宗走上了文字化的道路，从而吸引了大批文人学士的兴趣，同时也进一步为禅的精神融入宋明理学提供了条件。

净土宗也是入宋以后比较盛行的一个佛教宗派。 由于宋代以后佛教各宗都联系净土信仰而提倡念佛的修行，结社念佛之风日盛，因此促进了净土宗的传播。 但佛教各宗兼修净土，一方面促进了净土信仰的广传，另一方面也使纯粹的净土信仰少了，典型的净土宗在与其他各宗的相涉中逐渐失去其本宗的特色和独立的风貌，这是宋以后净土宗的重要特点之一。

天台宗自唐武宗灭法以后曾一度消沉。 五代时从高丽求得大量天台典籍，使天台宗逐渐得以复兴，并在入宋以后成为比较活跃的一个佛教宗派。 由于教义理论的争论而引发了天台宗内部分裂为山家、山外两派。 山家派代表天台一宗而盛行于南宋之世，并不绝如缕，延续至元明清各代。

华严宗在唐武宗灭法以后也一直很沉寂。 入宋以后，因大量华严章疏由高丽重新输入而得以再兴。 华严教学在辽代也比较发达，并对辽境各地的佛学产生很大的影响。 金代的著名华严学者则有宝严、义柔和惠寂等人，可惜他们的著述都已佚失。 华严宗在元代也仍有发展，使华严宗余绪不绝。

律宗在宋代所传的是道宣的南山宗一系，但只是勉强维持而已。辽代和金代，律学仍有发展，到元代时已经十分衰微。 元明之际，律宗的法系传承已近无闻，直到明末清初，才略有复兴。

唯识宗在宋代已十分衰微，传承已经不明，代表人物也由于史料缺乏而无可考。 辽金时期，承袭五代以来的风气，继续有人研习唯识学。 元代唯识学也仍余绪未绝，但影响都不是很大。

二、禅净教的融合与儒佛道的合流

入宋以后，中国佛教的发展形成了许多新的特点。 对内禅净教趋于合一，对外佛道儒进一步融合，这成为唐宋以后中国佛教发展的基本趋势和最重要的特点。

隋唐时期佛教各宗一般都有自己独特的理论体系和修行方法，中唐以后，各宗之间出现了融合的趋向，到了宋代，各宗的相互融摄更趋紧密。 从最初的禅教一致发展到后来的各宗与净土合一，最后，以禅净合一为中心而形成了禅净教大融合的总趋势。

禅教的融合并不自宋代始，早在石头希迁的禅学思想中就已吸取了华严教理。 而首倡禅教一致论的则可谓是唐代的华严五祖宗密，他在

《禅源诸诠集都序》中曾明确提出，"经是佛语，禅是佛意，诸佛心口，必不相违"，并据此而将禅与教各分为三，以三教配三宗，认为"三教三宗是一味法"。 北宋禅师永明延寿更以"经是佛语，禅是佛意"为理论纲骨编成了《宗镜录》一百卷，借教明宗，以禅理为准绳来统一教下各派的学说，力主禅教并重。 这种观点对中国佛教的发展影响很大。 由于宗密视华严为最高的学说，以华严思想与禅的结合为基础来统一禅教，因此，他的禅学人称"华严禅"。 而延寿所倾心的教说也是华严宗的思想，所谓"禅尊达摩，教尊贤首"，因此，延寿的思想也可说是华严禅的进一步展开。

在观行方面，由于净土念佛法门简便易行，因而入宋以后，净土思想和念佛法门在民间流传十分广泛，佛教各宗在传自家观行法门的同时，也都提倡念佛，许多著名的僧人都是兼习禅教而归心"净土"，以至于志磐在《佛祖统纪》卷二十七《净土立教志》之二中的"往生高僧传"篇中，收入宋代僧人 75 人，几乎把宋代各宗的主要代表人物都列入了"往生"的序列，这从一个侧面说明，净土在当时已成为中国佛教各宗派的普遍信仰。 在诸宗与净土合一的趋势中，禅净融合、禅净双修成为最引人注目的现象。 宋代最早积极倡导禅净融合论的是禅门法眼宗僧人永明延寿，他在《万善同归集》中专门发挥了这种主张，认为万行皆善，同回向往生西方净土。 他把禅净合修视为最佳的佛教修行，并身体力行。 由于他的倡导，禅净双修遂成为时尚。 一些专修净业的净土宗人，例如著名的宗颐等，也都兼修禅教，主张禅净融合。禅净双修的风尚延至元明清而不衰。

在禅净教日趋合一的同时，佛教与传统儒道的融合也进一步深化。入宋以后，儒佛道三教之间的相互影响和相互渗透日益加深，唐宋之际形成的三教合一的思潮逐渐成为中国学术思想发展的主流，以儒家学说为基础的三教合一构成了近千年中国思想发展的总画面。儒佛道三教从早期强调"三教一致"（都有助于维护封建统治秩序），到唐代的"三教鼎立"（三教各成体系，皆立足于本教而对另外两教加以融合吸收，以充实抬高自己），进而发展为入宋以后思想上的"三教合一"，这标志着三教关系随着社会经济和政治的需要而进入了一个新阶段，儒佛道三教在中国这块土地上最终找到了它们的共同归宿，找到了以儒为主、以佛道为辅的最佳组合形式。

从佛教与传统儒道的关系来看，由于入宋以后佛教的一些基本观点和方法为儒家所吸收，其本身的个性和独立存在的价值有所减弱，它在中土的发展也就日趋式微，从而在理论上也就更强调与儒道的融合，宣扬三教一致，特别是曲意迎合儒家思想。例如，天台宗人孤山智圆虽是佛教徒，却自号"中庸子"，认为儒家所说的"中庸"即佛教所谓的"中道"，要合乎"中庸"之道就不能"好儒以恶释，贵释以贱儒"，而应该兼融儒佛。宋代禅师契嵩则提出，主张出世主义的佛教其实比儒家更尊崇孝道。金元时的万松行秀也是一位融贯儒佛道三教思想的著名禅师。宋代以后佛教大师对儒家思想的融合具有与以前不同的特点，他们一般都主动接近儒学，甚至抬高儒学，而不是像以前那样在扬佛贬儒的基调下来融合儒学。例如智圆提出，"非仲尼之教，则国无以治，家无以宁，身无以安"，而"国不治，家不宁，身不安，释氏之道何由而行哉？"（《闲居编》卷十九）因而他明确地宣称自己晚年所作"以宗儒为本"（《闲居编》卷二十二）。这反映了宋代以后佛教地位的下降和代表中央政权意识形态的新儒学势力的增强，隋唐三教鼎立的局面已逐渐被儒家为主体的三教合一所代替。宋以后，佛教与道教的融合也日趋紧密，乃至在金元间产生了以儒、佛、道三教合一为中心思想的新道教——全真道。佛道二教的民间信仰也日益融合，甚至发展到后来，佛寺道观同立关帝与观音像。 佛教与传统儒道进一步融合的特点是与整个中国社会的发展密切联系在一起的。

三、佛教向社会文化各领域的渗透

入宋以后，中国佛教的理论虽然没有多大的进展，但佛教发展的规模却有进一步的扩大，特别是禅宗和净土宗在民间有相当广泛的传播。佛教理论经过不断的中国化而与传统思想文化日益融合，至宋代已潜移默化地渗透到了社会文化的各个领域，对中国哲学、政治、伦理等发生着持久而深刻的影响。

从佛教与中国哲学的关系来看，两汉之际传入的佛教，在相当长一个时期内只是被视为神仙道术的一种。 在汉代，佛教因果报应的教义在当时社会上有一定的影响，但其哲学理论却并不为中土人士所了解。魏晋时，玄学盛行，玄风大畅，主张性空假有的佛教般若学通过依附谈无说有的玄学而正式登上了中国学术思想的舞台。 佛教般若学与玄学合流而形成的"六家七宗"时代的般若学，曾一度成为中国学术思潮的主流。 佛学通过依附玄学、与玄学合流而最终取代了玄学。 晋宋时的佛教思想家竺道生从般若学转向对涅槃学的兴趣，注重对涅槃解脱的主体佛性问题的探讨，促进了南北朝佛性论的兴盛，佛性问题成为南北朝时佛教理论的中心议题。 南北朝时期佛性论的主流是从涅槃解脱的角度把常住的佛性与"冥传不朽"的"心神"等联系在一起，围绕神灭神不灭而对生死、果报等问题展开的理论上的大论战，构成了这个时期中国哲学的重要内容，也对隋唐佛教哲学的走向产生深刻影响。 隋唐时期，佛教各宗派都在兼融儒、道的基础上建立了自己的哲学思想体系，为这个时期的中国哲学写下了光辉的一页。

宋明理学的形成与发展集中体现了佛教对中国哲学的深刻影响。

理学家复兴儒学，建立了性命天道合而为一的心性本体论，这是继魏晋玄学以后中国哲学的又一次重大突破。宋明理学融合吸收佛教的心性论思想，摒弃其出世的价值取向，进一步从天人合一的角度完成了对儒家名教的本体论论证，构建了以儒家伦理为核心的三教合一的心性本体论哲学，把传统哲学的发展推向了新的高度。

　　佛教对宋明理学的影响表现在许多方面。例如宋儒的崇《四书》，谈性理，重修养等，都表现出了"出入于佛老"的特点。在理论上，宋明理学提出了"理"这个根本范畴，并赋予它以本体的意义，认为"理"是宇宙的本原，人生的根本，社会的最高原则。在把"理"与"性与天道"联系起来的理解中，宋明理学家都在一定程度上受到了佛学的影响。例如程朱理学强调"性即是理"，认为"宇宙之间，一理而已。天得之而为天，地得之而为地，而凡生于天地之间者，又各得之以为性"（《朱文公文集》卷十七）。为了说明一理与万理的关系，他们又以佛教常用的"月印万川"之喻来说明"理一分殊"的道理，还吸取佛教的修心论来展开对人心道心、天理人欲的讨论。而陆王心学在把"理"作为最高范畴的同时，更突出了"心即理"。陆九渊说："人皆有是心，心皆具是理，心即理也。"（《象山先生全集》卷十一）王阳明进一步提出："心外无物，心外无言，心外无理，心外无义。"（《与王纯甫》）同时，王阳明还将心看作是人先天具有的道德观念，即"良知"，他正是从"良知即是天理"出发将自己的学问归结到"致良知"上，而所谓的"致良知"就是认识并恢复自心固有的天理，然后将它推及于事事物物。据此，陆、王强调"发明本心"，"先立乎其大者"，认为"一是即皆是，一明即皆明"（《象山先生全集》卷三十四）。这与佛教禅宗强调的万法在自心，我心即是佛，因而"自识本心，自见本性"（敦煌本《坛经》第十五节），即可于一念中起真正般若观照而顿悟成佛，其相通之处也是显而易见的。

佛教与中国政治和伦理也关系密切。 在注重现实生活的中国这块土地上，出世的佛教不仅强调出世不离入世，打上了入世求解脱的现实主义品格，而且还在一定的条件下直接参与现实的社会政治活动，主动与传统的伦理道德相协调和融合，从而对中国的社会政治和伦理产生一定的影响。 而随着佛教中国化的进一步发展，佛教的思想和观念也日益渗透到社会政治和伦理道德等领域，并在这些领域中潜移默化地发生着持久的影响力。

就佛教与中国政治的相互关系而言，由于中国封建专制集权的强大，佛教受政治的干预和影响是主要的方面。 道安的名言"不依国主，则法事难立"成为中国佛教徒的共识。 佛教徒依傍"国主"的自觉意识和行动既是现实政治影响的结果，同时又对社会政治产生一定的反作用。 入宋以后，佛教与政治的关系表现出了与以往不同的新特点。 佛教在社会政治领域发生直接重大影响的已很少，但它的许多思想观念和方法通过宋明理学或向社会伦理道德和行为规范的转化而发挥的政治作用却仍然是十分值得重视的。 此外，宋元时期的农民起义常常打出"弥勒出世"的旗号，利用佛教来反抗封建统治者的暴政；帝王经常派遣佛教使者以加强与邻国的友好往来和各民族之间的团结；明末清初和近代许多思想家从佛教中吸取精神养料和思想武器以批判封建礼教并从事社会政治改革，等等；这些也都是佛教在入宋以后继续从不同的方面发挥着社会政治作用的具体表现。

佛教与中国伦理的关系非常特殊。 因为中国宗法社会的伦理道德是以儒家的伦理道德观念为核心的，所以外来的佛教与中国传统伦理道德的冲突和交融，在很大程度上就表现为佛教与儒家的冲突和交融。由于忠君孝亲的儒家伦理纲常是中国宗法社会的立足之本，因而在佛教与中国伦理的相互关系上，佛教受中国伦理的影响是主要的方面。 而佛教在丰富发展传统伦理道德方面所起的作用也值得重视。 佛教传入中土以后，佛教的"不忠不孝"一直是正统儒家反佛的重要理由之一，因此，佛教自传入之日起，便努力与儒家伦理妥协和调和。 例如汉魏时，在译经中删除与忠孝仁义不合的内容，在注经时把佛教的"五戒"与儒家的"五常"相比附，等等。 隋唐时，甚至出现了中国人编造的《父母恩重经》等专讲孝道的佛经。 入宋以后，佛教更在自己的思想体系中容纳了大量的儒家伦理内容，例如认为"儒以孝为百行之本，佛以孝为至道之宗"（智旭《灵峰宗论》卷七之一），甚至标榜自己比儒家还要尊崇孝道。 而从"善世教人"的道德教化作用相同以论证"儒所谓仁义礼智信者，与吾佛曰慈悲、曰布施、曰恭敬、曰无我慢、曰智慧、曰不妄言绮语"本质无异（契嵩《镡津文集》卷八），则更是佛教常用的方法。

在佛教积极向儒家伦理道德妥协调和的同时，佛教的伦理道德对中国传统的伦理道德也产生了重要影响。 例如佛教的平等观、慈悲心所表现的博爱精神就对中国传统的仁爱思想有进一步的丰富。 特别是宋代以后，佛教本着立足社会、发展自身的需要，日益突出自身劝善化俗、伦理教化的社会功用，其突出的表现之一即是佛教劝善书在民间的广泛流行。 佛教劝善书是佛教经论之外的劝善化俗形式，如感应书、志怪小说、变文、宝卷等，其面向的对象主要是普通大众，多采用大众喜闻乐见的文学形式。 佛教劝善书的思想基础主要是佛教的善恶报应理论，对传统儒家、道教的伦理思想也有广泛的吸收。 佛教劝善书一方面向广大民众宣传佛教思想，另一方面又充分发挥佛教自身劝善化俗、扶助王化的作用。 佛教劝善书自佛教传入中土始，从最初的感应书、六朝志怪小说，到隋唐时期的俗讲、俗唱、变文，再到宋元以来的

"宝卷"、功过格，本身经历了一个发展流衍的过程。

"宝卷"是由唐代寺院中的"俗讲"演变而来的，是一种以佛教经籍故事为题材，宣扬善恶果报的劝善书。 "宝卷"主要是佛门僧人面向大众讲说经典的文字稿，它以白话的形式，讲唱佛教的因果报应论及佛教的劝善故事。 从其宣传的内容而言，主要是劝人孝顺父母、吃素行善、念佛修行，等等。 "宝卷"是佛教面向世俗发挥自身劝世化俗、伦理教化功用的重要形式。

佛教功过格最初源于道教，明代云谷禅师、云栖袾宏从佛教的伦理观念出发，对带有道教色彩的功过格思想作了改造，完成了佛教功过格的重新删定。 佛教功过格从佛教的伦理观念出发，吸收儒家、道教的伦理思想内容，通过对自身的言行予以善恶功过的分类、评分，策励自己去恶行善。 填写功过格，必须逐日登记自己所做的善事恶事，并予打分，一月一小计，一年一大计，年终将功折过，余额即为本年所得功数，具有很强的可操作性。

从"宝卷"、功过格等熔佛教伦理与儒道伦理于一炉的劝善书在民间的流行，可以看到佛教对传统伦理和社会生活的影响和渗透。

第六章　明清佛教的衰落与世俗化

　　明清时期，中国佛教的发展几乎完全处于停滞阶段，不但失去了隋唐时期的蓬勃生气，而且由于宋儒援佛入儒，吸取了佛教的思辨精华，使佛教在三教融合的趋势中日益减弱了它本身独立存在的价值，许多宗派都是名存实亡，仅存形式而已。而在另一方面，由于佛教与传统文化的不断融合，这个时期的佛教已经潜移默化地渗透到了中国社会文化的各个方面，特别是在与民间信仰的结合中，与民俗进一步调和，使佛教的某些教义更深入人心，具有了更广泛的社会基础。这个时期的佛教教理基本上没有什么发展，只是在一些居士中兴起了一股研究佛学的风气，形成了这个时期佛教的一个特点。

一、衰落中的明清佛教

　　明清之时，官方的正统思想是儒学（理学），帝王已不像南北朝隋唐时期那样崇佛佞佛了，但各代统治者对佛教基本上仍采取了利用的政策，只是利用的方法时有不同而已。 另一方面，佛教的发展也与帝王政治有割不断的联系，正是由于封建社会的日益衰落，佛教才随之式微不振。

明王朝建立以后，统治者主要推崇的是正统儒家思想。 明太祖朱元璋曾对他的臣下说，他要用儒家的思想来治理国家。 但与此同时，明王朝对于佛教也是加以利用的。 鉴于元代过分崇奉喇嘛教的流弊，明王朝主要支持汉地传统的佛教，使禅、净、天台、华严等宗派都有所恢复和发展。 不过，出于政治上的需要，明王朝对喇嘛教也仍然给予了足够的重视，特别是对喇嘛大行封赏。 清代帝室最初接触到的佛教是藏传佛教，并对之加以崇奉和利用。 雍和宫即是清政府在京城里建立的喇嘛教总寺院。 顺治年间，达赖喇嘛五世应请入京，受到清政府的册封。 清政府对汉地佛教也是支持和利用的。 例如清世宗雍正帝与佛教的关系就十分密切，他既从喇嘛章嘉国师参学，又常与禅僧往来，并自号圆明居士，编撰了《御选语录》十九卷和《御制拣魔辨异录》八卷等，以禅门宗匠自居，"护持佛法"。 他还大力主张儒佛道三教一致、佛教各宗一致、禅门各家一致，并提倡念佛，对近代佛教的发展产生很大影响。

中国社会发展到明代，专制主义的中央集权得到了进一步的强化。与此相应的是，明代的僧官制度和对佛教的管理也空前严密。 为了更好地利用佛教，明王朝不断地加强着对佛教的整顿与统制。 入清以后，清政府的佛教政策几乎都继承了明代的政策。 在僧官制度方面，清代仿明旧制，在中央和地方普遍设立寺僧衙门，掌管佛教事务，所有僧官的职别名称，都与明代无异。 对于僧人的出家和寺庙的建立，也有一定的限制，甚至规定了僧人的服装颜色。 政府曾禁止京城内外擅造寺庙佛像，也不许私度僧尼，出家者一律由官方发给度牒，但并未能严格实行。随着人口的增加，私度僧尼人数也一直有增无减。据估计，至清代末年，全国约有僧尼八十万人（太虚《整理僧伽制度论》）。

明清时期的佛教理论没有什么新的发展，佛教宗派除禅宗之外，大多数也是仅存余绪，但这个时期的佛教著述仍大量出现，经藏的刻印也在中国佛教史上有一定的地位。

从佛教宗派来看，中国佛教自宋代以来诸宗之间就不断趋于融合。明清时期，大多数宗派都已徒有其名，谈不上自立门户的独立发展，只有禅宗和净土思想仍在社会上传播，但也缺少了过去的那种生机。不过，其影响仍然不可忽视。

禅宗作为这个时期佛教各宗中最盛行的一个宗派，不仅有大量灯史语录问世，而且还出现了相当一批比较著名的禅师，分别传禅于大江南北。在这个时期，沩仰、云门与法眼三家均已不传，只有临济与曹洞两系，仍维持着一定的规模，其中又以临济为盛，但若就思想方面而言，曹洞似乎要略胜于临济。至于净土宗，自宋元以来，净土法门就已成为佛教各宗的共同信仰。明清时期就更是如此。天台宗、华严宗等在整个明清时期，都只能算是勉强维持，在教理上并没有什么发展，律宗也是相当衰微。只有唯识宗比较特殊，唯识宗在明初几成绝学，明清之间虽传承不绝，总体比较消沉。直到清末，它才在一些居士和知识分子中间重新得到"复兴"。

二、三教合一与明代四大高僧

明清时期，儒学为主导，佛道相辅助，三教在融合中合一，这仍然是儒佛道三教关系的总趋势。明代最有影响的四位佛教大师，即并称为明代佛教四大家的云栖袾宏、紫柏真可、憨山德清、蕅益智旭，他们的思想各具特色，但都反映了这个时期佛教内部以及佛教与儒、道趋于融合的基本特点。

宋代兴起的新儒学发展到明清时期，仍然不断地对佛道思想加以融合吸收。"三教合一"的思潮在儒家中也在继续发展，心学大家王阳明就曾明确地说，佛道二教与儒家学说在许多方面都是一致的。 这个时期，道教方面的"三教合一"思潮也十分流行。 明初著名道士张三丰开创的武当道派，其教义的主要特点就是融合三教思想，主张三教合一。 明清时的道教，不仅在理论上融合三教思想，而且将三教合一的思想融入修行炼丹。 佛教在明清时期也仍然继续着唐宋以来内外融合的趋势，"三教合一"成为名僧禅师的共同主张。 例如明末清初的禅师元贤是从程朱理学转而学佛参禅的，因而他吸收了理学的思想，提出了"三教一理"、"理实唯一"的主张。 这种三教同归于一"理"的思想，显然受到了宋明理学的深刻影响。 这从一个侧面反映了宋明理学成为封建正统思想以后，佛教对宋明理学的迎合。 而明代四大高僧的思想，也同样体现出了在强大的新儒学面前，佛教进一步内外融合的发展趋势。

云栖袾宏（1535—1615），自号莲池，晚年居杭州云栖寺，故世称莲池大师或云栖大师。 他归心净土而又兼重禅教律，并在"极力主张净土，赞戒、赞教、赞禅"的同时，大力主张儒佛道三教一致论，强调三教"理无二致"、"三教一家"（《云栖法汇·手著》第六册）。 由于袾宏思想的调和性与兼融性，他受到了佛教内外的普遍推崇。 净土宗推他为"莲宗第八祖"，华严宗则以他为圭峰宗密下第二十二世，"天下名公巨卿"也都倾心师事之。 他的弟子很多，次第及门问道者成百上千，其中又以居士为多。

紫柏真可（1543—1603），字达观，号紫柏。 在思想上，他对佛教各宗和儒佛道三教也采取了调和的态度。真可认为，就教而言，法相宗与法性宗应该是融通为一的；就禅与教而言，传佛语而明佛心，传佛心而无违佛语，禅宗与教门各派也是一致的。真可自己虽以禅为重，但他对天台、华严与唯识等教义也是颇有研究的，均有专著存世。对于儒、佛、道，真可也强调三教一致、三教同源，认为儒佛道三教"门墙虽异本相同"（《紫柏尊者别集》卷一）。

憨山德清（1546—1623），字澄印，号憨山。他的思想涉及的内容十分广泛，师承不拘于一人一家，学说不拘于一宗一派，是一个禅教并重、禅净双修的禅宗僧人。在教理上，德清较重华严，主张禅与教的融合。他曾强调，性相二宗，同出一源；禅教二门，同归佛心；性相、禅教是本无差别的。据此，他大力倡导"性相双融"、禅教并重。在以禅会教的同时，德清还主张禅净双修，认为参禅念佛是相资为用、无二无别的。德清在佛教内部主张禅教一致、禅净双修的同时，对外也大力宣扬儒、佛、道三教合一，特别是援儒入佛，以佛释儒。他曾把三教说成是为学的"三要"，认为"为学有三要：所谓不知《春秋》，不能涉世；不精《老庄》，不能忘世；不参禅，不能出世。此三者，经世、出世之学备矣"（《憨山老人梦游全集》卷三十九）。

蕅益智旭（1599—1655），字振之，晚称"蕅益老人"。智旭在思想上追随袾宏、真可与德清，"融会诸宗，归极净土"，同时又主张儒佛道三教合一。智旭对于戒律特别重视，主张禅教律三学统一。智旭对戒律的强调是针对当时禅门的堕落败坏情况而言的，同时也反映了他禅教律兼重的思想特色。智旭在调和儒佛道三教方面也是颇有特色的。他曾以"自心"为三教之源，认为"本心不昧，儒老释皆可也"（《灵峰宗论》卷二之三）。

三、佛教的世俗化发展

明清佛教在内外融合的同时，世俗化也在进一步发展。 佛教思想与民间信仰的结合，佛教节日与民俗的打成一片，成为明清以来中国佛教发展的基本特色。

佛教传入中国以后，很快与中国自古以来盛行的灵魂不灭观念结合在一起，人死灵魂转生，根据生前所行善恶，或生天上受诸乐，或下地狱受众苦，成为中国广大的佛教徒甚至一般民众信奉的主要宗教观念之一。 基于这样的宗教观念，中国自古以来民间信仰的鬼神、民间进行的祭祀活动和民间宗教的派别也有了新的变化。 对上天鬼神的信仰和崇拜以及对祖先神灵的敬畏和祭祀，一向在中国人的思想意识中和社会生活中占有极重要的地位。 自佛教传入以后，随着净土信仰的传播，支配并操纵一切的上天、上帝的形象逐渐与大慈大悲的佛、菩萨相融合，抽象的"天上"这一概念也为越来越生动具体的佛国天堂所取代，以至于后来的道教又融合吸收佛教的思想而有了一个总管三界、十方、四生、六道一切祸福的崇高天神"玉皇大帝"及其治理下的天堂世界。在一般民众那里，求上帝保佑，这个"上帝"往往是同时兼有儒佛道三教信奉对象之特征的；希冀死后升天，这个"天"也并不对"西天佛国"或道教"天宫"作什么具体的区分，反正是远离现实的苦难世界而高高在上的无比美妙的天国胜境。 民间信奉的诸多神灵，既有天公上帝、先圣先祖，又有城隍土地、佛祖菩萨，而在大多数信奉者的心目中，这些神灵在根本上是没有多大区别的，祭神拜佛，就能免灾消难，求得福祥。 明清以后，佛教、道教和传统的民间信仰就更是融合在一起，形成了佛、道神灵并祀的有趣景象。

佛教对中国民间的鬼神信仰及其祭祀活动都产生了很大的影响，这在民间的菩萨信仰和烧香拜佛活动中有突出的表现。 在中国，四大菩萨（文殊、观音、普贤、地藏）及其显灵说法的四大名山（五台、普陀、峨眉、九华）几乎家喻户晓。 明清以来，四大名山成为佛教徒烧香朝拜的主要圣地，四大菩萨则成为善男信女祈祷膜拜的主要对象。 每逢佛菩萨的诞辰、成道等纪念日，前往进香礼拜的信徒成群结队，"朝山进香"成为中国民间特有的一种宗教习俗。 在四大菩萨中，观音菩萨的形象更是深入人心。 因为据说众生若有难，只要诵念观音的名号，大慈大悲的观音菩萨就会"观其音声"而前往解救。 发展到后来，观音菩萨不仅救苦救难，而且还会显灵送子、有求必应，因而在民间更受到了普遍的信仰。 许多地方每逢农历二月十九日观音菩萨的诞生日都要举行盛大的观音庙会以示纪念，形成了与民间信仰相结合的民俗和宗教节日。

佛教对中国的民间宗教也有很大影响。 在隋唐以前，从佛教异端中就分化出了弥勒教、大乘教等一些民间教派。 隋唐以后，中国民间宗教趋于活跃，特别是明清时期，随着佛教的世俗化发展，与佛教相关联的民间宗教派别也大量涌现。 例如明正德年间（1506—1521）由罗清创立的罗教，这是一个以佛教禅宗教义为思想核心的民间宗教。 该教在明清时曾广泛流传于华北和江南地区，并延及赣闽和台湾等地，具有较大的社会影响。 宋元时作为佛教净土宗一个派别的"白莲宗"，入明以后受罗教的影响逐渐演化为民间秘密宗教"白莲教"，并形成了红阳教、无为教、黄天教、八卦教等上百种教派，流传极为广泛，常被明清时的农民起义所利用。 因此，佛教传入后通过民间宗教而对社会发生的影响是非常值得重视的。

佛教传入以后对中国民俗的影响也是十分巨大的。 佛教因果报应、轮回转生的教义使烧香拜佛、许愿还愿、布施斋僧、为死者做法事、请僧人念经超度亡灵、遇事到庙里去磕头甚至在家拜菩萨等在许多地方都成为民间的一种习俗。佛教的饮茶、素食、提倡"放生"、死后火葬等也对中国的民俗产生了一定的影响。而佛教的节日对民俗的影响尤其显得突出。中国佛教的许多节日一方面是受传统民间习俗的影响而形成，另一方面它也反过来给予传统习俗以深刻的影响。在中国，许多佛教节日都与民间习俗有着密不可分的联系。在诸多的佛教节日中，对中国民俗影响较大的，除了前面已经介绍过的佛诞节、盂兰盆节之外，还有腊八节和泼水节等。

腊八节也是佛教节日与传统节日相结合而形成的一个民间的重要节日。"腊"在中国古代本为祭名，在阴历十二月间进行，故阴历十二月亦称"腊月"。每年腊月初八为腊祭百神之日，称"腊日"。佛教传入中国以后，汉族地区皆以腊月初八为释迦牟尼的成道日。为了纪念释迦牟尼的成道，寺院在腊月初八这一天常举行诵经活动，并效仿佛成道前牧女献乳糜的传说，取香谷和果实等熬粥供佛，名"腊八粥"。《百丈清规》卷二中说："腊月八日，恭遇本师释迦如来大和尚成道之辰，率比丘众，严备香花灯烛茶果珍馐，以申供养。"僧人在腊八节吃腊八粥的习惯后传入民间，演化为一种民间习俗。自宋代以后，每年腊月初八，民间都要吃腊八粥以示吉祥如意，并有欢庆丰收之意。宋代孟元老的《东京梦华录》卷十记载说："（腊月）初八日，街巷中有僧尼三五人，作队念佛，以银、铜、沙罗或好盆器，坐一金铜或木佛像，浸以香水，杨枝洒浴，排门教化。诸大寺作浴佛会，并送七宝五味粥与门徒，谓之腊八粥。都人是日各家亦以果子杂料煮粥而食也。"南宋周密的《武林旧事》卷三中也说："（腊月）八日，则寺院及家人用胡桃、松子、乳蕈、柿、栗之类作粥，谓之腊八粥。"关于腊八粥的做法，清代富察敦崇所撰的《燕京岁时记》中有更为具体的记载："腊八粥者，用黄米、白米、江米、小米、菱角米、栗子、红豇豆、去皮枣泥等，合水煮熟，外用染红桃仁、杏仁、瓜子、花生、榛穰、松子及白糖、红糖、琐琐葡萄，以作点染。"腊八节吃腊八粥的民俗至今仍在民间广为流传。

泼水节是信仰上座部佛教的云南傣族的新年节日。根据上座部佛教的说法，公历四月十五日是释迦牟尼的诞生日、成道日和涅槃日。傣族人民在公历四月中旬的三五天内欢度他们的新年佳节时，往往是男女老幼皆沐浴盛装来到寺院，在寺院围墙四周堆沙造塔，并围塔而坐，聆听佛爷念经，然后抬一尊佛像至院中，为之泼水，称"浴佛"。接下来，人们便互相泼水，以示送旧迎新，并祝福平安快乐。青年男女更是兴高采烈地走上街头，欢快地泼水嬉戏，并边歌边舞，把泼水节推向高潮。在节日期间，还举行赛龙船等多种庆祝活动。泼水节是傣族一年中最盛大的传统节日。其他如布朗族、德昂族和阿昌族等信奉上座部佛教的地区也都过这一节日。

四、居士佛教的兴起

佛教在明清时期从总体上看比较衰落，没有什么大的发展，特别是佛学研究方面比较消沉，没有大的理论突破。但值得注意的是，这个时期在居士中却出现了一股研究佛学的风气，并形成了某些特点，对明末和清代佛教的一度复兴起着很大的作用。

所谓居士，即受过"三归"（又称"三皈依"，即皈依佛、法、僧三宝）、"五戒"（即不杀生、不偷盗、不邪淫、不妄语、不饮酒）的在家佛教徒。男居士又称"优婆塞"，女居士则称"优婆夷"。在释迦牟尼时代，就有不少在家修行的佛教信徒；大乘佛教兴起以后，在家的佛教徒就更多，维摩诘就是一个著名的居士。在中国，自佛教传入

以后，著名的居士也代不乏人。 明清时期，在家居士的研究佛学更是
成为重要的社会文化现象。

居士佛教的兴起，在明代就已令人瞩目。 明代文学家宋濂、袁氏
三兄弟、思想家李贽、焦竑等都是著名的佛教居士，他们不仅信佛研
佛，而且都留下了佛学方面的专著。 宋濂（1310—1381），明初翰林学
士，官至学士承旨知制诰，对佛学也很感兴趣，曾三阅大藏经，并撰有
高僧塔铭等 39 篇，后被辑为《护法录》，成为元末明初佛教史传的重
要资料。 袁氏三兄弟，即袁宗道、袁宏道和袁中道，三人并有才名，
时称"三袁"。 三袁皆好佛，且都"向心净土"。 特别是袁宏道
（1568—1610），自号"石头居士"，"少志参禅"，后"归心净土"，
所作《西方合论》在佛教界曾产生十分广泛的影响。 李贽（1527—
1602），早年习儒，晚年信佛，尤好禅宗，思想深受王阳明和佛教禅宗
的影响，著作很多，佛教方面的有《文字禅》、《净土诀》、《华严合
论简要》等。 其反正统、反权威的思想倾向和批判精神，在中国思想
史上影响相当深远。 焦竑（1540—1620），万历进士，长于文字，与李
贽往来论学而归心于佛法，认为"佛学即为圣学"（《明儒学案·泰州
学案四》）。 其佛学方面的著作有《楞伽经》、《法华经》和《圆觉
经》的《精解评林》各两卷。 其他如《指月录》的作者瞿汝稷和《佛法
金汤录》的作者屠龙等，也都是明代的著名居士。

清代佛教界的佛学研究仍十分萧条，在家居士的研佛弘佛成为这个
时期佛教的主要支柱。 大思想家王夫之（1619—1692）在广泛研究天
文、地理、历法、数学、特别是经学、史学等的同时，也涉猎佛学，曾
著有《相宗络索》和《三藏法师八识规矩论赞》等，开了清代在家研佛
的先风。 紧接其后的著名居士有宋文森、毕奇、周梦颜和彭绍升等，
其中尤以彭绍升影响为最大。 彭绍升（1704—1796）因读《紫柏全集》

等而信奉佛法，精于禅学，特别归心净土，思想上主张儒佛一致、禅净融合。著述很多，其所作的《居士传》56 卷，广泛引用史、传、诸家文集、诸经序录、百家杂说，记载了东汉以来在家奉佛的居士 312 人的事迹，其中有不少政治家和文人，不仅保留了大量的资料，而且从中可以看到各时代居士信仰的趋向与变化，因而在中国佛教史上有一定的参考价值。《居士传》仅限于收录男性人物，关于在家女居士，彭绍升另作有《善女人传》一卷。

清代影响最大的佛教居士乃是创办了金陵刻经处的杨文会。杨文会（1837—1911），少时博学能文，兼通黄老庄列之书。二十七岁时于病中读《大乘起信论》而对佛教产生信仰，后一心学佛，并立志搜求佛经，刻印流通。清同治五年（1866），与同志者十余人募捐集资，在南京创立了金陵刻经处。光绪三十三年（1907），他在刻经处设佛教学堂，名"祇洹精舍"。杨文会之学以"教在贤首，行在弥陀"为宗旨，对净土、华严、禅宗、唯识和因明等都很有研究。他十分推崇《大乘起信论》，并调和性相二宗。在宗教实践上则归心于净土，倡导"念佛往生净土法门"。同时，他又融会儒佛，认为孔子与佛并无二致。其著述很多，金陵刻经处曾编成《杨仁山居士遗著》十册流通于世。

杨文会对近代佛教的贡献主要并不在他的佛学研究而在他的刻经事业。在他一生所从事的佛教活动中，用力最勤的也就是编刻佛经，而为了刻经流通所创办的金陵刻经处，则对近代佛教的复兴产生了极大的影响。金陵刻经处是一个编校刻印并流通佛典的佛教文化机构。杨文会设法通过日本的南条文雄搜集到了许多中国久已失传的经疏共"三百余种"，从中选择了部分刻印流通，并编入《大藏辑要目录》。《大藏辑要》是他为了方便学者"随时购阅"而编的，原计划陆续雕印大小乘佛典 460 部、3320 卷，可惜尚未刻全，他即逝世，在他生前仅出版了两千余卷。 杨文会以后，欧阳竟无继续主持刻经事业，并在刻经处附设了佛学研究部。 金陵刻经处现存有各种经版十五万余块，仍在从事着佛经的刻印与流通业务。

杨文会一生"弘法四十余年，流通经典至百余万卷，印刷佛像至十余万张"（《杨仁山居士事略》），对佛学在近代的复兴起了很大的推动作用。 他在金陵刻经处创办的"祇洹精舍"虽然由于经费等问题不久即停办，但它开了此后各地创办佛学院的先风，对近代佛教的复兴影响也是巨大的。 杨文会的弟子很多，其中的佼佼者有僧人太虚和居士欧阳竟无等，著名学者章太炎、谭嗣同等也都是他的学生。 学者和居士研佛，并有所成就，遂成为近代佛教史上的一大特色。

第七章　近代佛教在衰落中的革新

　　中国佛教在近代出现了一些与以往不同的新特点。 一方面，中国化的佛教潜移默化地渗透到了社会生活和文化的各个领域，特别是与民间信仰和习俗融合在一起，而作为一种相对独立的文化形态，却十分衰落；另一方面，许多忧国忧民的志士仁人在民族危亡之秋力图到佛教中去寻求救国救民之道和变革社会的精神动力，从而促进了佛教文化的一度复兴，而由于西学的东渐，许多思想家的佛学思想又明显地打上了西学的烙印。 一些教门中的有识之士有鉴于教门的衰落而发起的佛教改革运动更是形成了这个时期佛教文化的基本特点。

一、佛教的衰落与佛教文化的复兴

　　近代佛教与近代中国社会密切相连，它既是传统佛教的延续，又带有显著的新时代的特征。 由于近代中国社会的风云变幻和民族的多灾多难，传统佛教在近代明显地衰落了，然而也正是近代中国社会的现实，刺激了近代佛教文化的复兴。

清代自嘉庆、道光以后就国势衰落，中国封建社会在洋枪洋炮和外国资本主义的侵入下逐渐开始解体，长期以来与封建社会大致相适应的传统佛教也呈现出一片衰败的景象。晚清政府对佛教采取了比较严厉的限制政策，太平天国运动更是使佛教寺院遭到了一定程度的破坏，再加上佛教自身的堕落，传统佛教几乎奄奄一息。清末杨文会等积极从事的佛教文化事业，虽未能挽回传统佛教的颓势，却开了近代佛教复兴的先声，使面临生死存亡的中国佛教出现了一丝新的转机。

近代佛教的衰落表现在教理荒芜、教制松弛和教产攘夺等许多方面。在教理方面，近代佛教在走向民间与世俗信仰相融合的同时也日趋与鬼神迷信等群众的落后观念相结合，修行求解脱的佛教逐渐演化为专事各种忏法、专做各种法事以求福消灾或超度亡灵的佛教，一些僧尼甚至从信奉佛教转为以佛教为谋生的手段，因而也就谈不上对佛教做理论上的探索了。在教制方面，佛教存在着滥剃度、滥传戒、滥住持的所谓"三滥"的严重状况，许多僧尼不守戒律，徒有出家之名而无学佛修行之实，有的甚至游手好闲，生活腐化，教团中门户之见也相当严重。在教产方面，近代以来，各地寺院虽然仍有较为厚实的经济基础，例如镇江金山寺、常州天宁寺等都有良田上万亩，但鉴于当时佛教的衰败无用和少数住持占寺产为己有，各地侵占寺产的事件时有发生，主张"庙产兴学"的极端排佛运动更使佛教生存的基础发生了动摇。清代末年，湖广总督张之洞就提出没收各地佛寺的财产以兴办"中学为体，西学为用"的各种新式学校，民国时期也不断有人提出划拨庙产以振兴教育的主张，寺产的被侵夺使奄奄一息的佛教更趋衰落。

面对佛教的种种衰败景象，许多佛教界人士大声疾呼革新佛教，并结合时代的需要而为振兴佛教做出了不懈的努力。太虚法师早年从杨文会学佛，又受到革命学说的影响，立志以"佛化救国救天下"，发起了近代佛教的复兴运动。敬安、月霞和谛闲等也都对近代佛教文化的复兴做出了各自的贡献。欧阳竟无等一批居士佛教学者在其中所起的作用更是令人瞩目。而谭嗣同和章太炎等重要思想家出于变法或革命的需要而对佛学的研究和阐扬也在客观上大大推动了近代佛教的复兴运动。

近代佛教文化的复兴，概括起来看，主要表现在：不仅佛教僧侣和居士研习佛学，而且许多有影响的思想家和革命家也都致力于佛学研究，有的甚至把佛学作为自己思想体系的重要理论来源或主要理论依据；在杨文会创办的金陵刻经处的影响下，全国各地纷纷成立了刻经处或佛经流通处，佛书大量出版，佛经重新流通，我国第一部铅字版的佛教大藏经《频伽藏》也于1909年在上海付印；各种类型的佛学院在南京、上海、武昌、厦门、北京等地先后创办，为近代佛教事业培养了一大批僧伽和佛学研究人才；"中华佛教总会"、"居士林"、"三时学会"等各种佛教组织和佛学研究团体大量涌现，一些佛教团体所办的学校、医院等社会慈善事业也有相当的发展；《海潮音》、《内学》、《佛学丛报》和《佛教月报》等百余种佛教刊物如雨后春笋般地在全国各地出版，这些或日报、周刊、旬刊，或月刊、季刊、年刊的各类佛教刊物，虽然出版发行的时间有长有短，但都从一个侧面反映了佛教文化事业的发展，并促进了近代佛教的复兴；汉藏佛教文化在近代有进一步的沟通，"汉藏教理院"等介绍或研究藏传佛教的机构先后成立，并出现了不少有关的著作和论文；中外佛教文化的交流在这个时期也相当活跃，许多僧人前往印度、日本、斯里兰卡等地求法学佛，回国后介绍这些国家的佛教情况，传译在各国流传的各种经典著述，从而促进了中外佛教文化的交流；佛教文化作为中国传统思想文化的重要组成部分逐渐为学者所重视，佛学开始进入大学课堂，并在中国哲学史和中国学术思想史的研究中占据了一席应有之地。

佛教文化在近代得以复兴，与不少思想家面临"中国向何处去"的问题而力图从佛学中寻找政治变法或社会革命的思想武器有密切的关系，与佛教本身强调"无我"、"无畏"、重视"度人"和主体精神的作用等特点也有很大的关系，特别是佛教"万法唯识"的理论可以被改造发挥为在变革社会的过程中高扬自我意识，充分发挥人的主观能动性。因此，在近代复兴的佛学中法相唯识学成为最突出的显学，而面向现实社会人生的人间佛教则成为近代佛教文化思潮的主流。

二、太虚与佛教革新运动

近代中国佛教的复兴与佛教的革新运动有密切的关系，近代中国佛教的发展及其特点与人间佛教也紧密相连，而佛教革新运动与人间佛教的提倡和推行，都与近代佛教史上的著名高僧太虚法师的努力分不开。

太虚（1890—1947），俗姓吕，本名淦森，出家后法名唯心，以字行世。1908 年在南京从杨文会学佛，次年随敬安参加江苏省僧教育会。1911 年赴广州宣扬佛法，任白云山双溪寺住持，并在广州组织僧教育会。1912 年，在南京创设中国佛教协进会，协进会后并入以敬安为会长的中华佛教总会。1913 年，敬安去世，太虚在追悼会上提出革新佛教的口号，并撰文倡导佛教复兴运动。1922 年在湖北创办武昌佛学院。1924 年，在庐山发起召开世界佛教联合会。1928 年，在南京创设中国佛学会，并赴欧美弘扬佛教，在巴黎时发起筹组世界佛学苑。这是近代以来中国僧人首次去欧美传播佛教，影响很大。1929 年回国后积极从事世佛苑和世佛苑图书馆的筹建，并于 1931 年在四川创办汉藏教理院。1943 年组织中国宗教徒联谊会。抗战胜利后，曾担任中国佛教整理委员会主任。 1947 年病逝于上海玉佛寺。

太虚一生致力于佛教文化的复兴，他主张改革僧制，培育僧才，提倡人间佛教，并精研佛理，写下了大量的佛学论著。 他的佛学思想的重要特点之一是融会各宗学说，他曾专门写了《佛教各宗派源流》一书，会通空有、性相各宗各派，认为对大乘八宗应该平等看待。 他特别对法相唯识学有独到的体会和见解，例如针对欧阳竟无"法相、唯识为两种学"的观点，他反复强调了"法相必宗唯识，唯识即摄法相"，认为法相和唯识是一种学而非两种学，从而形成了近代法相唯识学研究中与欧阳竟无为代表的观点相并列的两大思潮之一。 太虚虽然著作等身，但他自己说过，研佛的主要目的在于"自修化他"、有志于"振兴佛教，觉人救世"，所以他并没有一头扎进佛书中不出来，而是以更大的热情投入到了近代佛教的革新运动中去。

近代佛教的衰落，原因是多方面的，而佛教内部的腐败堕落是极重要的原因之一。 针对这种情况，当时许多深受近代以来革命思想影响的思想家、僧侣和居士都大声疾呼革新佛教。 欲以"佛化救国救天下"的太虚更是立志"根据佛教的真理，适应现代的国家和社会，使颓废的佛教复兴起来"。 他于 1913 年在上海佛教界举行的敬安追悼会上，正式提出了教理、教制、教产"三大革命"的口号，号召重视人生。 其后数年内，他又写了《整顿僧伽制度论》等许多重要的文章，补充和完善自己的佛教革新思想，并提出改革佛教的具体主张，倡导建立新的僧团制度，推进"佛教复兴运动"，这在佛教界引起了极大的震动，并对近代佛教的发展产生了深刻的影响，太虚本人也因此而成为近代佛教革新和复兴运动的领袖人物。

所谓佛教的"三大革命"是指：（1）教理革命，即革除佛教中的鬼神祸福等落后思想，反对专作死后问题的探讨，主张多研究现世人生，提倡发扬大乘佛教自利、利他的精神，以"五戒十善"①为人生的基本道德，并以此来指导人生，改善国家社会的政治经济，建设人类互敬互爱的社会制度，如果要发愿成佛，须先立志做人，人成即佛成，把佛教从"神教"、"鬼教"和被帝王用作愚民的工具中解放出来。（2）教制革命，即改革僧众生活制度，建立适应时代发展的现今中国社会需要的新的现代僧伽制度以取代过去的丛林制度，打破佛教内部旧有的深受封建宗法制影响的宗派制和子孙制，改传承制为选贤制，提倡僧团之间的互助互爱，共弘佛法，提倡奉行"六和敬"，即见和同解、利和同均、身和同住、口和无诤、戒和同修、意和同悦。（3）教产革命，即把为少数住持独占的佛教寺院财产变为十方僧众共同所有，打破深受封建宗法制影响的本山本宗法脉继承寺院遗产的私占私有制，把佛教财产用于供养有德长老、培育青年僧侣以及兴办僧伽教育。

太虚提出的佛教革新主张，在当时得到了广大僧众的支持，但也遭到了一些守旧派的反对，虽然太虚革新佛教的主张有些并不十分适合当时社会的实际情况和实际需要，他自己后来也改变或放弃了某些主张，但不可否认，他提出并致力于推行的佛教革新运动在近代佛教发展史上影响是巨大的，对近代佛教的复兴也起过十分重要的积极作用。

三、人间佛教的提倡及其历史影响

太虚倡导的佛教革新运动虽然没有取得完全的成功，但佛教革新运动所提倡的人间佛教的基本精神却对近现代佛教发展的走向产生了深远的影响。

---

① 五戒：不杀生，不偷盗，不邪淫，不妄语，不饮酒。十善：不杀生，不偷盗，不邪淫，不妄语，不两舌，不恶口，不绮语，不贪欲，不瞋恚，不邪见。

太虚在倡导佛教革新、推动佛教复兴的过程中，曾写下了许多文章并发表了大量的讲话，积极提倡建设人间佛教。所谓"人间佛教"就是在人间发扬大乘佛教救世度人的精神，多关注现生问题，多研究宇宙人生的真相，致力于推动人类的进步和世界的改善，建设人间净土。太虚在《怎样来建设人间佛教》一文中对什么是人间佛教作了这样的说明："人间佛教，是表明并非教人离开人类去做神做鬼或皆出家到寺院山林里去做和尚的佛教，乃是以佛教的道理来改良社会、使人类进步、把世界改善的佛教。""人间佛教，并非人离去世界，或做神奇鬼怪非人的事。即因世人的需要而建立人间佛教，为人人可走的坦路以成为现世界转变中的光明大道，领导世间的人类改善向上进步。"这就是说，人间佛教必须革除旧佛教专言死后或鬼神之事、远离社会现实的弊端，以佛教的真精神面向社会，服务于人生。在太虚看来，佛教是有助于现实人生的，只有可以"发达人生"而不是远离人生或脱离人生的才是佛教的真精神。

在提倡人间佛教的时候，太虚特别强调了建设人间净土。他认为，当下的人世间确实是不完美的，但这并不意味着必须离开这个恶浊之世而另求清净之世，相反，人们应该努力改造这个不完美的世界，致力于在人间创造净土。他强调，净土是要人创造的，把当下不完美的人间创造成净土是可能的。他在《建设人间净土论》中曾说："遍观一切事物无不从众缘时时变化的，而推原事物之变化，其出发点都在人等各有情之心的力量。既人人皆有此心力，则人人皆已有创造净土本能，人人能发造成此土为净土之胜愿，努力去作，即由此人间可造成为净土，固无须离开此龌龊之社会而另求一清净之社会也。质言之，今此人间虽非良好庄严，然可凭各人一片清净之心，去修集许多净善的因缘，逐步进行，久之久之，此浊恶之人间便可一变而为庄严之净土，不必于人间之外另求净土，故名为人间净土。"

从太虚的反复论证中我们可以看到，他所积极倡导的建设人间佛教、人间净土，就其实质而言，就是要把佛教的出世法与世间法更加紧密地结合起来。 太虚一方面为使佛教适应新时代新潮流而依佛法契理契机原则大力倡导人间佛教，要求服务于社会，建设好国家，把中国佛教的入世精神推向了一个新的阶段，另一方面又提出要能在人生的道路上进一步依佛的教法去信、解、行、证，以超越生死苦海的厄难。 太虚认为，如果能面向人生，服务社会，又能"进德修道"，依佛法修习，那么就达到"自他两利"、既做人又成佛了。

太虚倡导的人间佛教，在当时就引起强烈反响，虽然在他那个时代难以建设人间净土，但这对近现代中国佛教的发展却产生了极其深刻的影响。 太虚以后的中国佛教可以说正是一步步逐渐走上了人间佛教的道路。 特别是 20 世纪 60 年代以来在台港地区兴起的新型佛教团体和佛教文化事业，均以面向现代社会和人生为主要特征，以创办新式教育、融贯现代科学文化精神、借助现代传播手段来弘法传教，努力契合现代人的心理和精神需要，关注人生，服务于社会，并在顺应时代的不断除旧创新中赋予佛教以新的活力，开拓佛教在现代社会发展的新途径。 中国内地的佛教在改革开放以后的历史新时期也正在提倡人间佛教的思想以期自利利他，实现人间净土。 由此，绵延两千年之久的中国佛教走上了新的发展道路，开始了新的历史进程。

第八章　佛教在少数民族地区的传播

佛教传入中国社会以后，因与不同的民族文化相结合而形成了不同的佛教文化传播系统。中国佛教的主流虽然是汉地佛教，但佛教在少数民族地区也有传播，并对这些地区的社会和文化产生了不同程度的影响。少数民族地区的佛教，流传最广的是藏传佛教和云南上座部佛教，另外在云南、广西一些少数民族地区也有大乘佛教，它们都是中国佛教不可分割的重要组成部分。在漫长的历史发展过程中，藏传佛教和云南上座部佛教也形成了自己独特的发展史。

一、藏传佛教

藏传佛教是中国佛教中的一个重要分支，主要在西藏、青海、内蒙古等地区生活的少数民族中传播，在不丹、尼泊尔等国也有流传。

据史料记载，佛教最早传入吐蕃大约是在公元 5 世纪左右。但佛教大规模地正式传入吐蕃，则是在公元 7 世纪的松赞干布时代。松赞干布用武力统一了青藏高原的各个游散部落，建立了吐蕃王朝。随着国势的增强，吐蕃王朝与唐朝及周边地区的政治、经济和文化交流越来越普遍。松赞干布先后迎娶了尼泊尔的尺尊公主和大唐王朝的文成公主，并在两位公主的影响下信奉了佛教。为了供佛，吐蕃开始兴建寺庙，一些来自印度、尼泊尔和汉族地区的僧人与藏人开始合作翻译佛经，并在译经过程中创造了藏文。虽然这些藏文的佛经没有保留下来，但对当时佛教的传播所产生的影响还是值得重视的。此为藏传佛教"前弘期"之始。

然而，吐蕃地区原来就有崇奉自然神灵和重祭祀等为主要特征的本教。本教对佛教的传入进行排斥和抵制，佛本之争随着佛教在西藏的传播而日益激烈。松赞干布去世后，吐蕃王朝的领导权被信仰本教的贵族大臣掌握，佛教的发展进入了低潮。至赤德祖赞当权时，情况曾一度有所好转，汉地佛教再次流行于吐蕃，但不久又遭到了信奉本教的贵族大臣的强烈反对，赤德祖赞去世后，他们更发动了藏族地区的第一次禁佛运动。直到新即位的赤松德赞成年以后，才重新发展佛教，特别是请来了印度密教大师莲花生来弘传佛教，莲花生进藏后曾将众多的本教神祇收归为佛教的护法神，促进了佛本融合，也使佛教密宗进一步藏化。赤松德赞去世后，他的后继者也都热衷于发展佛教。在帝王的支持下，佛教逐渐替代了本教而成为藏人的主要信仰。但本教的势力依然存在，并伺机反佛。至朗达玛上台后，在一些反佛大臣的支持下，开始了西藏佛教史上的第二次禁佛运动。这次运动虽然只持续了四年，但却使藏传佛教的传播中断了一百多年。"朗达玛灭佛"标志着藏传佛教"前弘期"的结束。

朗达玛因灭佛而最终被人暗杀，其政权也因其两子争夺王位而陷于分裂。吐蕃王朝分为两支，相互交战，最终引发了一场奴隶平民大起义，导致了吐蕃王朝的崩溃，整个西藏地区的政治陷于混乱之中。直到 10 世纪后半叶，社会才逐渐稳定下来，融合了本教的佛教也随之重新得以传播，并正式形成了融合佛本二教、具有自身特点的藏传佛教，开始了藏传佛教的"后弘期"。在藏传佛教的形成发展过程中，应邀前来传教的印度著名僧人阿底峡做出了重要的贡献。阿底峡精通"五明"、深究密宗，他努力使藏传佛教的教理系统化，修持规范化，不仅克服了西藏佛教界内部的混乱，完善了佛教本身，而且大大地促进了佛教在西藏地区的传播，他也因此而被藏人尊称为"佛尊"。

11 世纪以后，藏传佛教有了很大的发展，一批寺院得以建立，《藏文大藏经》得以编纂，僧侣人数也急剧增加。随着历史的发展，藏传佛教也逐渐形成了一些显著的特点。例如：其一，以融合佛、本为重要特征；其二，以兼融大小二乘、显密二教为基本特色，并形成了先显后密的修行次第，以修行无上瑜伽密为最高次第；其三，藏传佛教中陆续出现了宁玛派、噶当派、萨迦派、噶举派和格鲁派等众多的派别；其四，建立了藏传佛教所特有的政教合一的寺院组织，著名的大寺往往既是佛教的活动中心，也是西藏的政治中心；其五，形成了灵魂转世的活佛系统，这成为藏传佛教中特有的宗教领袖传承制度。

15 世纪初，藏传佛教中的著名宗教领袖人物宗喀巴针对藏传佛教内部戒行废弛，僧人追求世俗财富、生活腐败等情况，大力倡导宗教改革。他依噶当派的教义，主张僧侣应当严守戒律，独身不娶，同时严格寺院组织和管理制度，不让贵族过多地干涉佛教内部事务，并著书立说，建构佛教理论体系。他所写的《菩提道次第广论》和《密宗道次第广论》，张扬显密二宗并重说，阐明先显后密的修行次第，对协调各派起到了积极作用。宗喀巴的宗教改革对藏传佛教的发展影响十分重大。其所创的佛教派别被称为格鲁派，格鲁意为善规，又称"新噶当派"。 由于其在拉萨附近建造甘丹寺为根本道场,也称甘丹寺派。 该派僧人都带黄色僧帽,故又俗称"黄教"。 格鲁派是藏传佛教中最后兴起的一个大教派,不但迅速取代各派而成为藏传佛教的主流,而且逐渐成为掌握西藏地方政权的教派,在西藏社会和文化的发展中占有举足轻重的地位。 明嘉靖二十一年(1542),格鲁派开始采用活佛转世制度,至清代,正式形成了达赖和班禅这两大活佛转世系统,达赖和班禅的"转世"都必须经过清政府册封。 至今,格鲁派依然是藏传佛教中最主要的教派。

藏传佛教不仅在我国西藏地区流行,而且在蒙古族、裕固族、门巴族、纳西族等地区也有传播。 藏传佛教在蒙古族地区影响极大,以至成了当地居民的主要宗教信仰,故也有学者把在蒙古地区流传的佛教称为蒙传佛教。 蒙古族原先信奉萨满教,13世纪初,成吉思汗统一了蒙古各部,开始逐渐吸收其他民族的宗教文化。 元世祖忽必烈从八思巴受密教灌顶,皈依了藏传佛教,并封八思巴为国师。 从此,藏传佛教在蒙古上层社会传播开来。 明代以后,藏传佛教逐渐在民间流传,并逐渐取代了萨满教。 生活在甘肃河西走廊一带的裕固族,本来也信仰萨满教,8世纪中叶建立回纥政权后改信摩尼教,11世纪初又改信佛教。 到了元代,又因统治者的提倡而开始信仰藏传佛教。 西藏南部门隅地区的门巴族也以藏传佛教作为主要信仰,但藏传佛教传入门巴族地区以后,并没有取代当地的原始宗教本教,而是两者并存。 另外,云南纳西族地区自17世纪的明代后期,也传入了藏传佛教,丽江一带尤为盛行。 除了蒙古族、裕固族、门巴族、纳西族之外,藏传佛教在青海土族、四川羌族及云南普米族、怒族中也有相当的影响,成为这些民族日常生活中的一项重要内容。

二、云南上座部佛教

云南上座部佛教属于南传佛教。 南传佛教主要是指由印度向南传播而形成的广泛流传于斯里兰卡、缅甸、泰国、柬埔寨、老挝等国家以及我国云南的傣族、德昂族、布朗族等少数民族地区的佛教。 因其主要是小乘上座部佛教，故又称"南传上座部佛教"。 在我国云南少数民族地区流传的南传佛教，则一般称作"云南上座部佛教"，它是中国佛教的三大组成部分之一，与汉传佛教和藏传佛教相比，它在发展中形成了一些自己的特色。

关于南传佛教何时传入云南地区，有着种种说法。 一般认为，约在公元 7 世纪左右，上座部佛教就已由缅甸传入了云南地区。 11 世纪时，由于战争四起，僧侣逃散，佛教也一蹶不振。 战事平息后，约在13 世纪时，南传佛教又由泰国经缅甸传入云南的西双版纳、德宏等少数民族地区。 后来南传佛教逐渐为傣族、布朗族、德昂族、佤族、阿昌族等少数民族所接受，并替代他们的原始宗教而成为主要的宗教信仰。

南传佛教传播于云南各少数民族之中，尤其在傣族中发展得最为完备。 13 世纪末傣文创制后，出现了用傣文刻写在贝叶上的佛经，这为佛教在傣族的进一步发展提供了文化基础。 15 世纪时，南传佛教已在傣族地区得到广泛流传，其宣扬的"自我解脱"的精神，迎合了处于封建村社制度下的自然农业经济的社会需要，因而成为傣族地区占统治地位的意识形态，并在西双版纳等地形成了政教合一的制度。 明隆庆三年（1569），缅甸的金莲公主嫁给了西双版纳宣慰使刀应勐，缅甸国王特派遣一个僧团带着三藏典籍和佛像等前来传教。 最初在景洪地区修建了一大批寺塔，后又前往德宏、耿马、孟连等地传教，大大促进了南传佛教的传播及其影响。

由于不同的民族有自己特有的文化传统和生活习俗，受此影响，南传佛教在云南少数民族地区的传播发展中，也分为不同的派别。例如，在云南德宏地区传播的佛教就可分为耿润、摆庄、多列和左抵四派。耿润派于公元 8 世纪从泰国沿澜沧江传入；摆庄、多列和左抵三派则于 17 世纪至 19 世纪由缅甸传入。它们虽然具有相同的基本信仰，但由于对教规宽严掌握的不同而形成了不同的特色。在西双版纳地区传播的佛教则主要有山林（摆巴）和田园（摆逊）两派。山林派持戒谨严，不杀生，不食荤，不娶妻，终身独处，最初就生活在深山密林之中，后在村落中建立了佛寺，仍不太与外人交往，以苦修求解脱为根本目标，在许多方面保持了原始佛教的特点。而田园派一开始就在村寨中建寺，寺院有寺奴、寺田，僧侣的生活一般比较优裕，戒律相应比较松懈。僧侣还经常走出寺门到村寨中为人驱鬼治病，超度亡灵，与世人接触比较频繁。每逢"浴佛节"（泼水节）等宗教节日，都要开展热闹的宗教活动，吸引许多人，因此，这一派在西双版纳地区的影响比较大。其他如布朗族、阿昌族和德昂族等地区的佛教，在与傣族佛教大致相同的同时，也形成了各自的一些特色，例如保留着本民族原始宗教的信仰和习俗，具有更多的神秘色彩和民族化的特征。

三、少数民族地区的大乘佛教

除了藏传佛教、云南上座部佛教之外，在我国云南的白族、拉祜族、广西的壮族、毛南族、仫佬族以及湘鄂川黔交界的土家族等少数民族地区也有大乘佛教流传。大乘佛教在我国南方少数民族地区的传播，可以追溯到东汉末年的牟子，但成为民众的普遍信仰，还是在唐代以后。大约在 7 世纪前后，大乘佛教由我国西藏、四川等地传入白族聚居的云南大理地区，后成为南诏国和大理国的主要宗教信仰，在境内广泛流行。 此外，大乘佛教在云南澜沧、双江的拉祜族以及广西壮族地区也很流行。

流行于云南白族地区的佛教，主要属于大乘佛教的密宗，白语叫"阿叱力教"。 "阿叱力"是印度语的音译，意为"轨范"、"导师"，所以又叫"师僧"，白语叫"师主簿"。 师僧可以娶妻生子，其宗教职业可由子孙继承。 早在初唐时期，佛教就传入白族聚居的云南大理地区。 8世纪末9世纪初，又有一批印度阿叱力僧由西藏到达云南大理地区传播密教。 在上层势力的支持下，佛教密宗战胜了当地的巫教和道教，在白族地区蓬勃兴起。 元代以后，中原势力统治了大理，阿叱力教在白族上层的势力日渐衰弱，但在农村依然盛行，一直持续了400多年。 随着密宗势力的减弱，内地显宗尤其是禅宗僧侣从元明以后大量进入白族地区，使当地佛教势力更为强盛，寺院遍布各地，拥有土地等大量资产。 许多与佛教相关的组织如拜佛会、妈妈会、洞经会等也纷纷面世。 大理地区遂有"佛国"之称。 包括哲学、文学、艺术等丰富内容的佛教文化，为白族地区的经济文化发展做出了许多有益的贡献，这也是佛教能在该地区长时间广泛流行的一个重要原因。

到了17世纪的下半期，大乘佛教由大理僧人杨德渊传入了拉祜族地区，后逐渐成为当地群众的普遍信仰。 在传播佛教的过程中，汉族的佛教经典、历法、医药、水稻种植、牛耕等先进文化也随之传入，促进了拉祜族社会的发展。 在几次反清农民起义中，佛教起了重要的号召和组织作用。 在清政府的镇压下，农民起义失败，具有政教合一性质的佛教组织也全部瓦解，但大乘佛教的思想意识仍在民间流行。 在澜沧、双江等地的许多村寨都设有佛堂，拥有众多的虔诚信徒。

佛教在广西的流传，可以追溯到东汉末年。 现存中国最早的一部佛学著作《理惑论》，相传即为广西苍梧人牟融所著。 但佛教大规模传入广西壮族地区，则在唐宋之间。 在统治者的积极提倡下，佛教很快成为当地民众的普遍信仰，被称为"花僧"的壮族佛教徒到处可见。据《百奥风土记》记载，这些花僧"多留发，娶妻生子，谓之在家僧"。 花僧一般也不吃素，只要每月有几天不食牛马肉就行了。 他们也做法事，挂佛像，念佛经，穿袈裟，执法器，为人授戒，超度亡灵。所诵佛经有《弥陀经》、《地藏经》、《金刚经》等，都用汉字写成。使用的法器包括念珠、海螺、木鱼、铜板等。 与内地和尚不一样的是，他们还给人卜卦算命、择土安墓、做斋赶鬼，有的把太上老君也奉为神祇，表现出对道文化的融合。

此外，在广西北部的毛南人、广西罗城的仫佬人以及湘鄂的土家人中，也有一些佛教信徒，但佛寺不多，许多"佛门弟子"也不必出家，只有举行宗教活动时才按佛教的有关规定进行。

四、少数民族地区佛教的特点

佛教在少数民族地区传播的历史，与汉地佛教几乎同样久远。 千百年来，大小乘佛教在我国西藏、青海、蒙古、云南等地广泛流传，既具有各个民族的特色，又具有一些共性。 概括地看，其共同特点主要有以下几点：

（一）在争斗中取代、融合原始宗教

佛教传入少数民族地区以后，一般都遇到当地固有原始宗教的顽强抵抗。 佛教初传西藏时，刚建的寺院遭到破坏，佛经、佛像不得不埋入地下，佛教僧人被流放。 经过一个多世纪的反复斗争，佛教才在西藏站住脚跟。 又过了两百年，融合佛、本二教的藏传佛教才初步形成。 本教的一些宗教仪式、修习方法仍在藏传佛教中得到保留。 这在

藏传佛教宁玛派中表现得尤为明显。 佛教传入云南傣族时，情况也是如此。 当地盛传这样的神话，说是释迦牟尼亲自来到西双版纳，降伏了那里的妖魔，使人民都皈依佛教。 从这里，我们可以看到佛教与当地原始宗教斗争的一些史影。 佛教密宗在白族的流行，既是借助政权力量战胜巫教的结果，又保留了巫教文化的一些内容。

（二）与政治紧密结合

流传于我国少数民族地区的佛教，特别是藏传佛教，从一开始便得到政府在政治上、经济上的有力支持。 在不少地区，宗教势力直接与政治势力结合在一起。 西藏的寺院是三大领主之一，占有西藏三分之一左右的土地，还直接占有几十万人口的农奴。 蒙古族的札萨克喇嘛①拥有领地和属民，有独立的行政、司法和税收权力，从宗教领袖发展成了政治领袖。 裕固族的藏传佛教寺院，既是全部落的宗教活动中心，也是部落的政治活动中心。 宗教势力甚至能决定部落首领的任免。 部落的重大事务，要与寺院上层商量。 有的喇嘛直接担任了部落首领。 在傣族，封建主"召片领"集政权与教权于一身，被称为"至尊佛祖"，既管百姓，又管神鬼。 这种政教合一制度，将当地社会生活的所有领域都严格地置于王权和神权的双重控制下，把社会的政治、经济、军事、教育、文学、艺术等都染上了浓重的神秘色彩。

（三）宗教信仰的全民性

由于政教合一制度的长期作用，少数民族地区的佛教和佛教领袖处于绝对神圣的地位。 民众不仅普遍信仰佛教，而且极其虔诚。 在云南的西双版纳、大理等傣族、白族聚居的地区，几乎村村有寺院，人人持佛珠。 青年男子只有当了和尚，才能获得受教育的机会，受到别人的

_____

① 　札萨克喇嘛:清代驻京以及蒙古寺庙的僧职名。

尊敬。

（四）具有浓厚的神秘色彩

藏传佛教和白族佛教都重视密教。密教义理神秘，秘密单传，修习活动强调身密、口密、意密，具有神秘性。在蒙古族地区的百灵庙，每年 6 月要举行一次喇嘛"禅木"活动，"禅木"意为跳鬼。整个活动为期三天，规模盛大，主旨在于驱除不祥，人畜兴旺。在门巴族、傣族、白族等地区，佛教与当地的原始宗教相互融合，具有更多的神秘色彩。

第九章　中国佛教的佛学基础

　　中国佛学虽然形成了自己的特色，但其理论基础并未脱离佛陀创教的基本精神，它是在中国这块土地上对印度佛学的继承与发展。　当年，释迦牟尼悟道成佛后，就开始向大众宣说自己所证悟的宇宙人生的真理。　以"四谛"、"五蕴"、"八正道"、"十二因缘"等为主要内容的原始佛教的根本教义，既吸引了大批人前来学佛，为印度佛教的持续发展提供了理论支持，也成为中国佛教绵延发展的重要理论基础。中国佛教各家各派的理论学说虽各有不同，但对佛教的一些最基本的原理都是坚持的。　这些原理构成了中国佛学最基本的理论基础，同时也是中国佛学的重要内容。　中国佛学的主要成就，以隋唐时的中国化佛教宗派之学为主要代表，但汉魏两晋南北朝时中国佛学的发展，也为隋唐时的佛教宗派之学奠定了重要的理论基础。　从思想理论上看，魏晋般若学和南北朝的佛性论可视为中国佛学的两大理论主干。　因此，在我们选取有代表性的中国佛教宗派之学做介绍之前，本章先对中国佛学的基本理论和中国佛学的两大理论主干略做介绍。

一、佛教基本理论与教义

（一）缘起论

缘起，亦称缘生，意谓一切事物和现象都处在普遍的因果联系之中，都依一定的条件而生起。 缘，指一切事物和现象所依赖的原因和条件；起，就是依条件而生起。 缘起论是佛教全部理论的基石，也是佛教各家各派展开其理论与实践的根本依持。

佛教的缘起论强调的是一切事物和现象的生灭变化，都毫无例外地是因缘和合的结果，即都是各种因素在一定条件下的聚合，以此来说明因果关系的普遍性和绝对性，说明一切事物和现象都没有不变的自性，没有独立自存的实体或主宰。 一般认为，佛教缘起论的经典性提法是："此有故彼有，此生故彼生；此无故彼无，此灭故彼灭。"随着历史的发展，佛教内部也出现了不同的学派，各派基于缘起论来展开自己的理论学说，同时又对缘起论做出了不同的发展，从而使佛教缘起论的内容日益变得丰富多彩。

佛教最早的缘起论是"业感缘起论"，也就是十二因缘说。 关于十二因缘，我们将在下面予以专述，这里先对"业感"作些说明。 所谓"业感缘起"就是将世间的一切现象和有情众生的生死流转，都视为由众生的业因相感而缘生。 业，泛指一切身心活动。 佛教一般将业分为身、语、意三类：身业，指身体的行动；语业，也称口业，指言语；意业，指思想活动。 佛教认为，身、语、意三业的善恶，必然会引起相应的果报。 所谓善有善报，恶有恶报，这是铁的因果律。 由于早期佛教主要关注人生和人的解脱问题，因而业感缘起也主要是通过观察和分析人的生命流程来展开，偏重于从人的心理活动和道德行为来寻找世

间一切现象及有情的生死流转的根本因缘，突出业力的作用，并以一种
真实可感的形式强调了为善去恶的重要性，这既非常适合于宗教对劝善
的强调，也对驳斥婆罗门教的神创说，并确立佛教信仰的特色，有着十
分重要的意义。 大乘空宗的缘起论主要强调万法的性空假有，中观学
派在缘起论方面提出的重要观点是"八不缘起"。 继中观学派而起的
瑜伽行派则从"三界唯心"、"万法唯识"出发，提出"阿赖耶识缘
起"，更从思辨哲理方面进一步抽象地发展了缘起论。 对中国佛学影
响比较大的还有如来藏缘起和真如缘起等。

（二）无我说

无我说是与缘起论密切相关的佛学基本理论。 "无我"，即对
"我"的否定，它也是在同当时印度各家有关"我"的学说，特别是同
婆罗门教的梵我理论进行斗争中提出来的。 为了反对婆罗门教关于有
万能的造物主（梵我）和不死的灵魂（神我）的说教，原始佛教从缘起
论出发，特别强调了"无我说"。 在印度古代文化中，"我"具有多种
含义，但具有宗教意味的则是用"我"来代指固有的本性，有主宰和实
体的意思，也指个体的灵魂，其强调的是独立、永恒和不变等。 佛教
所说的"我"一般也分为"人我"与"法我"两种。 与人我、法我相对
应地，无我也有"人无我"和"法无我"两类。 人无我又称"人空"，
法无我则称"法空"。 佛教认为，婆罗门教的神创说（梵我）和不灭
的灵魂说（神我）都是没有根据的。 佛教以缘起论为理论基础，强调
万法皆因缘和合而起，既处于普遍联系之中，又时刻处于生灭变化之
中，故万法并无常恒坚实的主体，不存在可以称之为"我"的固定不变
的实体，因而是"法无我"。 不仅法无我，而且就人来说，也是由"五
蕴"和合而成，别无真实之生命主体可言，故人也是"无我"。 一般
认为，小乘佛教比较偏重强调"人无我"，大乘佛教则在此基础上，进

一步强调了法无我。 "人、法无我"实际上是"一切皆空"的同义语。从小乘佛教的偏重"人无我"到大乘佛教的强调"人、法无我","无我说"始终是佛教坚持的区别于外道的基本理论之一。 特别是大乘空宗，从缘起性空、性空假有的角度，对"人、法皆空"作了系统的论证和发挥。

（三）四谛

"四谛"是佛教的基本教义之一，也被认为是全部佛教教义的总纲。 谛，是真理的意思。 四谛，即佛教所讲的四个真理，它包括苦谛、集谛、灭谛、道谛。 这四谛被认为是神圣的真理，故也称"四圣谛"。 四谛是佛教对人生和世界的现状、原因、本质以及超越世俗痛苦的方法与境界的总的论述。 苦谛：意为世俗世间的一切，本性都是苦，重点则在强调人生一切皆苦，这是佛教解脱理论的根本出发点。因为人生皆苦，所以才有求取解脱的必要性。 佛教认为，人来到这个世上，从出生到老死，时时刻刻都处在各种痛苦的煎熬之中。 因而佛教所说的苦，种类繁多，最通常的说法为八苦，指生、老、病、死、爱别离、怨憎会、求不得和五蕴盛等八种苦。 集谛：主要是说明人生痛苦的生起及其根源。 根据佛教的理论，一切都是因缘和合，痛苦当然也有其原因，也是由各种条件聚合而成的。 集，就是招聚、集合的意思，意为招聚、集合痛苦的原因。 佛教认为，贪瞋痴等烦恼及众生造下的各种业，是招集人生之苦的根本原因。 烦恼与业能集起生死轮回之苦果，故名集谛。 在佛教看来，人生之苦的根源在于"无明"，即对佛法真理的愚昧无知，由于无明而执著于各种贪欲，便会生起种种烦恼，造下种种惑业，依业受报，即有轮回之苦。 灭谛：意谓灭除烦恼与痛苦，即断灭一切惑业，消除世俗诸苦得以产生的一切原因，从而超脱生死轮回，证入无苦的解脱境界。 这是佛教的最高理想和最终目标。 佛教常用涅槃解脱来表示这种最高的理想境界。 道谛："道"即道路，即灭苦之道，意为达到寂灭、实现解脱的途径与方法。 佛教认为的正道最主要的有八种，即"八正道"。

（四）八正道

八正道，指正见、正思、正语、正业、正命、正精进、正念、正定等八种合乎正理的正确的解脱道路。 这八正道的具体内容是：1. 正见，即正确的见解，指对四谛等佛教教义的正确认识，远离世俗的邪见，这体现了佛教的解脱重"智慧"的特色。 2. 正思，即正确的思维，也作"正志"、"正思维"，指对四谛等佛教教义的正确思维，远离主观偏执、虚妄分别。 3. 正语，即正确的语言，指合乎佛法的言论，不妄语，不绮语，不恶语，不谤语，总之，远离一切不符合佛法真理的错误无益的言论。 4. 正业，即正确的行为，指不杀生、不偷盗、不邪淫等，远离一切恶行。 5. 正命，即正确的生活，指符合佛教戒律规定的正当合法的生活，远离各种通过不正当的手段或职业以求活命的做法。 6. 正精进，即正确的努力，也作"正方便"，指按照佛教的修道方法，止恶修善，精进不懈。 7. 正念，即正确的信念，指信奉并明记四谛等佛教教义。 8. 正定，即正确的禅定，指修习佛教的禅定，心专注一境，消除杂念，洞察四谛之理。 禅定本来是一种十分古老的修行法，它渊源于古印度的瑜伽术，早在佛教产生之前，瑜伽禅定就已为古印度许多宗教所采用。 佛教创立后，也吸收了禅定这种实践方法，但在许多方面对传统的禅定做出了发展与变革，例如不以神通为目的，将其置于"无我"的理论基础之上，并与一定的教义学说相连等。 这里强调"正定"，就包含着把佛教的禅定与佛教之外相似的修行法相区别的意思，即要在佛教思想的指导下来修习禅定。 佛教认为，只要按照上述这些正确的方法修行，即可由凡入圣，由迷到悟，最终由生死之此岸到达涅槃解脱之彼岸。因此，八正道也被喻为"八船"或"八筏"。

（五）五蕴

五蕴，意为五种类别，或五种积聚。这是佛教对一切有为法（指处于相互联系、生灭变化中的一切现象）所做的分类。蕴，积聚、类别的意思；也作"阴"，荫覆之义；又作"众"，众多和聚之义。五蕴，就是将宇宙万有分为色、受、想、行、识五类。其具体内容是：1. 色蕴：大致相当于物质现象，但并不完全如此。它包括地、水、火、风"四大"和由四大所组成的"五根"（眼、耳、鼻、舌、身五种感觉器官）、"五境"（与五根相对应的五种感觉对象：色、声、香、味、触）以及所谓的"无表色"（指依身口意发动的善恶之业，生于身内的一种无形的色法①）。2. 受蕴：即感受，指在外界作用下产生的各种感受。一般分为"苦"、"乐"、"舍"（不苦不乐）三种不同的感受。3. 想蕴：相当于知觉或表象，也属于精神方面的作用。4. 行蕴：相当于意志和行动，泛指一切身心活动。5. 识蕴：识有"了别"的意思，识蕴即指意识或认识作用。小乘佛教一般讲眼耳鼻舌身意"六识"，大乘佛教则在六识之外再加上"末那识"和"阿赖耶识"，共称"八识"。在佛教中，五蕴有广狭二义。狭义的五蕴为现实之人的代称，广义的五蕴则是指一切物质世界（色）与精神世界（受、想、行、识）的总和，是佛教全部教义分析研究的基本对象。一般而言，小乘佛教偏重前者，大乘佛教则偏重后者。

---

① 由于这种色法虽符合佛教关于"色"的定义，但又不能表现于外，故称无表色。无表色其实是一种精神现象。

（六）十二因缘

"十二因缘"，也称"十二缘起"或"十二缘生"，是佛教关于三世轮回的基本理论。缘起，如前所述，是佛教最基本的理论，也是全部佛法的理论基础，它的意思是"诸法皆由因缘而起"。因缘，即关系与条件。佛教认为，一切事物或现象的生起，都是一种相互依存、互为因果、互为条件的关系。原始佛教主要关注人生问题，因而其缘起论也主要用于分析生老病死等人生现象。"十二因缘"即是佛教为解释现实人生痛苦的原因以及消除人生痛苦的方法而构建的一种理论。它把人生分为彼此互为条件或因果联系的十二个环节，用"三世两重因果"来说明生死轮回的道理，这就是"十二因缘"。它包括：无明、行、识、名色、六处、触、受、爱、取、有、生、老死等十二个部分，称为"十二支"或"十二有支"。

这十二因缘的具体内容与关系是：1. 无明：又名"痴"或"痴愚"，特指对佛理的愚昧无知。佛教认为，无明是无始以来就有的，是一切生死痛苦的总根源，生死轮回之所以会发生，都在于无明的作用。2. 行：指由于无明而引起的各种世俗的思想和行为。佛教认为，"无明缘行"，即人们的各种行为都是由于"无明"而导致的。3. 识：指托胎时的心识，它是先于形体而存在的精神统一体，是由"行"的影响力（业力）而引起的，佛教常说的"行缘识"，意思就是有了人们的行，才使"识"投生于与"行"的相应处。4. 名色：名指心，即精神；色指形体、肉体。名色就是指胎中已具身心的生命体。佛教认为，"识缘名色"，即有了识投胎，才有胎儿的身心发育。5. 六处：又名"六根"或"六入"，指眼、耳、鼻、舌、身、意，即五种感觉器官再加思维器官（心）。在"十二因缘"中，"六处"主要是指具备了身心的胎儿进一步发育出各种认识器官，处于即将诞生的阶段。佛教认为，"名色缘六处"，意思就是胎儿正常发育成长，必然产生各种感觉器官。 6. 触：即接触，指胎儿出生后六种认识器官与外界事物相接触，相当于幼儿阶段。 佛教认为，"六处缘触"，即认为，有感觉器官的胎儿出生后，必然要与外界接触；之所以能接触外界，缘于人们有感觉器官。 7. 受：即感受，指六种认识器官与外界接触后获得的苦、乐、不苦和不乐三种感受，相当于童年阶段。 佛教说，"触缘受"，意为人们有了感觉和认识器官，就会与外境接触，与外境接触，就必然会引发不同的感受。 8. 爱：即贪爱，主要指由感受而引起的物质贪欲与男女情爱等，相当于青年阶段。 佛教认为，"受缘爱"，意为人们有了苦乐等不同的感受以后，自然会产生各种各样的欲望、渴望和贪爱。

9. 取：指追求执取，即贪爱而引起的对可供享受之物的追求执取，相当于成年阶段。 佛教说，"爱缘取"，意思是说，人成年后，由于各种贪爱，必然会引发种种追求执取的行为。 10. 有：指思想和行为的实有。佛教认为，贪爱与执取，即身、口、意所造之业，必然会招致相应的果报，就其能招致果报而言，名之为"有"。 佛教强调"取缘有"，就是为了说明，只要有思想或行为，它作为招致果报的业，就是永远不会消失的，以此来确立业报轮回的铁的必然性。 11. 生：即诞生。 这里指由于爱、取、有而产生的果报，即导致了来世的再生。 佛教说的"有缘生"，主要是强调人的生死轮回都是自我过去之业的结果。 12. 老死：有生就有死，来世之生仍将趋于老死。 佛教说，"生缘老死"，就是认为生是死之因，有生必有死，要不死，就只有不生。 所以佛教的目标就是要达到无生无灭的涅槃解脱。 佛教认为，现实的人生就是上述十二个互为因果的环节所构成的流转过程。 这十二环节可由顺逆两种次序来观察。 从无明到老死，是由原因到结果的顺观。 若从结果推其原因，则可由老死逆观至无明，即把无明视为人生一切痛苦的最终总根源。 既然找到了人生痛苦的总根源，那么，消除其总根源，人生的痛苦也就能从根本上得到解除了。

“十二因缘”与过去、现在、未来三世的轮回说联系在一起，即成“三世两重因果”：无明与行二支作为“过去因”，识、名色、六处、触、受五支则成为“现在果”；爱、取、有三支作为“现在因”，生、老死二支则成为“未来果”。

（七）三法印

“三法印”是对佛教基本教义学说的一个概括。 印，有印信、印证之义。 三法印，即三种印证是否真正佛法的标准或标记。 凡符合这三条者，为真正的佛法，反之，则为“外道”。 三法印一般作“诸行无常”、“诸法无我”和“涅槃寂静”。 其具体内容为：1. 诸行无常：行，有迁流变动的意思；诸行，指一切因缘和合而生的物质现象和精神现象的生起和变化。 常，恒常；无常，刹那生灭，变化无常。 诸行无常，即世界万有无不时刻处在生灭变化之中，没有常住性。 诸行无常是佛教由缘起论而推出的一个重要结论。 由“无常”必然进一步推出“无我”。 2. 诸法无我：法，泛指一切事物和现象。 我，指固有不变的本性，有主宰或实体的意思。 诸法无我，意思是一切现象皆因缘和合而成，时刻处于变化无常之中，没有固有不变的本性，没有独立的实体或主宰者。 它是佛教区别于当时印度其他思想流派的一个根本观点，有人称其为“印中之印”，是有一定道理的。 3. 涅槃寂静：涅槃，原意指火的熄灭，佛教用它来表示灭尽一切烦恼的最高理想或最终目标，因此，意译也作“灭度”、“圆寂”等。 涅槃寂静，意即通过修持，灭尽一切烦恼，超脱生死轮回，进入涅槃解脱的境界。 佛教的各种理论学说都是围绕着涅槃寂静这一最高理想而展开的。

在佛教中，也有将三法印加“一切皆苦”，称“四法印”。 若再加上"一切法空"，则成"五法印"。但其基本内容和主要精神，则仍不出三法印。例如无常是苦，无我是空，苦和空的思想已包括在三法印之中，故一般仍说三法印，三法印成为真正佛法的重要标帜。

（八）三学六度

三学，即戒学、定学和慧学。"戒、定、慧"三学通常被认为是对早期佛教修持的全部内容的概括。1. 戒是佛法之总门，定慧二学之基础。在佛教中，戒与律经常连用，泛指佛教为出家、在家信徒制定的一切戒规。2. 定，即禅定。佛教认为，由定可以发慧，即通过修定可以获得正确观悟宇宙人生本质的智慧。在这个意义上，"定"也被译为"止"，"慧"则可译为"观"。佛教中常常"止观"并举，意与"定慧"相近，谓依"智慧"而"摄心入定"，又依"定"而观悟佛教真理。在佛教中，定往往与"禅"连用而表达更广泛的意义。禅，意译为"静虑"，即静心思虑。禅在佛教中的本义大致有二：一是心注一境，使纷乱的心绪意念宁静下来，此与止或定相近；二是正确地审视思虑，如实地了知宇宙人生的真谛，此与观或慧相近。虽然"禅"与"定"的内涵并非完全一致，但在佛教的实际使用中，两者却并不总是非常严格地限定在它们的本义，而是经常地泛指静心观想一类的宗教修习活动。在更多的场合，特别是在中国佛教中，禅与定往往合称为"禅定"，用以表示通过精神集中、观想特定对象而获得悟解或功德的思维修习活动，含义更为广泛，其作用也被抬到极其重要的地位。在中国影响深远的禅宗，也主张以"禅定"来概括佛教的全部修习，并因此而得名"禅宗"。3. 慧，即佛教的智慧，这是佛教全部修行的目标。在佛教中，慧并非一般所谓的知识或智慧，而是特指圣者所具有的一种观照能力，例如"般若"就是能观照万法性空的一种智慧，僧肇等中国僧人曾将般若智慧译为"圣智"以区别于世俗之知。在中国佛教中，智、慧、智慧经常互用，泛指佛教的智慧，例如"禅智双运"、"定慧双修"等。

戒定慧概括了学佛者修持的全部内容。随着佛教的传播与发展，大乘佛教又把重在追求自我解脱的"三学"扩大为具有广泛社会内容的以自利利他为特点的"六度"。六度，指布施、持戒、忍辱、精进、禅定、般若智慧等六种由生死之此岸到达涅槃之彼岸的方法或途径。大乘佛教认为，小乘佛教只讲求个人的解脱，是自利，而大乘佛教则致力于普度众生，就像一辆大车或大船，可以运载更多的众生从生死轮回的此岸到达解脱的彼岸，不仅自利，更是利他，不仅自度，更重度他。因此，大乘佛教的最高境界是作菩萨留住世间，拔除众生一切苦难，度尽世间一切众生，最后自己才成佛。六度就是自利利他的重要的修行手段。其主要内容为：1. 布施度。布施就是施与他人财物、智慧等。"布施度"指以自己的智力、体力和财力去济度贫困者和满足求索者的要求而为他人造福积智并使自己不断积累功德以至解脱的一种修行方法。2. 持戒度，指持守戒律，对治恶业，确保信仰，最终通过修持佛法而获得解脱的修行方法。大乘佛教的戒律在小乘佛教戒律的基础上也有进一步发展。大乘戒又称菩萨戒，意谓大乘菩萨所受持的戒律。3. 忍辱度。这里的忍辱，特别是指信仰佛法真理而安于苦难和耻辱。大乘佛教要求信徒甘愿自己忍受种种耻辱和痛苦，也不做任何有害于众生的事。4. 精进度，指在为善去恶、去染转净、利益众生的修行过程中，克服种种困难而努力不懈，最终实现解脱。5. 禅定度。大乘佛教在小乘禅的基础上对禅做了进一步的发展。与小乘禅相比，大乘禅的范围更扩大了，有无量无数三昧的名称。同时，大乘禅不再拘泥于静坐等某些固定的形式，而是依附于大乘佛教理论，它作为观悟佛理的重要方法，与教理教义密不可分。例如观悟诸法性空实相的"实相禅"、与大乘般若思想相结合的"般若禅"等。 6. 智慧度。 这里的智慧,特指般若,是佛教所说的观悟万法性空的一种智慧,获得了般若智慧,就实现了解脱,因此,般若智慧在佛教中有特别重要的地位。 在"三学"基础上发展起来的大乘"六度",主要是在戒定慧之外又加上了"布施"、"忍辱"和"精进",与小乘的偏重自利相比,更突出了大乘菩萨自觉觉他、自度度人的决心与慈悲精神。

二、中国佛学两大理论主干

佛教般若学和涅槃佛性论可谓是中国佛学的两大理论主干,它们的思想和方法都对中国化佛学特别是隋唐佛教各宗派的思想有很大的影响,它们以不同的方式融入到了中国化佛教各宗派的思想学说中去。

(一) 般若性空论

大乘般若学,是印度佛教中最早出现的大乘佛教学说,主要宣扬万法性空的思想。 其核心内容是说世界万法皆因缘和合,没有恒常不变的自性或实体,因而都是虚幻不实的,认识到万法皆空的道理,就是把握了宇宙的真实相状,就能获得解脱。 而要把握宇宙的真实相状,则必须靠般若。 般若,是梵文的音译,意译作"智慧",它是佛教中特指的能观悟万法性空、觉悟成佛的一种智慧,因而中国一些佛学家曾用"圣智"来表达它,以区别于世俗所说的智慧。

般若的主要特点是观悟诸法实相,般若学的基本理论是假有性空。汉代支谶译出的《道行般若经》受老庄道家思想的影响,用"本无"来表示"性空",经中反复强调了"一切皆本无","本无"亦"本无",甚至连佛与佛法也是本无! 《般若经》所说的"空"并不是说万法不存在,而是说存在的万法都不真实,因而都不可执著。 《般若经》所强调的是即假而空,即不离万法之假而观空。 因此,在《般若经》中，色与空是二而一的东西，"色即是空，空即是色"。 为什么会有色与空不同的名称呢？ 经中用"二谛义"来解释：万法性空是真谛，认为识有是俗谛，通过色有俗谛，方能显性空之真谛。 因此，认识到"色"之假有，也就把握了性空的"真"，破除了世俗的"邪见"，就能获得佛教的"正见"。 《般若经》认为，万法性空就是宇宙实相，但它并不认为有什么"空"本体的存在，也不认为"空"是虚假万法之外独立自存的实体，而是认为性空实相就存在于对万法真实性的否定之中，而"空"本身也是虚假不实的，因而也在"空"（否定）之列。 正是在缘起万法的虚假不实之中显示了万法性空的实相。 它破斥一切，就是为了通过这种"破斥"来"显示"佛教所谓的超言绝相、不可执著的真谛或实相。 这是般若学特有的所谓"破邪显正"的"遮诠"方法，即不从正面肯定任何东西，而是通过否定来达到肯定。 佛教的"正见"也就存在于对世俗认识的否定之中。 因而般若学特别强调破除各种邪见，认为任何计较执著，哪怕是执著"空"，也是不符合"空观"要求的，它所要求的是即万物本身来观空而又在思想上无任何执著。 这种对一切加以否定以显示佛法真谛的思维方式成为大乘般若学的重要特征，也显示了它与中国老庄和玄学贵无、崇有等相异的思想倾向。

自支谶于汉末灵帝光和二年（179）在洛阳译出了《道行般若经》十卷以后，般若类经典就源源不断地传到中国。 到西晋时，社会上就流传了好多不同的版本。 现保存下来的就有三国支谦译出的《大明度经》六卷，竺法护于西晋太康七年（286）译出的《光赞般若经》十卷和西晋时无罗叉、竺叔兰于元康元年（291）译出的《放光般若经》二十卷。 到鸠摩罗什东来，"既览旧经，义多乖谬，皆由先译失旨，不与胡本相应"（《出三藏记集·鸠摩罗什传》），于是又重译大、小品。

《般若经》的再三译出，从一个侧面反映了般若学在中土的盛行。

大乘般若学在中土的流传发展大致经历了三个阶段。 从支谶译出《道行般若经》到支谦译出《大明度经》是第一个阶段，这个阶段是佛典的初译与介绍阶段。 在此期间，般若学主要受到了中国老庄道家思想的影响，而老庄化的译经和佛学也对魏晋玄学的产生起了一定的促进作用。 第二个阶段是从玄学产生到般若学六家七宗的形成。 这是佛教般若学的繁兴阶段，也是玄佛合流的阶段。 这里所说的"玄佛合流"主要是指玄学和佛教般若学的相互影响和相互渗透，而并不是说玄学和佛学曾经失去各自的特点而融合为一。 事实上，玄学和佛学既相互影响，又各有自身内在的发展逻辑。 玄学化的般若学派"六家七宗"的出现，是大乘般若学在中国文化氛围下发展的必然结果。 当时对大乘般若学的研究曾盛极一时，但人们对般若"空"义的理解，或者流于片面，或者用老庄玄学等思想去附会，因而围绕着般若空义，产生了众多的般若学派，主要的就是"六家七宗"。 从"六家七宗"的观点来看，各家虽然从不同的侧面对般若空义有所理解，却都未能准确而全面地加以把握。 其较为普遍的倾向有二：一是割裂有和无，将有和无对立起来，离开假有来谈空，不懂得从非有非无中来把握空义；二是在否定万法的同时保留了对"心神"的肯定。 这显然是受到了传统思想中老庄玄学谈无说有和灵魂不灭的宗教观念等的影响。 从鸠摩罗什重译大、小品《般若经》和新译"三论"到他的弟子僧肇等人对般若思想的系统阐发，可以看作是般若思想在中土的流传进入了第三个阶段。 自此以后，般若思想逐渐为中土人士系统地了解和准确地把握，并成为影响中国佛教发展的最重要的理论学说之一。

鸠摩罗什系统地译介了龙树、提婆的中观般若思想，强调用"非有非无"的"毕竟空"来破斥一切执著。 他曾提出："断一切语言道，灭一切心行，名为诸法实相。 诸法实相者，假为如、法性、真际，此中非有非无尚不可得，何况有、无耶？"（《大乘大义章》）这种思想得到了他弟子们的进一步发挥。 在罗什众多的弟子中，对中土佛教般若学贡献最大的是东晋著名的佛学家僧肇（384—414）。 僧肇借助于罗什译出的经论，比较完整而准确地阐发了般若性空学说。 他的全部佛学思想就是围绕着般若学的"空"这个主题展开的。

"不真空论"是贯穿僧肇全部思想的一个基本命题。 僧肇认为，所谓"空"，"非无物也，物非真物"，不真故空，不真即空。 "譬如幻化人，非无幻化人，幻化人非真人也。"（《肇论·不真空论》）僧肇以"不真"来解释"万有"，以虚假取代空无，把当时玄学和佛学的有无之争引向了真假之辨，从而克服了六家七宗时代般若学解空的局限性，推进了中国佛学思想的发展。

僧肇非常熟练地运用了中观般若学"非……非……"这一不落二边的论证手法，对世俗的一切事物和现象都做了最彻底的否定。 以"不真空"来解说有和无，那就是"非有非无"，有无皆空。 以此来解说动和静，那就是"非动非静"，动静皆空。 以此来解说知与不知，那就是"非有知非无知"、"不知之知，乃曰一切知"。 以此来描绘涅槃圣境，那就是"涅槃非有亦复非无，言语道断，心行处灭"，超越"有无之境，妄想之域"（《肇论·般若无知论》）。 由于僧肇比较准确地领会并掌握了般若性空之义，因而赢得了罗什大师"解空第一"的赞誉。

大乘般若学经鸠摩罗什及其弟子的弘传，成为中国佛学的基本理论之一，对佛教各宗派理论的形成影响巨大。 其中，对万法性空论直接加以继承发挥，并据以创立宗派的，就是吉藏所创的三论宗。

三论宗的思想，与中国其他佛教宗派一样，都具有融会诸家异说的倾向，同时，依般若三论而建立了宗派学说。 三论宗的万法性空论有其独到的理论特色，其中心理论是诸法性空的中道实相论。 它强调，诸法因缘和合而生，故无自性，无自性故性空无所得。 但为了引导众生而用假名以说有。 这样，不离性空而有缘起诸法，虽有缘起诸法，只是假法，故仍无所得，毕竟是空。 这被认为是一切事物的真实本相，即中道实相。 为了阐明这空无所得的道理，三论宗继承并发挥龙树中观学派的思想，立破邪显正、真俗二谛与八不中道说。

所谓破邪显正，即破斥错误的见解，显示正确的道理，亦即破"有得所"，显"无所得"。 三论宗主张破而不立，认为破邪就是显正，如果有破有立，立就是"有所得"，即堕入了邪见。 三论宗采用否定的方式，对一切有所肯定的命题都加以破斥，并由此而显扬无法用语言来表示的佛教最高真理。 为了使众生体悟这无所得的空义，三论宗又用真俗二谛义来诠显它。

真俗二谛义本是印度龙树中观学派的基本教义之一。 "二谛"就是二种真实或实在的道理，包括俗谛和真谛。 俗谛指一般常人所理解的道理，又称世谛或世俗谛；真谛指佛教所谓的真理，又称"胜义谛"或"第一义谛"。 真谛本来是无法用名言概念来表达的，因为凡由世俗的名言概念所获得的认识，都属俗谛。 但为了使人把握真谛，就必须"依俗谛而说真谛"或者"为真谛而说俗谛"，佛就是依此二谛来为众生说法的，众生也应该以俗谛为阶梯，由俗入真，去证得真谛。 因此，真俗二谛既是根本对立的，又是统一的、缺一不可的。 例如，从俗谛来说万法是有，从真谛来看，万法是空。 但世俗有即是毕竟空，毕竟空即存在于世俗有之中。 只有既看到假有，又看到性空，有无相即，真俗不二，这才是中道。 由此所观察到的诸法实相与佛教的"涅槃"是不一不异的，这就是"实相涅槃"。 吉藏三论宗继承了中观学派对二谛的解释，把它作为把握诸法实相的方法与途径，并对二谛义做出了进一步的发展。 为了破除对二谛本身的执著而令众生通过真俗二谛去把握超越言教的诸法实相，吉藏特别强调二谛属于言教，只有假名，并无实体。 为了破当时的各种师说，吉藏将二谛发展为"四重二谛说"。 这就是：以有为俗谛，说空是真谛，此为第一重；以亦有亦空为俗谛，说非有非空是真谛，此为第二重；以空有为二，非空非有为不二，这是俗谛，非二非不二，这是真谛，此为第三重；以上三种二谛，皆是俗谛，言忘虑绝，无所依得，方是真谛，此为第四重。 这里，每一重的真谛皆否定其俗谛，而后一重的真谛又否定前一重的二谛，若用语言概念来表述，其实还可以继续"重"下去，就在这重重否定之中去体悟"忘言绝虑"的无所得的诸法实相之理。 若对二谛这种言教施设有所执著，那就堕于有所得的邪见了。 三论宗对二谛所作的发挥，从根本上说还是为了论证真俗不二，不可执著。

　　吉藏三论宗还发挥了"八不中道"说，并进一步以八不中道来明二谛义。 "八不"也是龙树中观学派的重要理论之一。 龙树在《中论》中提出："不生亦不灭，不常亦不断，不一亦不异，不来亦不出（去）。"中观学派用"八不"来说明万法性空的道理，以显不偏不倚之中道。 他们认为，生灭、常断、一异、来去这四对范畴是概括一切存在的基本范畴，也是我们认识之所以成立的根据。 在这些范畴前冠之以"不"字加以否定，那就能"总破一切法"，即否定我们主观上的一切认识和客观上的一切存在，从而显示万法无自性、一切皆空的真理。 三论宗对此做了进一步的发挥。 吉藏联系二谛义而把"八不"发展为"五句三中道"，即以"八不"结合"二谛"来讲中道。 例如就生灭而言：认为生灭为实，这是单执俗谛（第一句）；认为不生不灭为实，这是单执真谛（第二句）；认为只有假的生灭，这是俗谛中道（第三句）；认为只有假的不生不灭，这是真谛中道（第四句）；超越以上这些，把真、俗二谛中道结合起来讲非生灭非不生灭，即是二谛合明中道（第五句）。由此层层否定而显无所得的中道实相。其他如常断、一异等也可以依此类推。吉藏认为，由此才能真正把握"八不"的真谛，显诸法性空的中道实相。

三论宗虽然流传的时间不长，但三论宗的思想和方法，对中国佛学却产生着持久而深远的影响。大乘般若学的万法性空论并没有因为三论宗的衰歇而退隐，相反，它以不同的方式渗透到了隋唐其他各个佛教宗派的思想学说中去，与涅槃佛性论一起共同成为中国佛学的两大理论主干。

（二）涅槃佛性论

涅槃佛性论是南北朝时盛行的佛教学说，并在隋唐佛教各宗派理论中占有重要地位。佛教理论的根本目的是为了论证解脱的必要性与可能性，涅槃佛性论就是从解脱主体的角度来说明涅槃解脱是否可能以及解脱的途径与方法等。

佛性，本来是指佛陀的本性、体性，后来也发展成为众生成佛的可能性、因性或成佛的内在根据。同时，佛性作为宇宙万法最真实的本质，又具有"法性"，即"诸法体性"的意义。佛性论的产生与佛教的解脱理想相关，并与佛教对人心的净染，亦即善恶、迷悟等状况的认识是联系在一起的。

印度大乘佛教兴起初期，般若学主要是以万法性空来解释一切法，主张"佛性佛性空"、"涅槃涅槃空"。但继之而起的主张一切众生皆有佛性、皆可成佛的佛性论思想，却提出了常乐我净的佛性，强调佛性是一切众生的成佛之因，从而转向了对解脱成佛主体的肯定。《大般涅槃经》就是一部系统探讨并发挥涅槃佛性论的重要佛典，佛身常在和一切众生皆有佛性、皆可成佛是它最具影响力的思想，并成为中国涅槃佛性学说的主要理论依据。

由于大乘佛教将佛陀神化为超自然的神，因而佛的涅槃也被说成只是肉体的坏灭以示万法的无常，佛的法身则是永恒不灭的。佛的法身为何会常住呢？《涅槃经》认为这是由于明见了常恒不变的佛性。对于佛性的常恒不变，《大般涅槃经》有充分的论述，并认为佛性具有"常乐我净"四德，众生只要明见佛性，便得常乐我净，这就是得到了解脱。大乘佛教还进一步认为，常乐我净的佛性，不仅是佛之体性，是众生成佛的内在可能性，而且实际上也是宇宙万法的本质，因此"佛性、法性、真如、实际等，并是佛性之异名"（吉藏《大乘玄论》卷三）。当"常乐我净"的佛性与法性、真如合而为一时，大乘佛教也就在理论上逐渐完成了一个永恒不灭的绝对精神实体的建构。接下来的问题便是：既然"一切众生悉有佛性"，皆得成佛，而佛性又是永恒的精神实体，那么，佛性与人心的关系又如何呢？"心"的解脱与明见佛性又是什么关系呢？佛教以"如来藏自性清净心"对此作了回答。

所谓"如来藏自性清净心"，是说如来与众生体性不二，人人具有佛性，佛性在人表现为清净心。如来藏的"藏"，有"胎藏"的意思，如来藏，意即"如来在胎藏中"，它作为"佛性"的异名，更形象地说明了一切众生藏有本来清净的如来法身（佛性）、因而皆得成佛的道理。"如来藏"虽然在众生之中，与烦恼杂，但它的体性是清净的，清净的如来藏作为一切众生解脱的主体，成佛的根据，它与众生清净的本心实际上就成为异名而同实的了。在佛经中，佛性与人的清净本心也确实是经常在同等意义上使用的。这样，明心也就是见性，早期佛教"假说"为业报与解脱主体的清净心经过与佛性相合也就同样具有了精神实体的意义，心被抬高到了宇宙人生之本体的高度。这种思想对中国的佛性论思想影响很大，它经过晋宋时竺道生等人的改造和发展，逐渐成为中国化佛学的主流。

晋宋之际，中国佛教进入了一个新的发展时期，经过道安、慧远与僧肇等人不懈的努力，佛教开始了其相对独立的发展。随着佛教经论的大量译出，讲习之风日盛，出现了许多以讲经而知名的经师、论师，由于各有其专精之经论，因而在相互争鸣中逐渐形成了各种不同的学派。涅槃学派就是当时较盛且对后世影响较大的一个学派。这个学派以研习并弘传大乘《涅槃经》而得名。《涅槃经》的主要思想是"泥洹不灭，佛有真我，一切众生，皆有佛性"。涅槃佛性问题曾是南朝佛教理论的中心问题。

涅槃佛性论的兴起与大乘《涅槃经》在中土的传译有很大的关系。宣说大乘涅槃佛性学说的《涅槃经》对中土佛教影响较大的有三个本子：一是东晋义熙十三年（417）法显与佛陀跋陀罗在建康译出的《大般泥洹经》六卷；二是北凉昙无谶于玄始十年（421）译讫的《大般涅槃经》四十卷，又称大本《涅槃经》；三是由南朝慧观、谢灵运等人依六卷本将传入江南的四十卷本润色改定为三十六卷本，称南本《涅槃经》。一般认为，《涅槃经》有前后两分，它们非一时所出，并分别流行，因而在思想上表现出一定的差异。经的前分在肯定一切众生皆可成佛的同时，又认为"一阐提"（即断了善根的人）应当除外，这实际上是否定了这一类人具有佛性。经的后分在解释佛性时又有了新的说法，不但强调一切众生皆有佛性，而且把能了解空性的智慧也包括在佛性之中，甚至用"非有非无"的"中道"来解说佛性，试图沟通佛性与中道的联系。这种差别曾对中国佛性论产生了一定的影响。最早在中土得到流传的是六卷本《泥洹经》。经中强调一切众生皆有佛性，皆得成佛，同时又提出了一阐提人无佛性的说法，引起了佛学界的争论。

从中国佛学的发展来看，晋宋之际，佛学的重心逐渐由般若之"真空"转向了涅槃之"妙有"。就在魏晋般若学盛行之时，弘传般若三论的鸠摩罗什的弟子僧肇、僧叡等人其实就曾对佛性问题产生过兴趣。"解空第一"的僧肇，在破除一切知见执著的同时，仍然向往"所见之外"的存在，对佛性真心的"妙有"抱有期望。但由于他过早夭折，未能看到《涅槃经》，故对"妙有"未有理论上的发挥。与僧肇同学的僧叡，有机会见到《涅槃经》、《法华经》等，因而也就有可能把般若实相学与涅槃佛性论会通起来加以理解。当他见到法显译出的《大般泥洹经》中"泥洹不灭，佛有真我，一切众生，皆有佛性"以后，欣乐无比。他将般若性空与涅槃妙有视为佛教理论不可缺少的重要组成部分，这对中国佛学的发展及其特点的形成都产生了很大的影响。晋宋以后中国佛学的一大特点就是对空、有思想加以融会，般若学与佛性论逐渐成为中国佛学的两大理论主干而渗透到中国佛教各宗各派的学说中去。

南北朝时，随着《涅槃经》的传译，涅槃佛性说成为当时的"显学"，并形成了不同的师说，其中竺道生所倡的涅槃佛性论的影响最大。竺道生早年在罗什门下，深得龙树般若中观学之"真谛"，精于般若之空，晚年盛谈涅槃之有，他以空融有，空有相糅，使真空妙有，契合无间，开创了中土佛教发展的新阶段，他自己也成为宣扬涅槃佛性说最著名的代表人物，时人呼其为"涅槃圣"。

竺道生涅槃佛性论的主要特点是以般若实相说作为其理论的基点。他从般若实相出发，把无相实相与涅槃佛性结合起来理解。一方面，他像"解空第一"的僧肇一样，认为万法皆空；另一方面，他又没有像僧肇那样就此止步，而是以般若实相义去会通、发挥涅槃佛性论，认为万法皆以一如之实相为本体。 这种无形无相、不可言说的实相在法曰"法性"，在佛曰"法身"，在众生则曰"佛性"。 这样，竺道生就把万法、众生与佛都统一到了无相之"实相"。 既然实相与佛性本质上无异，实相是万法、众生与佛的共同本体、本性，众生凭借实相（佛性）方得为众生，那么，一切众生（包括一阐提人）皆有佛性，便是题中应有之义了。 所以竺道生说："无我本无生死中我，非不有佛性我也。"（《维摩经·弟子品注》）竺道生在般若实相无相的基础上提出了"佛性我"，又进一步认为，众生之佛性由于妄想所蔽而不现，若去除迷妄，返本得性，体悟实相，便能解脱成佛。 由于实相（佛性）并不是独立自存的实体，它不离众生万法而存在，与众生万法本来不二，因此，返本求性，体悟实相，实际上也就是众生自识本性，与法自然"冥合"。 他强调"以体法为佛"，而法即是法性、佛性，法即是佛，而众生与法本来也是一体的，那么，众生与佛当然也就是本来不二的了。 因此，在竺道生看来，不仅是"一切众生皆当作佛"，而且"一切众生莫不是佛"（《妙法莲花经疏》）。

竺道生通过般若实相说把佛性、法性、众生与佛等同起来，把佛性作为众生的本性，众生的自性即是佛，其实际意义在于：把成佛从对外在宇宙实相的体认转为对内在自性（自心）的证悟，从而更突出了众生的自性自度。 正因为如此，竺道生把去除迷妄、返本得性最终归结为"净心"的修行实践，认为"其心既净，其罪亦除也"（《维摩经·弟子品注》）。

既然人人皆有佛性，皆能成佛，接下来的问题便是众生凭借佛性如何成佛，成佛需要经过什么阶段，经历多少时间，这就是"顿悟"还是"渐悟"的问题。 竺道生在众生皆有佛性的基础上进一步提出了"顿悟成佛"说。

　　按照佛教一般的说法，修行解脱是一个长期的过程，需要累世修行，不断地积累功德。大乘佛教提出菩萨修行成佛要经过十个由低到高的修行阶位，称"十地"。在竺道生以前，有些佛教学者曾提出过后来被称为"小顿悟"的顿悟说。例如东晋名僧道安、慧远、支遁和僧肇等人都认为，在"七地"以前的渐次修行都是渐悟的过程，到了"七地"，修行者得悟无生之理，便达到了顿悟，进入了小飞跃。但这时仍需继续进修三位，才能进入大飞跃，成就佛的果位。由于这种"顿悟"说立顿于七地，七地之前需渐修，七地之后还得修，因而在竺道生的顿悟说提出来以后被称为"小顿悟"（后来也被看作一种渐悟），而竺道生倡导的顿悟说则被称为"大顿悟"。竺道生认为，既然还需要从七地修至十地，那么所谓的"小顿悟"实际上仍然是渐而非顿。他主张十地之内都是渐修而无悟，十地之后方得大悟。

　　竺道生被认为是中国佛教史上提倡大顿悟的第一人。他认为，证悟诸法实相（涅槃、佛性）之理就是成佛，实相是完整圆满的"理"，理不可分割，故不能分阶段地逐渐得到它，只能顿悟。竺道生大力倡导的顿悟成佛说对中国佛学的发展影响极大。

　　值得注意的是，佛性、如来藏思想在印度佛教中不仅不是主流，而且如来藏的神我色彩在后来的大乘佛学中也有逐渐被淡化的倾向。这从形成于不同时期的《大般涅槃经》前十卷与后三十卷的思想之差异中也可看出。在后三十卷中，不但以佛性取代了前十卷的"如来藏"一词，而且以非有非无的"中道"来解释佛性，并把佛性之"我"说为佛的方便法门。而在中国，情况却大不相同。尽管传统思想的"存神"倾向由于鸠摩罗什所传的性空般若学而一度受到了人们的怀疑与质难，但并没有由此而消沉。竺道生以非有非无的般若实相学来论证佛性我，不仅使涅槃佛性说得以大兴，而且也为传统的"神不灭论"张了本，"存神"思想获得了新的理论形式。

竺道生以后，随着各家判教学说对《涅槃经》地位的抬高，讲习涅槃之风盛极一时，围绕着"佛性"这一中心问题曾出现了种种不同的师说，其普遍的倾向都是把佛性与心识、心神结合起来理解。例如吉藏的《大乘玄论》卷三曾将佛性诸家义归纳为十一家，加上其本人所赞同的，共为十二家。从中可以看到，当时的涅槃佛性论虽然说法各异，但大都不离众生之心或心识，只是有的强调心之体，有的突出心之用而已。"心为正因"之说成为当时涅槃佛性论的主流。从涅槃解脱的角度把佛性与"冥传不朽"的心识、心神结合起来理解，把印度佛教中的佛性与非"无我"的倾向统一到主体自性心识上来，并把常住不变的佛性与主体的自心、心识直接联系在一起，以"心"为正因佛性，即以自心为解脱成佛的主要原因，这成为富有中国特色的佛性（心性）学说的重要内容。这种佛性论思想不仅直接影响到了隋唐佛教各宗派思想理论的形成，而且对整个中国佛学，乃至整个中国思想史的发展都产生了巨大的影响。涅槃佛性论作为一种学说，始终是各宗派佛学的理论重点。

第十章　宗派佛学之一：天台性具说

隋唐时期，随着统一王朝的建立和佛教寺院经济的进一步发展，中国化的佛教宗派相继形成。这些佛教宗派的创立，既是中国佛教发展史上的大事，也标志着中国佛学走向了鼎盛期。各个宗派继承了南北朝时佛教学派的思想理论成果，并在"判教"的基础上建立了各自的思想学说，这些思想学说都是中国人在理解、消化并发挥印度佛学的基础上建立的。隋唐佛教宗派的思想学说，是中国佛学的最主要内容。我们将对这些宗派中最有代表性的天台、法相唯识、华严和禅宗的佛学思想分别进行介绍，本章介绍天台宗的性具实相说。

一、会三归一与止观并重

"性具实相说"是天台宗最具特色的理论。在展开说明"性具实相论"之前，我们对天台宗调和与圆融的特色先略作介绍。

天台宗是中国佛教史上创立最早的一个佛教宗派，它是在统一南北佛教的基础上融合传统思想文化而建立起来的中国化的佛教宗派，它在"方便"①法门的旗号下对佛教的各类经典和不同学说做出了折中，对南北各地形成的不同学风进行了调和，并对中印两种不同的思想学说加以融通，调和性与融合性成为它的最基本的特点。这主要体现它的会三归一与止观并重。

天台宗以《法华经》为本宗的"宗经"，并据此提出了"会三归一"的理论。《法华经》有多种汉译本，最流行的即为天台宗崇奉的鸠摩罗什译的八卷本。该经强调，一切众生都能成佛，佛来到这个世间，就是为了教化众生，使之都能具备佛的知见而成为佛。经中指出，佛的各种教法都是教化众生成佛的方便手段，诸佛以方便力，于一佛乘分别说三，即所谓"声闻"（听闻佛的言教而觉悟者）、"缘觉"（观悟十二因缘之理而得道者）和"菩萨"（修六度，求菩提，利益众生，未来成佛者）三乘，这都是佛的方便说，实际上只有佛之一乘。天台宗根据这一经义，提出了"会三归一"的理论，即认为声闻、缘觉和菩萨的"三乘"教义，最终都会归于一佛乘。天台宗这一理论的实际意义在于：一方面把天台宗的教义说成是至上的"一乘"，另一方面又为它调和融合其他学说打开了方便之门。天台宗正是在"会三归一"的名义下把佛教的不同教义乃至中国传统文化中的不同思想"会归"到了天台宗的教义中来。

例如，天台宗的判教理论就是基于"会三归一"而提出了"五时八教"，在统摄佛陀一代教法的同时又将《法华》判为"圆教"。同时，天台宗又融摄儒学而肯定"若坚持五戒，兼行仁义，孝顺父母，信敬惭

---

① 方便：佛教术语，意近"权宜"，指为教化各种不同程度的人而采取的各种灵活的方法，天台宗在创宗过程中对此有特别的运用。

愧,即是人业"(《法华玄义》卷六之下),并在佛教的止观修习中吸
纳了某些道教的思想和修炼方法。 另外,汤用彤先生还曾特别提到,
"至于天台宗,则须注意其与民间流行之神灵崇拜的关系"①,提示了
天台宗在中国之所以流传广泛,在民众中有较大影响的重要原因。

同时,天台宗正式提出了止观并重,定慧双修,并把它作为最高的
修行原则。 止,即禅定,乃是使精神专注;观,即智慧,乃是在止的
基础上观想特定的对象而获得佛教的智慧或功德。 止观本是佛教的基
本修证方法,但南北朝时期,由于南北分裂,北方重禅法,南方重义
理,止观被析为两途,佛教传统中定慧双开、止观并重的实践原则在一
定程度上遭到了破坏。 天台宗前驱慧文禅师以《大智度论》指导禅
修,创造性地引入了"一心三观"的观心法门,弟子慧思,南游衡岳,
更深得南北佛法之长,他"昼谈义理,夜便思择",把教与禅、定与慧
有机地结合起来。 天台宗的实际创始人智𫖮承慧文、慧思之后,在南
北走向统一的社会政治背景下,进一步把止观并重确立为佛教实践的根
本性原则。 天台宗的整个学说体系,都是围绕着止观而展开的。 由于
智𫖮等人致力于将止观并重的原理及其实践予以体系化,既使天台宗在
佛学方面达到了很高的水平,也奠定了天台宗在教理和实践上的基本
特色。

天台宗止观并重、定慧双修的宗风之确立,标志着南北朝时期北方
佛教重禅修而南方佛教重义理的不同学风得到了融合与统一,也标志着
隋唐时代中国佛教的发展进入了一个新的发展时期。 在天台宗以后建
立起来的隋唐佛教各宗派,例如法相唯识宗、华严宗和禅宗等,也都强
调理论与修行并重。

---

① 汤用彤:《隋唐佛教史稿》,中华书局 1982 年版,第 214 页。

二、三谛圆融与一念三千

天台宗的中心理论是性具实相说。性，指法性，亦即真如，是佛教所谓的精神本体。天台宗认为，世界万法都是本来具足的，千差万别的事物和现象当体就是实相（真实的相状），都显示了法性真如的本相，这就是性具实相说的基本观点。其义理主要又有相互联系的两个方面，即"三谛圆融"和"一念三千"。

"三谛圆融"是从"一心三观"发展而来的。"一心三观"是北齐慧文禅师的独创，意谓通过修习般若，可以于"一念心"中同时观悟佛教的空、假、中三谛。据说慧文因读《大品般若》有关"三智"的经文，参以《大智度论》的解释，认为"三智"可于一心中得，继而又联系《中论》的"三是偈"①，以"三智"与"三谛"相配，从而创立了"一心三观"说。所谓"三智"，指一切智、道种智、一切种智。一切智体证缘生假法的缘起空性（对现象之共性认识），为声闻、辟支佛所得；道种智认识缘生假法的各别行相，为菩萨所得；一切种智双照空、有，契证空有不二的中道实相，此唯佛的境界。《般若经》中说，修习般若，就能依次得到这三种智。《大智度论》在解释此三智时，提出了三智可"一时"于"一心中得"的说法，但仍保留了三智的次第差别。到了慧文这里，他却强调，可于"一念心"中顿获"三智"，并不存在先后的次第，这就是天台宗人津津乐道的所谓"一心三智"。而此三智所观照的境界，就是《中论》"三是偈"所说的空、假、中三谛，这就成了慧文所悟得的"一心三观"。可见，"一心三智"是从智

---

① 三是偈："众因缘生法，我说即是空。亦为是假名，亦是中道义。"因句中有三个"是"而得名。

慧方面讲，"一心三观"是从观法上讲，两者在本质上其实并无差异。

天台宗的实际创始人智顗对"一心三观"作了更为系统的论述，他进一步把"一心三观"与"诸法实相"联系起来，认为空、假、中就是诸法实相的基本内涵，是真理的三个方面，故称"三谛"，即三条真理，这三谛相即相通，圆融无碍，故称"三谛圆融"。所谓一空一切空，无假中而不空；一假一切假，无空中而不假；一中一切中，无空假而不中。因此，观空、假、中三谛并没有时间上的先后问题，"三谛具足，只在一心"，"一念心起，即空、即假、即中"。

智顗的"三谛圆融"是在"一心三观"的基础上成立的，而三谛之所以圆融就在于它们本来就是实相的三种表现，以实相为理论基础的"三谛圆融"强调的是一心所观三谛的无次第性和无前后性。在"一心三观"基础上发展起来的"三谛圆融"强调的是空、假、中三谛在"一念心"中的圆融统一。天台宗的这种理论，在"一念三千"中有更进一步的发挥。

"一念三千"是智顗晚年成熟的思想，是智顗根据《法华经》的"十如是"思想发挥而成的。"一念"，也称一心；"三千"，指三千世间，它是对宇宙万有的总概括。智顗认为，六凡（地狱、饿鬼、畜生、修罗、人、天）、四圣（声闻、缘觉、菩萨、佛）所见宇宙各不相同，由此构成"十法界"。这十法界之间是相互蕴含、相互转化的，每一界与另外九界是相通的。十法界各各互具，就成"百界"。百界中的每一界又各具"十如是"（《法华经·方便品》提出的把握诸法实相的十个方面），即成"千如"。百界千如各有众生、国土、五蕴这三种世间，便成"三千世间"。智顗认为，"此三千在一念心，若无心而已，介尔有心，即具三千"（《摩诃止观》卷五上）。这里的三千，实际上并不拘于名数，它是对整个宇宙的总概括。"一念三千"实际上就是"宇宙万有，惟一心作"的意思。

从总体上看，智颐的"一念三千"从"只心是一切法，一切法是心"出发强调"心"与"万法"的相即本具、圆融统一，反对言心与法的先后，反对"从心生一切法者"或"心一时合一切法"，强调心与一切法无论在时间还是在空间上都是平等统一，其理论基础还是性具实相理论，或者毋宁说，"一念三千"本身就是性具实相理论的重要展开，因为"一念与三千之所以相即，除了三千诸法归于实相，还有一念之心也属实相，此一念心名之为'法性'、'性'。主体与客体的平等统一，也就是法性与实相的相即，因此，'一念三千'学说又名'性具实相'学说。由名义可知，该学说以实相论为最高原理，以探究世界的本质以及人与世界关系的本质为究竟"①。

从根本上说，天台宗的"一念三千"与"三谛圆融"是相通的，虽然"三谛圆融"似乎更多地论证了法与法之间空假中三谛的圆融，"一念三千"则更多论证了心法之间的圆融无碍，但两者都是"性具实相"论的理论展开，都统一于"心即实相……心是诸法之本"（《法华玄义》卷一上）的基本立场，体现了天台宗理论的圆融特色。从"观心"的角度看，天台宗的"一念三千"集中反映了天台宗的宗教世界观。

三、性具善恶与无情有性

根据以上这种宗教世界观，天台宗提出了自己富有特色的解脱修行理论。既然六凡四圣"十界"各各互具，那么众生本性也就"性具善恶"，即既具有地狱、饿鬼等界的恶法，也具有佛界的善法，众生与佛

① 潘桂明：《智颐评传》，南京大学出版社 1996 年版，第 258 页。

在根本上也就没有什么差别，迷即众生悟即佛，这就为一切众生皆有佛性、皆得修行成佛作了理论上的论证。“性具善恶”理论也是天台宗“性具”学说的重要组成部分，并且是富有特色的一部分。

从理论上说，性具善恶是“三谛圆融”、“一念三千”的题中应有之义。既然十界互具，则众生界必具佛法界性德之善，而佛法界亦必具众生界性德之恶。自竺道生倡“一切众生悉有佛性”以来，“具善”一说还能为佛教界普遍接受，虽然“善”之一义与通常所谓的“心净”说已经有了一定的距离。但说众生界特别是佛法界具性德之恶，这确为天台宗一家所独创，是天台性具圆义的不共法门。天台宗人自己也说，天台的性具理论，独特之处及对佛教有贡献之处就在于它提出了“性恶”说。智颛主张阐提断修善而不断性善，佛断修恶而不断性恶，主要目的在于说明阐提与佛的区别并不在性具方面，而在修习方面，表达了众生与佛本无差别，众生与佛在佛性上的平等不二，从而基于对“贪欲即是道”理论的发挥而强调了众生修习止观、证悟“烦恼即菩提，生死即涅槃”的重要性。

天台宗的性具善恶说，在天台九祖湛然那里得到了进一步的发挥。湛然以“中兴天台”自任，而他之所以特别强调性具善恶义，主要是为了对抗当时颇为兴盛的以华严为代表的性起说。不仅如此，湛然对天台宗理论的贡献，更为重要的在于他在“性具善恶”说的基础上进一步提出了“无情有性”说，把佛性推广到草木瓦石等一切无情之物。

本来，按照佛教的一般观点，佛性是唯“有情”才具有的，无情因为没有情识，无法证得菩提之智而获得觉悟，自然也就无佛性可言。但湛然认为，既然真如佛性是万法的本体，一切事物和现象都是佛性的具体体现，那么，佛性当然就应该遍在于一切事物，即使是草木瓦石等无情之物，也应该具有佛性。在《金刚錍》一文中，湛然集中阐发了自己的这一观点。

在湛然看来，所谓有情有佛性、无情无佛性，只是经文的方便说法。如依理而言，佛性犹如虚空，无所不收，无所不该，一切诸法悉有佛性。湛然对无情有性的论证包含着这样一个前提，即以真如为佛性，并赋之以"觉"义。一般认为，真如在无情中但名法性，在有情内方名佛性，换言之，觉义只限于有情的范围。湛然则以为不然，在他看来，一理平等无殊，所觉不离能觉，没有觉性的无情物作为所觉，与能觉的有情"自会一如"，因此真如、法性、佛性体一而名异，觉性遍于一切。湛然的无情有性说，达到了中土性觉理路的极致。

自竺道生倡导"一切众生悉有佛性"以来，佛性在中土就已开始被从觉性的方面来加以理解，《大乘起信论》出，以一心开二门，真如被认为兼摄有"大智慧光明义"，"性觉说"得到了系统的整理与发挥，其影响几乎及于整个中国佛学，但即便是以《大乘起信论》作为基本论典的华严宗，也只是将觉性赋予有情识的众生，而《大乘起信论》中真如作为遍一切处的理体，事实上也的确蕴含着将觉性进一步泛化的可能，湛然借助于《大乘起信论》中真如的不变随缘义，创造性地提出了无情有性说，可谓将"性觉说"发挥到了淋漓尽致的地步。

按照天台宗的"无情有性"说，既然佛性遍一切处，那么人人有佛性，人人能成佛就更是题中应有之义了。这种理论对整个中国佛教的发展所产生的影响是值得重视的。

第十一章　宗派佛学之二：法相唯识学

法相唯识宗是继承发展古印度瑜伽行派理论学说的一个佛教宗派，因通过分析"法相"而得出境无识有、"万法唯识"的基本结论，故得名。因而该宗的思想学说主要就是唯识学和法相学，并据此而展开了对修行解脱的说明。其重要理论有三性三无性说、唯识转依说、五重唯识观、五种姓说和五位百法说等，同时重视因明的运用。法相唯识宗向以名相概念的繁复而著称，下面我们择要略作介绍。

一、三性三无性与唯识转依说

三性亦名三自性、三相、三自相等，是瑜伽行派和法相唯识宗理论体系的中心观念。法相唯识宗以三性来概括其全部学说。三性的内容是：（1）遍计所执性，意谓世界万法并非真实的存在，人们"周遍计度"（普遍观察思量）、虚妄分别而执有实我、实法，犹如绳本非蛇，人们妄执为蛇。（2）依他起性：这里的"他"，指"众缘"，即因缘、等无间缘、所缘缘和增上缘这"四缘"，特别是指作为因缘的阿赖耶识种子及其能够引起心识变现万法的活动；依他起，就是"依他众缘而得起"，意谓世界万法虽非真实，但也不是绝对的空无，作为"假有"还是存在的，如绳依麻等因缘而生。（3）圆成实性：意谓于"依他起性"上远离"遍计所执性"的谬误，破除妄执，便能体悟到万法既无"人我"又无"法我"的真实本性，如绳亦空，由此显示的真如实性即为"圆成实性"。

法相唯识宗不仅继承了瑜伽行派的三性说，而且还结合唯识理论，发挥了"唯识无境"，认为"三性亦不离识"（《成唯识论》卷八）。"依他起"指的主要就是依识而起。诸识生起时，现似"见分"与"相分"（详下），此即依他起；意识于是周遍计度，执著为"能"与"所"，此即遍计所执；远离有、无二执，我法俱空，便显万法唯识，此即圆成实。

相对于三性，法相唯识宗又有"三无性"的说法，这是为了破除世俗对"三性"的不正确执著而提出来的。依三性而立的三无性为：（1）相无性：此依"遍计所执性"而立，意谓世俗认识把因缘所生法妄执为"实我"、"实法"，其实，"此体相毕竟非有，如空华故"（《成唯识论》卷九）；（2）生无性，此依"依他起性"而立，意谓依他起的万法乃"托众缘生"，如幻如化，只有假相，而无妄执自然之性；（3）胜义无性，此依"圆成实性"而立，意谓"圆成实"这一胜义性已经"远离前遍计所执我、法性故"（《成唯识论》卷九）。此即远离世俗认识所达到的"诸法真如"，亦即"唯识实性"。关于"唯识实性"，《成唯识论》引《唯识三十颂》来说明，远离遍计所执的实我实法而显的诸法实相，即是真如；于一切位常如其性，即唯识实性。

上述"三无性"被认为是佛的"密意说"，而非"了义说"。之所以如此，是因为"三性"中的后二性乃"假说无性，非性全无"。也就是说，在法相唯识宗看来，真正"无"的只有"遍计所执性"，至于依他起性，虽无实性，但有假相，故非"全无"，而圆成实性，乃是真有、实有，就更非"性全无"了。现假说为无，只是为了否定世俗所执持的那种实性而已。三无性其实是从另一个角度对三性思想的表述。

法相唯识宗还通过三性、三无性来发挥其"唯识无境"的基本观点，并以"唯识转依说"来展开其对修行解脱的说明。

唯识，亦称"唯识无境"，意谓宇宙万法都是心识的变现，心识之外无独立自存之境。这本是印度瑜伽行派的一个基本观点，世亲的代表作《唯识三十颂》就是专门论述三界唯识理论的重要著作。无著、世亲以后，主张"唯识无境"的瑜伽行派分成两派：一是以难陀和安慧等为代表的唯识古学，因其否认"相分"的真实性，故又称"唯识无相派"；二是以陈那、护法为代表的唯识今学，因其主张"相分"真实有体，"见分"取"相分"为境时，见分上会生起相分之"行相"，故又称"唯识有相派"。这两派的思想都先后传到了中国。南北朝时菩提流支的地论学派和真谛的摄论学派所传的基本上是唯识古学，唐代玄奘传译并据以立宗的主要是唯识今学。

唯识，就是万法不离识，离识无境。法相唯识宗继承了这一观点，并做了重点发挥。他们强调，众生的"识"是变现万法的根源，由于我、法皆唯识，故我、法皆不真。为了说明万法唯识的理论，法相唯识宗在坚持唯有内识、而无外境的同时，又将识分为三类八识，并提出了"种子说"和"四分说"等来详加解说。

三类八识说。法相唯识宗认为，能够变现万法的"识"可以分为八种，即眼识、耳识、鼻识、舌识、身识、意识、末那识、阿赖耶识。

这八识根据它们能变的性质又可分为三类：第一类是前六识，他们的主要职能是起"了别"和认识的作用。 其中前五识相当于感觉，以色、声、香、味、触为对象；第六意识相当于综合感觉所形成的知觉、思维等，以"法"（整个世界）为对象。 第二类是第七识，即末那识，它的主要职能是"恒审思量"，即不停顿地起思虑作用。 它的存在以阿赖耶识的存在为前提，它的活动也以阿赖耶识为依据，它又与阿赖耶识一起成为前六识发生的依据，并以阿赖耶识为"所缘"，即把阿赖耶识及其所变现的各种现象"恒审思量"为实我、实法，同时，它是联系前六识和第八阿赖耶识的桥梁，在未成佛果之前，它的"恒审思量"表现在"所执我相"，当通过修行而至转依位时，它便"审思量无我相"。 因此，末那识在法相唯识宗的转依理论中处于很重要的地位。 第三类就是第八识，即阿赖耶识，它是八识中最重要、也是最根本的识，前七识皆依此识而存在并活动。

阿赖耶识有多种含义，《成唯识论》将其归结为"三相"，即因相、果相和自相。 因相：这是说此识能永恒执持产生世界一切事物的种子，是万法的根本原因，故阿赖耶识又称"一切种识"。 果相：这是说此识能按前世善恶之业引生后世相应的果报，由于果报乃依过去善恶之因而有，果异于因而成熟，故果报新译作"异熟"，阿赖耶识也有称"异熟识"。 自相：阿赖耶识的自相是上述因果二相的统一。 阿赖耶识的自相细说有三义：一为"能藏"，意谓阿赖耶识能摄藏诸法一切种子；二为"所藏"，意谓阿赖耶识为诸法一切种子的所藏之处；三为"执藏"，意谓阿赖耶识原非自我而是识的流转，但被第七识恒常地执为自我。 由于阿赖耶识具有上述能藏、所藏、执藏三义，故又称"藏识"。 法相唯识宗认为，阿赖耶识是世界万法的本源，也是轮回果报的精神主体和由世间证得涅槃的依据。

　　法相唯识宗进一步认为，识为"能变"，万法为"所变"。 为了更好地说明"万法唯识"的道理，法相唯识宗又提出了"种子说"。 种子是一种譬喻，法相唯识宗以植物的种子能生相应的结果来譬喻阿赖耶识中蕴藏有变现世界诸法的潜在功能，并以此说明世界万法的差别性。他们认为，阿赖耶识是一切现象的总根源，世界万法都是由阿赖耶识所变现，现象之所以千差万别，就在于阿赖耶识中藏有种种性质不同的种子，相应地变现不同的万法。

　　为了证明"实无外法，唯有内识"，法相唯识宗立四分说。 四分说是法相唯识宗从认识的发生和过程等方面对"八识"的认识功能和作用所做的分析说明，并以此进一步论证了"唯识无境"的基本思想。法相唯识宗认为，认识发生的时候，要有认识的主体和认识的对象两个方面，认识的主体为"能缘"，认识的对象为"所缘"，认识活动就是"能缘"缘虑"所缘"；作为认识对象的所缘之境并非离识而存在，而是"唯识所变"，因此，认识活动的过程其实是八识自己认识自己所变现的形相的过程，而对这认识活动进行证知的能力或作用也同样并不超出"识"的活动范围。 这就是四分说所表达的主要思想。

　　四分说的"分"，指的是"作用的分限"，四分，即四种作用的分限，其具体内容是：第一为"相分"，指八识所缘的境，即认识的对象。 第二为"见分"，指八识的缘境能力或作用。 第三为"自证分"，这说的是相、见二分能够证知自己有认识活动的"识体"，它是见分和相分的共同所依，也是"见分"的见证者，见分的结果，要由"自证分"来证知。 如度量事物，既要有能量（见分）作为尺度，又要有所量（相分）作为对象，更应该有量果以得知大小长短，量果即是"自证分"。 第四为"证自证分"，这是指对"自证分"的再证知，亦作为证知"自证分"的量果。 四分说的根本目的还是在于论证并确立境依识起、唯识无境的基本观点。

与上述"唯识说"密切相关的是法相唯识宗的"转依说"。转依是法相唯识宗依据唯识的理论和三性三无性的学说而提出的全部修习的最高目标，意为彻底转变我执、法执之二障，以证得涅槃、菩提之二果。转，即转变、转化；依，谓依持，所依，指染净法共同依持的阿赖耶识；转依即是通过宗教修习，使阿赖耶识中染污的有漏种子不断减弱消失，清净的无漏种子不断增强滋长，最终转"染"成"净"，转"识"成"智"，杂染的阿赖耶识转变成清净的智慧，世间即转化为出世间，众生也即成佛了。因此，转依在法相唯识宗这里实际上是"解脱"的别名。

法相唯识宗认为，阿赖耶识中有染、净两类种子，分别为世间诸法和出世间诸法之因。众生之所以沦于生死，不得解脱，就在于把缘起的现象执为实我、实法而有种种烦恼，以"我执"为首的诸烦恼能障涅槃，称"烦恼障"；以"法执"为首的诸烦恼能障菩提（觉悟），称"所知障"。若通过修习而断灭二障及其种子，就能于依他起（缘起的现象）上"转舍"对实我、实法的执著（遍计所执），"转得"圆成实性，从而得到解脱，这就是"转依"。实现转依，获得解脱，这是法相唯识宗成立唯识说的根本目标。

法相唯识宗认为，只有把对真如（"是法真理"）的"迷"（识）转为对真如的"悟"（智），才能转阿赖耶识中的染分为净分，反之，也只有转阿赖耶识中的染分为净分，才能实现由迷到悟的转变。这样，法相唯识宗的转依实际上就有由染到净和由迷到悟这互为条件的两种转依。染净依归于心识，迷悟依归于真如（理），心和理就不完全是一回事，这与当时天台、华严和禅宗普遍把心和真如视为不二的观点有很大的差异，对当时及以后的佛学乃至宋明理学都发生了一定的影响。

二、五重唯识观与五种姓说

五重唯识观，就是法相唯识宗为确立世界万法"唯识所变"而提出的对万法唯识之理的五个层次的观想方法，谓通过这五重观法即能认识"唯识性"，达到"转依"的目标。"五重唯识观"又作"五重唯识"，以诸法皆由观识转变而来，持此观法，可将唯识体之浅深粗细次第分为五重故。窥基在《大乘法苑义林章》卷一中对从宽至狭、从浅至深、从粗至细的五重唯识观作了具体的说明：第一"遣虚存实识"，谓遣除"遍计所执性"的虚妄幻象，只存留观取"依他起性"和"圆成实性"的真实事理；第二"舍滥留纯识"，谓事理皆不离内识，内识有境（相分）有心（见分、自证分、证自证分），进一步舍离与外境（妄境）相滥涉的内境（相分），只存留观取后三分之纯识；第三"摄末归本识"，谓内识的相分和见分皆依"识体"而起，识体为"本"，相、见二分为"末"，摄相、见二分之末归于识体之本，唯观识体；第四"隐劣显胜识"，谓识体"心王"起时必有"心所"随起，心王与心所虽皆有变现事物的能力，但有"胜"、"劣"之殊，心王胜于心所，心所劣于心王，故"隐劣不彰，唯显胜法"；第五"遣相证性识"，这是说，心王虽胜，然有事相（依他起性）和性体（圆成实性），应舍遣"依他起"的事相而体证"圆成实"的真如；此为唯识观之究竟，如此观才能真正认识唯识的意义，亦即"唯识性"。

上述五重观法，第一重为虚实相对之观法，第二重为心境相对之观法，第三重为体用相对之观法，第四重为心王心所相对之观法，第五重为事理相对之观法。五重之中，前四重为舍遣遍计所执性而存归于依他起性的观法，故称"相唯识"；第五重为舍遣依他起性而证得圆成实性的观法，故称"性唯识"。 不管是"相唯识"还是"性唯识"，都是围绕"唯识无境"而展开的，都是为了达到对"唯识"之理的体证。

五种姓说则是瑜伽行派和法相唯识宗根据唯识的理论而提出的一个独特的观点。 五种姓，亦作"五种性"，或称"五乘种姓"，意谓一切众生先天具有的本性有五种，由阿赖耶识中清净的无漏种子和染污的有漏种子所决定，不可改变。 此说是瑜伽行派的一个重要观点，为法相唯识宗所继承并坚持。 根据《楞伽经》和《解深密经》等，五种姓的内容为：第一，"声闻种姓"，谓此种姓听闻佛陀声教而得悟道，修行的最高果位为"阿罗汉"。 第二，"缘觉种姓"，谓此种姓能"自觉不从他闻"，即能自己通过观察思维"十二因缘"等佛说教理而悟道，修行的最高果位为"缘觉"（音译作"辟支佛"）；以上两种合称小乘"二乘"。 第三，"菩萨种姓"，谓此种姓修持大乘六度，求无上菩提，利益众生，将于未来成就佛果；以上三种，统称"三乘"，由于这三乘一定会相应达到阿罗汉、辟支佛、菩萨（或佛）的果位，故又分别称为"声闻定姓"（定性声闻）、"缘觉定姓"（定性缘觉）和"菩萨定姓"（定性菩萨）。 第四，"不定种姓"，谓此种姓具有"三乘"本有种子，遇缘熏习，修行究竟会达到什么果位，还不一定，故又称"三乘不定姓"。 第五"无种姓"，谓此种姓无善根种子，将永远沉沦生死苦海，虽然可以修生为人或转生天界，但永远不能达到佛教解脱。

五种姓的思想来源很早，在《般若经》里就已经提到三乘性和不定性，但此说后来成为瑜伽行派所特有的主张。 这种说法把一部分众生（无种姓）排斥在成佛的可能性之外，认为这部分众生的阿赖耶识中不存在无漏种子，因而永远不能解脱成佛，这与在中国占主导地位的"一切众生悉有佛性，皆得成佛"的说法不合，因而不受欢迎。 据说法相唯识宗的创始人玄奘印度求法，曾想回国以后对此说加以修正，但遭到其师戒贤的反对。因此，玄奘回国以后仍然坚持印度旧说，把五种姓说作为法相唯识宗的根本教义之一。一般认为，这也是法相唯识宗在中土盛极一时但很快就趋于衰落的重要原因之一。

三、五位百法与因明学说

法相唯识宗之所以得名的重要原因之一是它对"法相"的细致分析，而这在其"五位百法"的理论中得到了最充分的体现。

关于"五位百法"，《大乘百法明门论》中说："一者心法，二者心所有法，三者色法，四者心不相应行法，五者无为法。"五位百法是法相唯识宗对宇宙万有的分类，目的是通过分析这"五位百法"而论证"万法唯识"，从而为宗教解脱铺平道路。"五位百法"包括心法八种、心所有法五十一种、色法十一种、不相应行法二十四种和无为法六种等五大类。

心法八种：即眼识、耳识、鼻识、舌识、身识、意识、末那识、阿赖耶识等"八识"。法相唯识宗认为"八识"各有识体，故列"心法"为八，意为精神作用的主体。相对于"心所有法"而言，"八识"之识体自身又名"心王"，谓为心所有法之所依。由于"一切法中，心法最胜"，"由此心故，或著生死，或证涅槃"，故列于首位。

心所有法五十一种：心所有法又名"心所"、"心数"、"心所法"等，指相应于"心王"而起的心理活动和精神现象，为"心"所有，故名。由于此法与心相应而生起，故列于心法之后。法相唯识宗把五十一种心所有法分为六类：第一，遍行五种：触、受、思、想、作意，此为任何认识发生时都会生起的心理活动，带有普遍性，故名"遍行"。第二，别境五种：欲、胜解、念、定、慧，此与遍行相对，为由特殊的境界所引起的心理活动，故名"别境"。第三，善十一种：信、惭、愧、无贪、无瞋、无痴、精进、轻安、不放逸、行舍、不害，此皆属"善"的心理活动。 第四，烦恼六种：贪、瞋、痴、慢、疑、恶见，此六种烦恼为一切烦恼的根本，故又称"根本烦恼"或"本惑"。 第五，随烦恼二十种：忿、恨、覆、恼、嫉、悭、诳、谄、害、憍、无惭、无愧、掉举、惛沉、不信、懈怠、放逸、失念、散乱、不正知，此二十种烦恼为随从根本烦恼而起，由根本烦恼所派生，故名"随烦恼"，又称"随惑"。 第六，不定四种：悔、睡眠、寻、伺，此类法的共同特点是善恶不定，故称"不定"。

色法十一种：色法，意谓有质碍或变碍之物，略相当于物质现象。法相唯识宗认为"色法"不能独立生起，是"心法"和"心所有法"的变现，故排在"心法"和"心所有法"之后。 可见，法相唯识宗将色法排在心法之后，同样体现了其"万法唯识（心）"的基本主张。 十一种"色法"分为三类：第一类是"五根"，即眼根、耳根、鼻根、舌根和身根；第二类是"五尘"，即色、声、香、味、触；第三类是"法处所摄色"，这是第六意识所缘的"色法"。

不相应行法二十四种：不相应行法，也称"心不相应行法"，或略称"不相应法"。 不相应，即不相似，意指既不属于"色"，也不属于"心"的有生灭变化的现象；此法为五蕴（色、受、想、行、识）中"行蕴"所摄，故名"行"。 由于此法"无别有体"，借助于心法、心所有法、色法"假施设有"，故位列第四。 二十四种不相应行法的内容为：得、异生性、众同分、命根、无想定、灭尽定、无想果、名身、句身、文身、生、老、住、无常、流转、定异、相应、势速、次第、方、时、数、和合、不和合。

无为法六种：无为法，意谓非因缘和合而成、无生灭变化、无因果联系的绝对存在。 由于此法"是前四位真实之性"，又借前四位法

"断染成净"才能显示，故位列于第五。 法相唯识宗提出的六种无为法是：虚空无为、择灭无为、非择灭无为、不动无为、想受灭无为、真如无为。

法相唯识宗的"五位百法"是在改造小乘佛教说一切有部《俱舍论》"五位七十五法"的基础上建立起来的，它进一步完成了佛教的名相分析系统，并突出了对"万法唯识"的强调，从而为"唯识转依"的宗教解脱论奠定了理论基础。

前面提到，重视因明是法相唯识宗的重要特点之一。 这里再简单介绍一下法相唯识宗的"因明学说"。

因明是通过宗、因、喻所组成的三支作法进行推理证明的学问。三支作法中"因"最为重要，故称"因明"。 因，指原因、根据、理由；明，含有知识、智慧、学术等意义。 因明起源于古印度正统婆罗门哲学派别关于祭祀的辩论，其中正理派曾以此作为他们学说的中心。大乘佛教中观学派的龙树全盘否定正理派的逻辑学说，瑜伽行派出于辩论的需要则逐渐吸取并发展了古因明，使之成为驳斥外道、宣传教义的重要工具。 重视因明成为法相唯识宗所直接继承的后期瑜伽行派思想学说的重要特点之一。 法相唯识宗的创始人玄奘在印度求法期间和回国以后都对因明的发展做出了重要的贡献。 他的弟子窥基对因明学也多有发挥。 据说玄奘曾把因明单独"秘密传授"给窥基，反映了对因明的重视程度。

玄奘临回国前在印度戒日王所主持的曲女城大法会上曾立了一个著名的"真唯识量"，以论证万法唯识："真故极成色，不离于眼识——宗；自许初三摄，眼所不摄故——因；犹如眼识——喻。"（窥基《因明入正理论疏》卷中）这是一个完整的因明论证式。 宗，是命题；因，是论据；喻，是类比。 "初三"是指"十八界"六个组合中的第一组，即眼根界、色尘界和眼识界。 这个三段论式的意思是：色尘并不能离开眼识而存在；理由是，佛教各派都承认色尘是"初三"之一，包括在"初三"之中，但不包括在眼根中，它是眼识以眼根为所依而变现的"相分"；就好比眼识不离眼识一样。 由于这个论证式很好地运用了因明的格式和规则，逻辑地论证了境色不离识、能缘与所缘乃是同一识体上的"相分"与"见分"的关系，在唯识学者看来，它是成立唯识理论颠扑不破的"比量"①，因而被称为"真唯识量"。 "真唯识量"集中体现了法相唯识宗运用因明学来论证"万法唯识"的特点。

玄奘回国以后，除了翻译因明的主要著作外，还对因明辩论、立规原则、论证性质等作了精细的分析和发挥，深化了因明立量的方法。玄奘传人的因明，经他和他弟子窥基等人的阐扬而形成了许多区别于印度旧说的新特点。 法相唯识宗应用因明而使他们本宗的学说得到了更好的宣扬，但因明的方法对当时一般思想界来说影响并不是很大。

---

① 比量："量"是尺度、标准的意思，指知识来源、认识形式及判定知识真伪的标准，分现量和比量。现量即感觉，比量是指在现量的基础上以一定的理由和事例为根据由已知推论未知的思维和论证形式。

第十二章　宗派佛学之三：华严法界论

华严宗主要发挥"法界缘起"的旨趣，因而又有"法界宗"之名。华严宗的法界缘起论以"一真法界"为万法的本原，认为世界上一切现象都是"一真法界"随缘（随各种条件）而生起。"一真法界"也叫"一心法界"，实即真如佛性，因此又称"性起缘起"。缘起的各种现象之间你中有我，我中有你，相即相入，圆融无碍，处于重重无尽的联系之中，因此又称"无尽缘起"。华严宗曾专门立四法界、六相圆融、十玄门等来说明这无尽缘起的理论。

一、法界缘起与性起论

法界是华严宗的基本概念，意义近似于"存在"，包括物质的存在与精神的存在。法，泛指一切事物，在佛典中通常以二义释之：一为任持自性，意即每一法都有与他物相区别的不变的本性；二为轨生物解，意即它能令人产生与之相符合的认识。界，有种族、族类的意思，按法藏的解释，一为因义，二为性义，其实指的都是真如理体，众生因证悟真如而成佛，故它是产生圣道之因；真如又是一切诸法的共同本性，所以又具性义；法藏还提到"分齐义"，这是指事法而言，即事物因有不同的自体、不同的相状而有不同的分界。概而言之，法界大略有二层含义，一是就事法而言的各类分界，二是就理体而言的真如佛性。

缘起论本是所有佛学理论的基石，而被华严宗人视为最为究竟圆满的法界缘起，其特色何在呢？即在于"以诸界为体，缘起为用，体用全收，圆通一际"（《华严策林》）。即诸法的缘起以法界为体，法界随缘而起诸法之用，因此体非于用外别有其体，体因用而显；用亦非于体外别有其用，用依体而起，如此体用互融，相即相入，虽"事相宛然"而又不碍其"体恒一味"，这便是超乎诸家缘起说之上的法界缘起。

在华严学中，另一个基本概念是"性起"，这实际上是把法界缘起收摄到心性的角度来加以考虑。性起之名，出自晋译《华严经》中《宝王如来性起品》的品名，唐译则改为《如来出现品》，按经文所述，是说如来以各种形象出现于世教化众生。法藏承智俨的思路，对此却做出了两种与经文原义不同的发挥："从自性住来至得果，故名如来，不改名性，显用称起，即如来之性起；又真理名如、名性，显用名起、名来，即如来为性起。"（《探玄记》卷十六）这是以体用来诠解性起，性起即为依体起用。那么这一性起与通常所谓的缘起有何区别呢？法藏的解释是，一般所谓的缘起，是说"法从缘而起"，因此是"缘集有，缘散即无"，而这只是方便之谈；而性起则是由平等一味的真如理体随缘而起万法，真如本无起灭可言，因此虽起实无有起，虽灭实无有灭，"缘合不有，缘散不无"，这是"以不起为起"。为具体阐明"法界缘起"，华严宗人便提出了著名的"四法界"说。

二、法界三观与四法界

"四法界"是由最初的"法界三观"发展而来的。相传华严初祖法顺曾撰有《华严法界观门》一文，最先确立了三观之义，此文原为法藏《华严发菩提心章》的一部分，从其行文与思想来看，不太像是法顺的独立作品，故学界一般认为法界三观乃是法藏的创构。

所谓"法界三观"，是指真空观、理事无碍观、周遍含容观。法界，为所观之境，三观即能观之观。"法界三观"中每一观又开为十门，总合三十门观法。

第一"真空观"，是观理法界，即观一切诸法当体即空、色空无碍。于中别为四句：一会色归空观，二明空即色观，三色空无碍观，四泯绝无寄观，前二句又各摄四门，总合十种观法。具体地说，一"会色归空观"，是观万法因缘和合，当体性空，此空非指事物因断灭而成空，亦非色相全无而为空，空作为色法等的会归处也并不含摄能会归于它的色法，因此确切的含义只能是指诸法因无自性而体性空；二"明空即色观"，此句为上一句的倒转，即从空的视角来观照空色相即，其所摄四门亦为上句四门之倒行；三"色空无碍观"，色非实色，空非断空，因此色举体不异空，空举体不异色，观色即可见空，观空即可见色，色空无碍，融通一味；四"泯绝无寄观"，如此所观之真空，必然超越一切色空的对待，非言所及，动念即乖。

第二"理事无碍观"，即观理事无碍法界。如果说"真空观"主要涉及理体本身，那么"理事无碍观"便介入到了事法的层面。此观亦有十门：一理遍于事门，二事遍于理门，三依理成事门，四事能显理门，五以理夺事门，六事能隐理门，七真理即事门，八事法即理门，九真理非事门，十事法非理门。此十门大致可分为三组，前二门为一组，为理事之互遍，其后四门为一组，为理事之相成相违，末四门为一组，为理事之相即相非。

十门中最重要的是理事互遍的关系。事是分位差别的，理是无分限的，但事含理是含全体之理，因为理是不可分的，法藏于此虽然开为二门来谈，其实说的是同一件事。一方面，理体周遍于一切事相；另一方面，每一事法即使小至纤尘，也含摄理之全体。就前一方面说，理显然是无分限的。而就后一方面来看，事是有分限的，但这决不意味着遍于不同事法的理因此就可以被分割，相反，理的完整性与同一性在每一事法上都能得到同样的体现，即使这些事法就其表面形态来看会各有分位差别。这一理事互遍的关系是其他各门所有理事关系的基础。

十门中的第二组四门是用来表明理事之间相成相违之关系的。一方面，事法本无自性，唯依理体而起，如此生起的事相却又能反过来显明理体；另一方面，理体显明则事相便成虚幻，事相显露则理体自然隐没，两者既相依互成，又彼此相夺互违，这是理事关系的又一层面。

十门中的第三组四门则是从相即相非的角度来说明理事关系。一方面，理体不在事法之外，理全体即是事，事法依缘而起，本无自性，故当体亦即是理；另一方面，事法是依于理体而起的幻相，而理体是作为所依的真实，两者又全然不同。

总之，通过以理事互遍为核心的理事无碍观，法藏无非是要说明，形态各异的事法正是由于它们所普遍摄入的同一理体而获得了它们的统一性，不可分的理就是它们能彼此叠合、相即相入的中介，因此，接下来便自然过渡到周遍含容观。

第三"周遍含容观"，即观事事无碍法界。此观的十门是：一理

如事门、二事如理门、三事含理事门、四通局无碍门、五广狭无碍门、
六遍容无碍门、七摄入无碍门、八交涉无碍门、九相在无碍门、十普融
无碍门。　这里前二门重申了理事的互遍，指出事无别事，全理为事，
以此理为中介，故一微尘亦能周遍一切法。　第三门是上两门的综合，
意为一切事法都有理事两个方面，故必然因其所含理体的同一性而由理
事无碍及于事事无碍。　第四、五两门是从各住自位的角度讲的，即事
法能不离其所处的空间位置、不改变其形态大小而全遍于十方一切处。
第六、七两门则分别从一相待于一切、一切相待于一的角度来谈一与一
切之间的相摄相入，摄即广容，入即周遍，当一微尘周遍于一切法时，
它也就同时含容一切法在自身之内，当一微尘含容一切法时，它同时也
就周遍于它所含容的一切法，一切法相待于一，亦复如是。　第八、九
两门则分别对应于上两门的视角而有不断回互而递增的无尽缘起的效
应，第八门通有四句，谓一摄一切，一入一切；一切摄一，一切入一；
一摄一法，一入一法；一切摄一切，一切入一切。　能摄所摄，能入所
入，互相成立，交参无碍。　第九门虽从一切法望一而有视角的不同，
其实质并无二致。　第十门也是一个综合，谓一与一切，更互相望，普
融无碍。

　　法藏以后，澄观、宗密等华严宗学人都非常重视这一三观学说，他
们都分别撰有对《华严法界观门》的注疏，并在三观的基础上进一步发
展出四法界说。

　　最早提出四法界说的是澄观。　澄观之学的基本特点，是以华严教
义为基础来融会禅教各宗，尤其是他对禅宗心学的吸收，开启了华严学
全面禅化的过程。　澄观对禅宗心学的吸收，突出表现在他对"心"义
的重视，并试图用"心"来界定主要是从理事关系立论的"一真法
界"，以统摄各种法界说。

以"一真法界"为总纲，澄观对法界说进行了初步的整理，在他那里，法界的分类大约有三种：一者约三法界，指事法界、理法界、无障碍法界；二者约四法界，指事法界、理法界、理事无碍法界、事事无碍法界；三者约五法界，指有为法界、无为法界、亦有为亦无为法界、非有为非无为法界、无障碍法界。 对此三种法界，澄观其实是交替使用的，而在晚期较为成熟的《华严法界玄镜》中，他关于四种法界的说法才基本定型。 其中提出："法界之相，要唯有三，然总具四种。 一事法界，二理法界，三理事无碍法界，四事事无碍法界。"他还把法藏原来所说的三种观法发挥为三种法界，"真空则理法界，二如本名（即'理事无碍'法界），三则事事无碍法界"，并认为，三法界乃是"三观所依体"（以上引文均见《华严法界玄镜》卷上）。 澄观的四法界说在他的弟子宗密那里得到了进一步的系统整理，成为从总体上论述法界缘起的完备学说。

"四法界"的主要内容是：（1）事法界，这是指宇宙万有事法，互相区分，具有差别性。 （2）理法界，指不同的事物有共同的本体、本性，这就是真如佛性。 （3）理事无碍法界，理是事的本体，事是理的显现，差别的事法与同一的性体相互依存，交融无碍。 （4）事事无碍法界，既然一切事物和现象都是同一理性的体现，一切即一，一即一切，因此，千差万别的事物之间也就是相即相融、彼此无碍的了。 华严宗认为，四法界是"一真法界"圆融无碍的义相："统唯一真法界，谓总赅万有，即是一心。 然心融万有，便成四种法界。"（《注华严法界观门》）华严宗曾以大海中水与波的关系来喻理、事关系。 它以波涛起伏、千变万化的大海来喻"事法界"，说明宇宙万有的差别性；以大海波涛万顷，归宗于水来喻"理法界"，说明差别性的事物有共同的本体；以大海水波交融、无碍一体来喻"理事无碍法界"，说明有差别的事物（事）与同一的本体（理）相互依存、交融无碍；以大海波波相即、包融涵摄来喻"事事无碍法界"，说明一切即一、一即一切的道理。　把法界（各种存在）归之于一心，论证事物之间的圆融无碍，这是"四法界"的重点，它为现存一切的合理性提供了理论上的"根据"，因而这种理论在当时受到了统治者的欢迎。

在四法界中，华严的根本要义在于由理事无碍而至事事无碍，换言之，即由理体的融通性而达到事法缘起的重重无尽，这就是所谓的"无尽缘起"。　从某种意义上说，法界缘起如不达至无尽缘起的层面，不免尚有未尽之处，而为具体阐明无尽缘起，华严宗人则提出了著名的"六相圆融"和"十玄门"的学说。

三、六相圆融与十玄门

"六相圆融"，亦称"六相缘起"，即从总相、别相、同相、异相、成相、坏相等六个方面来进一步说明"法界缘起"的道理，说明缘起的各种现象之间的圆融关系。　华严宗认为，整体与部分、同一与差别、生成与坏灭这六相是相辅相成地同时表现在一切事物之中，也同时表现在一个事物中。　它表明，一切事物和现象虽然各有自性，却又都可以融合无间，毫无差别。　依持"一真法界"而起的一切现象，它们之间的关系都是由六相而形成的错综复杂的缘起关系。　法藏曾举屋舍为例来对此予以说明。

何谓总相？　屋舍即是。　屋舍必有屋舍之诸缘集合而成，没有椽、板、瓦等诸缘，就没有屋舍，有此诸缘，故成立屋舍之总相。　更进一步看，屋舍由椽等材料构成，若没有椽，屋舍即不成，在此意义上说，椽也就是屋舍。　那么，没有其他梁瓦等材料，光有椽即能建成屋舍吗？　法藏认为，椽之所以被称为椽，就因为它是和板、瓦等材料一起建造成的屋舍的椽，否则，它只是一块木料，而不能被称为椽，也就是说，椽作为屋舍的因缘乃是与屋舍、板瓦等一体具在的，当它仅是一块木料而非椽时，它并不是屋舍的因缘。既然有了一椽即有屋舍的全体，也就有其他的板、瓦，而没有椽也就没有屋舍，板瓦也就不成其为板瓦，因此，板、瓦等也就是椽也。法藏在这里主要想说明的是，一切缘起法，不成则已，一成则一切成，诸法相即无碍，融通为一，此即为总相。

第二是别相。屋舍为总相，椽等即是别相，正因为有椽等的别相，方能成屋舍的总相。一方面，总、别是相即的，椽若不与舍相即，就不名为椽，舍若不与椽相即，也不名为舍；另一方面，两者在相即中又是有别的，且正因为其相即，是故才成别，若两者了不相关，即无总别。

第三是同相。椽等诸缘共同作舍，不相违背而同为屋舍的因缘，故名同相。它与总相的区别是，总相说的是缘起事物的总体，即屋舍是，而同相则指构成屋舍的椽等因缘，虽然其体各别，然合力共同作舍，因而名之为同相。

第四是异相。这是指椽等诸缘各有自身的类别、形状，彼此之间互不相同。异相与别相不同，别相是椽等诸因缘有别于作为总相的屋舍，而异相则是指诸因缘之间的彼彼相异。在法藏看来，正因为诸因缘有不同的功能作用，方能合力造成一舍而有上述的同相之可言，若瓦同椽一样有丈二之长，即不可能有屋舍的缘起。

第五是成相。由椽等诸缘，屋舍得以成，由有屋舍，椽也才得以成为椽，因此，总相与别相，相互以成。由椽等作舍，并不是说椽等合起来变成了舍，椽等依然各住自位，同时又有屋舍现前，因此是众缘成果，因果互成。

最后是坏相。如上所述，椽等诸缘互相结合，就能成舍，但椽等诸缘本身并没有变成屋舍，它们依然各有其不同的特征，是为坏相。若椽等变成了屋舍，即没有椽，既没有椽，也就没有屋舍可言了。

总之，华严宗说"六相圆融"的目的是为了说明，虽然在无尽的缘起现象中必然会呈现出整体与部分、同一与差异、生成与坏灭的矛盾关系，但对立的双方从根本上说乃是彼此相即、共依互成的。法藏最后以一首偈颂来结束对六相圆融的解说："一即具多名总相，多即非一是别相；多类自同成于总，各体别异现于同；一多缘起理妙成，坏住自法常不作。唯智境界非事识，以此方便会一乘。"（《华严一乘教义分齐章》卷四）

华严宗还立"十玄门"来说明重重无尽的法界缘起之奥义。"十玄门"也称"十玄缘起"，此说首创于智俨，称"古十玄"；基本完成于法藏，称"新十玄"。两者内容差异不大，次第有所不同。智俨的"古十玄"是：同时具足相应门、因陀罗网境界门、秘密隐显俱成门、微细相容安立门、十世隔法异成门、诸藏纯杂具德门、一多相容不同门、诸法相即自在门、唯心回转善成门、托事显法生解门。法藏的"十玄"虽被称为"新十玄"，但从总体上看，内容并没有突破智俨的范围，只是有某些名目与次第的调整以及某些概念的修订。在《五教章》、《金狮子章》及《探玄记》中，法藏曾分别提出了三种"十玄"，这说明直至法藏，"十玄"之说仍未最后定型。现且综合法藏的这三种说法，对十玄简述如下：

第一，同时具足相应门。这是说缘起的一切事法能超越时空等的限制，同时圆满具足、彼此相应而成一大缘起法聚的总体。此门是对事事无碍法界的总体描述，而其后九门则都是对这一门的分述。

第二，广狭自在无碍门。在《五教章》及《金狮子章》中，此门为诸藏纯杂具德门，而于《探玄记》中，则改为此名。"诸藏纯杂具德门"是说，在诸法相摄相入的无尽缘起中，随举一法为摄入的主导者，其余一切诸法则必然会归于它，是为一切即一，故名纯，而此一中又含有一切的差别法，是为一即一切，故名杂，如此自然纯杂无碍、圆满具足，这运用到修行上，便是各法门相互融摄，随修一门，即修一切。可能是考虑到这种说法主要还是基于修行的角度，因此法藏后来把它改为"广狭自在无碍门"以进一步扩大其论述的范围。广狭虽殊，然不碍其相容，比如花叶虽小，亦能普周法界，虽其普周法界，却仍不失其本位，是为广狭自在。

第三，一多相容不同门。这是说，一遍布于多，而同时它又容纳多在自身之内，两者能相互容受，自在无碍，却依然一为一，多为多，各住自位，历然有别。

第四，诸法相即自在门。当一遍布于多时，自体入于他体，故举体即为彼一切法，而同时它又收摄一切法在自身之内，他体入于自体，故彼一切法又即是己体，如此"一即一切，一切即一，圆融自在，无碍成耳"（《华严一乘教义分齐章》卷四）。值得注意的是，一摄一切乃是一个重重无尽的过程，也就是说，随举一法，在它摄入一切之后，它还会一切即一，一即一切地无限进行下去，从而形成以初始法体为主导的无尽缘起，而同样重要的是，这一初始法体的选定乃是基于不同的视角而可随意转换的。

第五，隐密显了俱成门。一摄一切，则一显多隐；一切摄一，则一隐多显，一多不可能同时为显，也不可能同时为隐，唯有隐显才可能同时成立。

第六，微细相容安立门。这是强调无尽缘起的诸法"于一念中具足"。

第七,因陀罗网境界门。 因陀罗即印度神话传说中的帝释天,相传他的宫殿中悬挂有一结满宝珠的网,网上之珠,珠珠相映交彻,各显一切珠影,这里以此来譬喻诸法之间的互相映现、重重无尽。

第八,托事显法生解门。 此门的大意是,可以托以不同的事法来彰显不同的义理,从而生起相应的解行。 换言之,事事无碍之理随处皆在,理并非存于事外。

第九,十世隔法异成门。 这是从时间性的角度来讨论无尽缘起,所谓"十世",是指过去、现在、未来三世,而此三世又各有过去、现在与未来,如此合为九世,此九世不出当下之一念,总别合论故云十世。 在法藏看来,虽然十世中的事物都隔别不同,但它们都能摄于当下的一念,而时与法是不相离的,故此十世本身也能为一念所包摄。

第十,主伴圆明具德门。 此门在《五教章》及《金狮子章》中均为"唯心回转善成门",《探玄记》中方改为此名。 主伴圆明具德是说,在无尽缘起的现象中,随举一法为主,其余一切法即为伴,主唱伴随,伴随主而回转。

按照华严宗的说法,以上十门是一切万有都具备的法门,它要求人们用佛教的观点去观察一切现象,看到彼此差别的事物之间相即相入、圆融无碍的关系。 法藏还特别指出,这十玄门相互之间也是"一即是多,多即是一"的关系,表现了"法界缘起"的道理。 他说:"此上十门……随一门中即摄余门无不皆尽。"(《华严一乘教义分齐章》卷四)"十玄门"与"六相圆融"会通,构成了华严宗"法界缘起"的中心内容。

华严宗无尽缘起的理论,在佛学中被认为是最为"玄妙"的,常人很难理解。 为了使烦琐、晦涩的教义易于为人们所掌握,扩大华严宗的影响,华严宗的创始人法藏曾在通俗化方面做了许多工作。 例如他曾为武则天讲"六相"、"十玄门"等，武则天"茫然未决"，难以理解和掌握，法藏乃随手举殿前的金狮子为譬喻说"一一毛头各有金狮子，一一毛头狮子同时顿入一毛中，一一毛中皆有无边狮子，如是重重无尽"（续法《法界宗五祖略记》）。据说武则天这才豁然开悟。又有一次，法藏为了帮助一些不了解重重无尽之义者懂得这种微妙的道理，特取十面镜子，"八方安排，上下各一，相去一丈余，面面相对，中安一佛像，燃一炬以照之，互影交光"，使学者因此而"晓刹海涉入无尽之义"（《宋高僧传》卷五《法藏传》）。通过这些形象的教学，不仅使学者对华严宗无尽缘起、圆融无碍的抽象教理有了感性的认识，而且吸引了大批的听众和信徒，华严宗的影响也因此而日益扩大。

第十三章 宗派佛学之四：禅宗心性论

中国禅宗奉菩提达摩为东土初祖，以下有慧可、僧璨、道信、弘忍等依次相传，为"东土五祖"。 五祖弘忍门下出神秀和惠能，惠能被视为禅宗的正脉，世称"六祖"。 东土五祖的禅学思想，为禅宗奠定了重要的思想理论基础。 禅宗有神秀北宗和惠能南宗两大基本派别。本章依据相关材料，对东土五祖和南北禅宗的禅学思想分别略作介绍。

一、东土五祖的禅学思想

初祖菩提达摩的禅法是围绕着"安心"而展开的，所以称之为"大乘安心之法"。 "安心"本来是印度禅与中国早期禅学所共有的内容，但达摩把它突出了出来，作为修禅的根本，以取代传统禅法对身姿行法的偏重。 同时，他从般若扫相与心性本净相结合出发，赋予了"安心"以新的内涵。

达摩所强调的"安心"的重要内容为"壁观"。 所谓"壁观"，大致有二层意思：其一，就壁观在印度禅法中的本意来说，是以坐禅所面之壁的土色为观想的对象，并进而在主观体验中视天地为一色，从而达到心地清净的一种方法，故达摩在嵩山少林寺修禅，曾"面壁而坐"、"端坐面墙"；其二，就禅修的结果而言，"壁观"又是一种譬喻，有心如墙壁、无所执著的意义。达摩来华传壁观之法，强调随缘"安心"，重在破除心的执著，因而更突出壁观的"心如墙壁"之义而并不强调"壁观"的形式。

为了帮助人们实际地修习，菩提达摩还提出了"理入"和"行入"两种具体的"安心"修行方法。何为"理入"？"理入"就是"藉教悟宗"，即凭藉"种种教法"而悟道。何为"行入"？行入者，所谓"四行"：一者报怨行，即在受苦之时，认识到所受的一切苦难都是自己过去所作所为的报应，非他人所造成，因而无所抱怨，"逢苦不忧"；二者随缘行，是在"报怨行"的基础上进一步以佛教"诸行无常"、"诸法无我"等基本理论来分析人生的苦乐现象，从而要求修行者"苦乐随缘"，"得失随缘"，不生喜乐之心；三者无所求行，即强调要对一切都无所贪求；四者称法行，即全面地按照佛教的要求去行动。

二祖慧可继承了达摩"藉教悟宗"的传统，在以四卷本《楞伽》印心的同时，又"专附玄理"，不执著言相文句，在实践达摩的"二入四行"、苦乐随缘的禅法中，进一步发展了达摩禅。他的禅法思想，在《续高僧传·慧可传》记载的慧可《答向居士书》中有大致的反映。从中可以看出，慧可对达摩的"藉教悟宗"是有进一步的发挥的。他从本末体用一如的观点出发，强调了修行实践上的自度自证，自我解脱，表现了以《维摩经》等为代表的生死涅槃不二、众生与佛不二的大乘佛学思想。其立足点虽仍是《楞伽经》的清净心，但更突出了众生对清净本心的自觉，突出了幻化非真、虚妄无实与如实幽理、万法皆如的不二，般若的思想显然也是存在的。

慧可把佛法僧统一于心，突出自心的觉悟，其理论意义在于，一方面将佛由外在的崇拜对象拉向了人的心性，另一方也使禅观之境由外搬到了内。在达摩禅法中，最高的境界是"与道冥符"，即众生本净的心性与真如实相冥然相符。而在慧可禅法中，心性就是真如，自性就是佛，因而清净之心就是所观的对象，修禅无须追求"与道冥合"，而是应该"自性觉悟"。

三祖僧璨，有托名僧璨的《信心铭》存世。《信心铭》是否为僧璨所作，一向有不同的看法。但从内容上看，与达摩、慧可以来强调的"众生与佛不二"等思想是一致的，因而可以视为是达摩禅系早期的作品。

《信心铭》的思想核心是《楞伽经》的自性清净的如来藏思想，强调众生本心的自然具足，同时又引入了般若三论心境两空、破邪显正的思想与方法，结合"不二法门"而把达摩禅中的"无自无他"、"称法而行"进一步发展为息妄显真、无求无证、自然逍遥。《信心铭》强调，清净之心与真如法界不二，心境原是一空，万法本来一如，世俗所谓的是非、得失、染净都是由妄心而起，皆是虚妄，应该"得失是非，一时放却"。为此，《信心铭》提出，"不用求真，唯须息见"，认为只要息除一切妄念，心之真性便会自然显现，若有所求，反而会失之弥远。将这种理论落实在禅行实践上，便是要求在无求无得、无念无行的自然生活中证悟自己的本觉真心以实现解脱。《信心铭》在强调不取不舍、绝言忘虑的基础上，发展了达摩禅所要求的随缘而行，提倡一种放之自然、任性逍遥的修行生活，把佛教的"万法一如"、"即心即佛"与老庄玄学的人生哲学巧妙地结合到了一起，开了后代南宗禅的先声。

从慧可和僧璨的禅学思想和禅法特点中可以看到，达摩禅在其展开中虽一直以《楞伽》心性论为主，但也始终包含着《般若经》的思想，特别是到了僧璨这里，般若无所得的思想占了较大的比例，从而有可能进一步破除传统禅法的烦琐形式而提倡直契心性的简便法门。同时，以般若破执著，也就使达摩的"藉教悟宗"更进一步向"领宗得意"、不执言相的方向发展，这既为在"藉教"而不著教的旗号下突破《楞伽》而广摄众经打开了方便之门，也为"不立文字"的出现开拓了道路。僧璨以后，达摩禅逐渐传至般若三论思想盛行的南方地区，僧璨的得法弟子、禅宗四祖道信开东山法门，进一步从理论上对般若与楞伽的会通加以论证，并广泛引用了包括《金刚经》在内的大量佛教经论，提倡各种因人而宜的禅法方便，更好地适应了众多修禅者的需要，从而开启了达摩禅系发展的新阶段。

四祖道信继承了达摩系禅会通空、有的思想特色，同时，由于受南方佛教的影响，他又更多地将立足点移向了般若。从总体上看，道信的禅法仍不离四卷本《楞伽经》，但由于他同时又依《文殊说般若经》，因而进一步淡化了楞伽的真性之义，使真常之心更多地转向了人们的现实之心。道信所依的《文殊说般若经》，从"性空"实相的角度论证了众生与佛的不二，并提出了"一行三昧"的念佛法门，认为通过"系心一佛，专称名字"的念佛即能入此三昧，证得佛智，从而等同于佛。道信正是将这种即假而空、生佛不二的实相念佛法门与《楞伽经》的"诸佛心第一"相结合而成就了自己的"安心"方便法门。

基于会通经教的禅学立场，道信在提倡"一行三昧"的同时，又围绕"心"之体用而提出了种种禅修方便，并将之概括为最基本的"五种"。即一者知心体，二者知心用，三者常觉不停，四者常观身空寂，五者守一不移。 这五种方便法门，既容纳了传统禅法的修心内容，又以般若空观发挥了慧可、僧璨禅法中即心即佛、万法一如的思想。 从这五种方便禅法中可以清楚地看到道信以般若实相说来改造楞伽心性论而未彻底，博采众经之说而为我所用的新禅风。

从达摩系禅的发展来看，道信所开创的新禅风在五祖弘忍那里得到了发扬光大。 在禅学思想上，弘忍主要是强调"守本真心"，认为"此守心者，乃是涅槃之根本，入道之要门，十二部经之宗，三世诸佛之祖"（《最上乘论》，以下不注出处者与此同）。 这些思想主要保存在传为弘忍所作的《最上乘论》中。 从中可见，弘忍围绕"守心"这个主题，对所守之心为何、为何守心以及如何守心等作了专门的说明。论中明确提出，所守之心为"自性圆满清净自心"，亦可称之为"我心"、"本心"、"真心"、"真如佛性"等。 只要守住此心，便自然与佛无二。 在谈到如何守心时，论中特别提到了识心自度，强调要"自识本心是佛"，从而不假外求，"但于行住坐卧中常了然守本真心"，这样才能"一切心义自现"而自得成佛。 为了识心自度，论中也提到了坐禅、调息和念佛等方便禅法，从形式上看，与道信的五种方便大致相似，不同在于，弘忍提出的种种禅法方便都是围绕"守真心"展开的。

弘忍阐扬的"守心"禅法对南能北秀都有很大的影响。 "守本真心"，如果立足于"行"，突出"观心"而息妄心，便会有神秀北宗的"息妄修心"；如果立足于"证"，突出行住坐卧真心不失，便会有惠能南宗的"直显心性"。 下面就让我们来分别述之。

二、神秀北宗与息妄修心

神秀（606—706）作为禅宗五祖弘忍的十大弟子之一，因其自身卓越的才华而在弘忍的百千徒众中居于特殊的地位，受到大家的推崇。在弘忍要选择法嗣传法付衣定六祖时，众门人曾一致认为"神秀上座是教授师"，衣法必是他得，都准备等神秀成为六祖后跟他学佛，由此可见神秀当年在弘忍门下的地位与威望。 弘忍以后，神秀一系在北方盛行一时。 以神秀为代表的"北宗"当时实际上成为传东山之法的主要代表。

关于神秀的禅法，史传上虽略有记载，但各种记载都未曾言及神秀有何专门的禅学著作存世。 《楞伽师资记》则明确地说神秀"禅灯默照，言语道断，心行处灭，不出文记"，否定了神秀有著作流传于世。但随着近代敦煌石窟藏经洞的现世，人们发现在敦煌经卷中有几个本子，可能是神秀所述，而由其弟子记录整理，可以代表神秀北宗的禅法，其中主要有《大乘无生方便门》、《大乘五方便（北宗）》（亦名《北宗五方便门》）、《大乘北宗论》和《观心论》等。 根据这些资料，并结合宗密等人的其他一些记载，就有可能对神秀北宗的禅法有大致的了解。

从禅法的思想倾向上看，神秀北宗继承了东山法门重《楞伽》的传统。 据说普寂诣神秀，神秀"令看《思益》，次《楞伽》，因而告曰：此两部经，禅学所宗要者"（李邕《大照禅师塔铭》）。 净觉的《楞伽师资记》也记载弘忍语曰："我与神秀，论《楞伽经》，玄理通快，必多利益。"这些都表明神秀系的禅法与《楞伽经》仍有密切的关系。但从总体上看，神秀的禅法主要是按照《大乘起信论》的思想组织起来的，它依《起信论》的"一心二门"而立论，并在方便法门中融入了一定的般若思想。 我们可以从两个方面来理解其主要内容：一是禅法的理论基础，主要以《观心论》为代表；二是禅法的方便法门，主要体现在《大乘无生方便门》等本子中。 前者主要发挥了弘忍的"守本真心"论，后者则对道信的修心五方便作了发展。

神秀《观心论》的宗旨可说是与五祖弘忍的"守本真心"论基本一致，论证方法却有所不同。 弘忍的"守本真心"论依据的也是《大乘起信论》的真妄二心说，以妄心不起、真心不失为解脱。 但弘忍主要是就清净的心本体立论的，他强调的是自心本来清净，不生不灭，为万法之本，诸佛之师，只要守住这一自性圆满的清净心，便能证涅槃，得佛果，到达解脱之彼岸。 而神秀却是遵循"学道之法，必须……先知心之根源及诸体用"（《楞伽师资记》引）的思路，依据《大乘起信论》的思想，从体用相即出发，论证了真妄二心的一体同源、互不相生，并进而强调了息妄修心这一"观心"修行法的可能性与必要性。《观心论》可说是立足于"行"而发挥了弘忍的"守本真心"论。 其中提出："心者，万法之根本也。 一切诸法，唯心所生，若能了心，万行具备。"此"心"不但是"众善之源"，也是"万恶之主"，因此，修行解脱或沉沦三界，无不依此一心。 对此，神秀作了论证。 他认为，染净二心皆本一心，人自有之，通过观心的修行，息妄显真，除染还净，了悟本觉真心，即得解脱。 由此可见，观心是多么重要。 所以神秀强调，唯观心一法，总摄诸行，是求佛道最为省要的修行之法。

所谓观心，就是要明了自心起用而有染净二心的道理。 由于"一切善恶，皆由于心"，依净心而得解脱，依染心则受苦种种，因此，观心之法最终就要求能摄心而离诸邪恶，从而断灭诸苦，自然解脱。 神秀的《观心论》在强调"心为出世之门户，心是解脱之关津"的同时，更着重说明了"三界轮回，亦从心起"，突出了对真如之体受无明妄心障覆故众生轮回受苦的论述，显示了他的禅法重心在于"息妄"渐修的特色。 他要人时刻注意排除自己的感情欲望，时刻提防物欲对人心的侵袭，正如他著名的偈颂所说："身是菩提树，心如明镜台；时时勤拂拭，莫使有尘埃"（敦煌本《坛经》第六节）。

在强调观心、摄心、去除染恶的重要性和必要性之后，神秀又把观心与念佛联系在一起，以"观心"来统摄念佛法门。他区别了口诵与心念的不同，把念佛解释为"觉察心源，勿令起恶"，"坚持戒行，不忘精进"。他认为，了知自心清净是正念，执著音声之相是邪念。他主张的是正念，即念自性清净心，亦即本觉的真如之体。当神秀将此清净心等同于佛时，他所说的念佛，实际上也就是观心看净。

神秀把"念佛"与观心联系在一起，把向外求佛转为反观自心，从形式上看是对四祖道信"念佛即是念心"的继承，而从内容上看则更多的是对五祖弘忍"守本真心"论的发挥。因为道信的念佛法门有明显的般若倾向，所念之佛或所念之心都有"非名非相"的般若实相之义，所以道信又说"无所念者，是名念佛"，"即念佛心名无所念"①。而神秀的念佛或观心却依据《大乘起信论》而突出了"真心"的内容。

由于神秀依一心而立净染善恶凡圣等的不同，以"观心"这一反身向内的精神活动来"总摄诸行"，统摄佛教的一切修行活动，因而他十分反对"修伽蓝、铸形像、烧香、散花、燃长明灯"等外在的形式主义的求佛道之行，认为"广费财宝，多积水陆，妄营像塔"等都是"背正归邪"的行为，"于真性一无利益"。他强调，"若不内行，唯只外求，希望获福，无有是处"。他还把佛经中所说的"修伽蓝、铸佛像"等都作了重新解释，认为这些都是佛要求众生"观心"、"修心"的方便说法。神秀这种不劳外求，只需于自己身心上修炼的思维途径与惠

---

① 关于道信"念佛即是念心"的思想，请参阅洪修平著《禅宗思想的形成与发展》（修订本）第二章，江苏人民出版社 2011 年版。引文均见《楞伽师资记》引《入道安心要方便法门》。

能南宗强调的"造寺布施供养,只是修福,不可将福以为功德"(敦煌本《坛经》第三十四节)的说法是一致的。 这表明,南北禅宗虽然在有些方面表现出了思想差异,但他们都从不同的角度共同发展了自"东山法门"以来注重修心的传统。

值得一提的是,神秀的观心法门也是主张"顿悟"的。 既然"一切善业由自心生,但能摄心,离诸邪恶,三界六趣,轮回之业,自然消灭,能灭诸苦,即为解脱",那么,要获得解脱,当然就无须累世修行,而只需当下"观心"了。 对此,神秀还专门从理论上做了说明。他把佛所言的表示时间极为长远的"三大阿僧祇劫"解释为"三毒心",认为只要通过观心而去除一念之中的贪瞋痴"三毒心",就是度得三大阿僧祇劫了。 这样,神秀的观心法门便以去除一念中三毒心取代了累世修行说,把解脱从遥远的未来移到了当世。 因此,他的观心法门在强调"时时勤拂拭"的"渐修"的同时,也一再提到了"一念净心,顿超佛地"的"顿悟"(敦煌本《大乘无生方便门》),认为"悟则朝凡暮圣,不悟永劫常迷",只要能摄心内照,绝三毒心,那么,"自然恒沙功德,种种庄严,无数法门,悉皆成就,超凡证圣,目击非遥,悟在须臾,何烦皓首?"(敦煌本《观心论》)当然,由于神秀在讲顿悟的同时更强调"息妄"的渐修,他把顿悟安置在渐修种种"观心"的方便法门基础之上,而不像惠能南宗禅那样始终着眼于不假修习、直了见性的"顿悟",因而他所说的顿悟与惠能的顿悟还是有所不同的。 神秀的渐修顿悟说更多的是对《楞伽经》思想的继承和发挥。

宗密在《禅源诸诠集都序》中把神秀北宗的禅法归入"息妄修心宗",认为其趣入禅境的方便是"远离愦闹,住闲静处,调身调息,跏趺宴默,舌拄上腭,心注一境"。 可见,神秀北宗的禅法看重的是背境观心、息灭妄念的坐禅渐修法,与惠能南宗强调的"直显心性"确实是有区别的。 不过需要指出的是，在神秀与惠能之时，顿渐仅是不同的禅法所强调的重心不同而已，并没有表现为派系的对立之争。 后来由于惠能的弟子神会北上入洛，攻击神秀北宗"法门是渐"，人们才开始以"南顿北渐"来区别南北禅宗禅法上的不同特点。 而且事实上，神秀、惠能在日，也是并不以顿渐为对立的。 例如惠能就曾把顿渐归之于人的根机之不同，认为禅法本身并没有什么不同，所谓"法无顿渐，人有利钝"（敦煌本《坛经》第十六节），并曾把顿渐皆摄入自己的禅学法门之中，明确提出"我此法门，从上已来，顿渐皆立无念为宗"（敦煌本《坛经》第十七节）。 不过，若就南北禅宗的立足点看，以"南顿北渐"来标明南北禅宗禅法上的差异，"南顿"是说南宗重顿悟，"北渐"则是说北宗重渐修，这也是合适的。

宗密在《圆觉经大疏钞》中还曾以"拂尘看净，方便通经"来概括神秀北宗的禅法特色。 "拂尘看净"就是"时时勤拂拭"的观心守心，那么"方便通经"是什么意思呢？ 这里的方便，主要是指神秀对道信以来五种方便禅法的继承；通经，则是指神秀进一步把方便与经教会通起来。 五方便的内容为："第一总彰佛体，亦名离念门。 第二开智慧门，亦名不动门。 第三显不思议门，第四明诸法正性门，第五了无异门。"（敦煌本《大乘五方便［北宗］》）它们依次分别会通《大乘起信论》、《法华经》、《维摩经》、《思益梵天经》、《华严经》等佛教经论。 神秀对经教的会通，采取的是"六经注我"的态度，表现出了禅者与经师的不同。 从思想内容上看，五方便门也是按照心之体用组织起来的。

"第一总彰佛体"，这是依《大乘起信论》的心体本觉立论的，认为众生皆有本觉真心，为无明妄念障覆而不觉，心体离念，即恢复本觉，觉者即佛，故总彰佛体又名"离念门"。 "第二开智慧门，依《法华经》开示悟入佛知见也"（宗密《圆觉经大疏钞》卷三之下），这说的是由定发慧的方便，即本觉的心体不动、无念而得佛知见之用，故此门亦名"不动门"。　"第三显不思议门"，这是依《维摩经》说由"观心"、"守心"而至不可思议的解脱境界。　"第四明诸法正性门"，依《思益梵天所问经》，强调一切法如如平等而显现诸法正性，由明诸法正性而心识不起，心识不起而得智慧之用，从而成就佛道。　"第五了无异自然无碍解脱门"，依《华严经》的圆融无碍思想，将种种禅修方便与所证之境统统融摄于"自心"中，认为"心无分别"便一切法无异，从而就能自然无碍得解脱。　这里，心无分别、诸法无异云云，体现的仍然是观心离念的要求，只是更突出了禅修的境界而已。

　　从神秀的五方便，我们可以看到，其内容不外是"观心"禅法的展开，其理论依据则始终不离《大乘起信论》的一心二门体用说。　如果说，神秀的观心论是通过对心之体用的理解而强调观心守心的必要性，那么，五方便则是体用不二说在修禅实践中的具体贯彻。　《楞伽师资记》曾引神秀语曰："我之道法，总会归体用两字。"根据以上分析，"体用"二字确实可以作为理解神秀全部禅法的纲领。

　　神秀北宗虽然和惠能南宗一样都继承了东山法门"修心"的传统，但由于对心的理解不同，因而导致了在"修心"方法上的差异。　神秀禅所谓的心，突出的是人们本觉的真心，即肯定有一个清净心体的存在，并认为有妄念情欲时刻会污染它。　而惠能禅所谓的心则主要是指人们当下现实的每一念心。　惠能认为，心时刻处于流动变化之中，无妄念即是真，无妄情即是自然，因此，不存在一个可以观、可以修、可以拂拭的清净心。　有心可修与无心可修构成了神秀北宗禅与惠能南宗禅的根本差异。　由此出发，在如何修心上，神秀主张离念去情，有证有修，通过观心看净、时时勤拂拭的渐修而顿悟清净心。　惠能则主张无念息情，无证无修，强调真心与妄心都不离人们当下的一念之心，起心修证就是妄心有为，反而失却了清净本然之心。因而惠能曾批评神秀北宗起心看净的修行法，认为"不见自性本净，起心看净，却生净妄，妄无处所，故知看者却是妄也。净无形相，却立净相，言是功夫，作此见者，障自本性，却被净缚"（敦煌本《坛经》第十八节）。显然，神秀北宗禅更多地保有传统禅法的特点，而惠能南宗禅则更易于与日常生活相结合，惠能南宗日后得到更广泛的流传，与其禅法特点也是有一定关系的。

三、惠能南宗与顿悟心性

惠能（638—713）得五祖弘忍的衣法，世称"六祖"。惠能所创的禅宗南宗的禅学思想大致由三个部分组成：一是融摄空有的禅学理论，二是即心即佛、自在解脱的解脱论，三是识心见性、顿悟成佛的修行观。这三方面的内容主要都保存在南宗的代表作《坛经》之中。

从总体上看，惠能南宗的禅学理论的核心是解脱论，主要说明人的解脱问题，它一般并不涉及宇宙的生成或构成等问题，本体论和认识论问题也只是在解脱论中有所体现，并没有专门展开论述。惠能的解脱论又是和修行实践紧密结合在一起的，它反对任何理智的探讨与追求，认为人的解脱从根本上说来并不是一个理论问题，而是一个实践问题。惠能南宗一向以"教外别传，不立文字"相标榜，除去其自立门户的宗教见识之外，也确实反映了它重宗教实践的特色。惠能南宗的解脱论又是围绕着自心的迷悟展开的，它的修行实践是建立在识心见性、顿悟成佛的解脱修行观之基础上的。就惠能南宗对宗教实践的重视和对心的解脱的强调而言，它确实要比佛教的其他一些宗派更接近于释迦时代佛教的精神，佛陀本人就曾经把本体论等虚玄的哲学问题悬置起来，着重强调通过宗教实践获得人生解脱的重要性与迫切性，而把人的解脱归结为心的解脱也正是早期佛教的基本特色之一。 但是，惠能南宗又植根于中国传统文化的土壤之中，是在佛教中国化的过程中形成发展起来的典型的中国化的佛教宗派，因此，它虽然在许多方面与佛陀精神相通，却并不是简单地向原始佛教的复归。 它的禅学理论与禅行实践深受中国传统思想文化的熏陶，形成了许多与传统禅学相异的中国化的特色。 从禅学理论上看，继魏晋般若学与南北朝佛性论之后发展成熟的惠能南宗，融大乘佛教空有两大系的思想为一体是它最显著的中国化特色之一。 对此，我们可以通过其禅学思想中的"心"这一重要概念来了解。 "心"不仅是惠能南宗整个解脱论的理论基石，而且集中体现了惠能以空融有、空有相摄的禅法特色。

在佛教中，"心"一向有多种涵义。 宗密的《禅源诸诠集都序》在述及心的"名同义别"时，曾将佛教中的心的不同涵义概括为最基本的四种：一为肉团心；二为缘虑心；三为集起心，指第八识；四为真心。 宗密虽主禅教一致说，但毕竟是一个华严学者，他是依"真心"立论的，因而在他看来，达摩以来，六代相传，皆真心也。 那作为惠能禅学理论基础的心是否就是"真心"呢？ 其实并不是。

从现存《坛经》的有关记载来看，惠能所言之心的涵义也是十分复杂的，其中比较多的是指"妄心"、"迷心"、"邪心"或"善心"、"正心"等，这些"心"大体上与宗密所说的缘虑心相当，指的主要是一种心念活动或心理状态，它们的基础则是可正可邪、可净可不净之心。 所谓"心正转《法华》，心邪《法华》转"（敦煌本《坛经》第四十二节）就说明了这一点。 这个可正可邪、可净可不净的心，实际上指的是人们当下的一念之心，于此心上除却各种邪心、妄心，就叫作"净心"，这里的"净"用为动词。 净心以后，心不起任何执著，自然任运，便能"心地常自开佛知见"，获得解脱，所以惠能又说："悟者自净其心……随其心净，则佛土净"（敦煌本《坛经》第三十五节）。可见，当下的一念之心，同时也就是众生的解脱之心。《坛经》中常说的自心迷、自心悟，实际上都是就众生当下的一念之心而言的，因此才有"惠能一闻（金刚），心明便悟"、"惠顺得闻（惠能传法），言下心开"（敦煌本《坛经》第二节，第十一节）等说法。既然迷悟、缚解皆依当下一念之心，那么惠能主当下顿悟说就是很自然的了："前念迷即凡，后念悟即佛。"（敦煌本《坛经》第二十六节）迷悟凡圣，皆在一念之中。此处之念，既为心念，也表示顿义。

上述种种心，显然并非指"真心"。那么它们是以"真心"为体性吗？答案也是否定的。在惠能那儿，具有真心意义的心，一般称作"本性"或"自性"。由于惠能融摄了般若实相无相说而将真心引向了人们的当下之心，因此，他对"本性"、"自性"的解释又有异于传统的如来藏佛性论。他所说的本净的自性，主要地是指众生之心念念不起妄心执著的本性，一般并不具有什么实体的意义。他以般若的无相来贯通本净的心性，以般若学的遮诠方法来显自心佛性的真实性，使自心佛性不再是一个可以观、可以修的"真心"，而是就体现在念念不断的无执著心之中，是众生心不起妄念的一种自然状态。正是在这一点上，惠能批评了神秀北宗的起心看净，认为若言看净，就是执著"净相"了，而净是无形相的。神秀北宗以心体"离念"为觉，是依有一本觉之心体为前提的，故主张观心看净，而惠能是以觉性释心体，以般若为心之性，并直指人们的当下之心念，这种对心的不同理解是南北禅宗禅学理论的根本区别之所在，其他包括修行实践在内的各种差别都可以在这里得到解释。

我们还可以联系惠能的得法偈与神秀偈的不同来看惠能南宗与神秀

北宗对心性看法的差异。 关于神秀的偈颂，前面已经引用过，它是：
"身是菩提树，心如明镜台；时时勤拂拭，莫使有尘埃。"这里，神秀
将色身、人心比作有形的"菩提树"、"明镜台"，其所表现出来的
"真心"论的倾向是显而易见的。 "时时勤拂拭"要求的是依持自性
清净心而不断地进行修行。 而惠能则针锋相对提出了不同的看法。 关
于惠能偈，现存有不同的记载。 敦煌本《坛经》记为："菩提本无树，
明镜亦无台；佛性常清净，何处有尘埃。"但敦煌本以后的各种版本
《坛经》都将惠能的得法偈记为："菩提本无树，明镜亦非台；本来无
一物，何处惹尘埃。"这里改动最大的是将"佛性常清净"句改为"本
来无一物"。 这种改动其实并不失惠能的原义。 因为在惠能的整个禅
学思想体系中"佛性常清净"所表达的并不是传统意义上的佛性论思
想，而是经般若实相说改造过了的佛性论思想。 在般若学的思想体系
中，"清净"、"本净"与"性空"、"毕竟空"是异名而同义的，
"以人畏空，故言清净"（《大智度论》卷六十三中）。 因此，"佛性
常清净"也就具有"佛性空"的意思，它与"本来无一物"一样，发挥
的是般若无所得、无可执著的思想。

正因为心性空寂，佛性即体现在人们当下念念不断的自心之中，并
没有一个绝对的清净物存在，所以惠能反对神秀北宗的"时时勤拂
拭"。 由于"佛性常清净"的说法仍容易被理解为有一清净物的存
在，惠能后学遂将它改为"本来无一物"，更突出了无可执著、无可得
之义，这显然并没有窜改惠能的原义。 用"本来无一物"替换"佛性
常清净"，义旨并无二致，对于文化程度不高的南宗普通信众来说，反
而更能按惠能的本义去加以理解。

惠能反对执著佛性或清净心，他把心与性都理解为不离人们的当下
之心念，因此，他所提倡的修行及所要追求的解脱也就不是排除任何思

虑的心注一境或观心看净，也不是断绝心念的与道冥符或返本归真，而是念念不住、念念相续的无著无缚、任心自运，他把这种心理状态称之为"行直心"，并曾以"无相、无念、无住"来加以概括。

一般认为，"无相、无念、无住"是惠能的认识论或修行法，其实，这"三无"也是对惠能整个禅学理论的一种概括。惠能自己说："我此法门，从上已来，顿渐皆立无念为宗，无相为体，无住为本。"（敦煌本《坛经》第十七节）这里的宗、体、本，皆是心要之义，都是立足于人们当下之心的解脱而展开的。因此，从这"三无"中，我们也可以更加清楚地看到惠能提出的当下现实之心是性空实相论与涅槃真心论相结合的产物。

何名无相？"无相者于相而离相"。这里包含着两层意思：第一，"凡所有相，皆是虚妄"，这是对万法真实性的否定。万法既不真，故不可执著。第二，实相无相，性体清净，这是以破邪来显正，以无相之实相来表无相之自心。在破除了万相之虚幻之后，惠能将心性突出出来，作为人们解脱的依据。

何为无念？"无念者，于念而不念"。意思是说，任心自念而不起妄念，亦即有正念而无妄念。由于惠能是以般若实相来解说自心之体性的，因此，他所说的正念不断、念念相续，既是真如自性起念，又是"念念般若观照，常离法相"（敦煌本《坛经》第四十一节）。这种"无念"要求任心自运，不能起心有任何追求，因为起心即是妄；也不能百物不思，念尽除却，那样无异于草木瓦石，还谈什么人的解脱呢？"无念为宗"实际上是以自己当下之心念为宗。

最后，何为无住？"无住者，为人本性"。这说明无住也是就人的心性而言的。但从它的具体内容来看，主要也包含了两层意思：第一，万法无常，迁流不止，"无住则如幻，如幻则不实，不实则为空，空则常净"（僧肇《维摩经·弟子品注》）。 第二，"无住者，为人本性"，这是惠能思想的重心所在。 在惠能看来，人的本性就体现在人们当下的心念之中，它是念念相续不断绝而又于一切法上无住的。 这里的"无住"，既有心念迁流不息之义，又有心念不滞留在虚假的万法上，不执著妄相之义。 惠能说的"心不住法即通流，住即被缚"（敦煌本《坛经》第十四节），就是这个意思。 "无住为本"也就是以"内外不住，来去自由"的自然任运之心为本。

总体来看，惠能的"三无"强调的都是在当下念念无著之中直显自心清净的般若之性。 其中的"无念"和"无住"说的都是任心自运的意思，不同之处在于，"无念"重在说明妄念不起，"无住"则是强调正念不断。 而这两者又都立足于实相无相的基础上。 因此，"三无"实际上概括了惠能禅学的理论基础及其特色。 正是基于此，惠能展开了他的解脱论与修行观。

在解脱论上，惠能是一个坚定的佛性论者，主张人人有佛性，人人能解脱成佛。 但由于惠能的佛性论思想把自心佛性、众生与佛都归之于人们的当下之心，因而它突出的是即心即佛、生佛不二，把自心的迷悟作为凡圣的唯一区别，强调直了见性，自在解脱，从而形成了种种与传统的涅槃佛性义迥异的思想特点，并进而在解脱理想、解脱境界、解脱目标的实现等方面提出了许多与传统不同的看法。

惠能南宗在强调解脱时，突出的是心的解脱。 因而禅宗也称"心宗"，传禅也称"传心"，解脱的境界就是心的开悟。 惠能把佛性拉向人心的同时，实际上也把佛拉回到了人自身，因此，他对即心即佛、自在解脱的说明，通过对人人皆有佛性、众生即是佛的强调，进一步把理想的目标落实到了人们当下的现实生活之中。

惠能"即心即佛"、生佛不二的主要特点还突出地表现在对心、佛与众生的解说上。 惠能认为，众生与佛的差别仅在于自心（性）迷悟的不同："自性迷，佛即众生；自性悟，众生即是佛。"（敦煌本《坛经》第三十五节）这就是说，众生与佛的不二，是以心（性）为中介的。 把众生与佛都归之于一心，这本是佛教经论与天台、华严等宗派共同具有的思想。 但惠能的不同之处在于，他并不是就"理"而言，而是就"人"立论的，他的着眼点始终是人的当下解脱，因而他所说的"心"既不是性体清净的真心，也不是具含一切善恶的真妄和合之心，而是直指人们的当下之心。 这个作为生、佛统一之基础的当下之心圆满具足一切，众生只要在行住坐卧之中念念无执著，自识本心，自见本性，便能自然解脱成佛道。

从即心即佛的自在解脱论出发，惠能南宗在如何解脱成佛、解脱的途径与方法、解脱的步骤与阶次等许多问题上，都提出了一系列与传统佛教相异的思想与主张，形成了它富有特色的识心见性、顿悟成佛的修行观。

识心见性是惠能南宗修行观的总原则。 既然自心有佛，自性是佛，那么，"识心见性"，便能"自成佛道"（敦煌本《坛经》第三十节）。 这里的"识心"，主要有两层意思：一是自识本心有佛，本心即佛；二是由了知自心本来清净、万法尽在自心而自净其心，念念无著，还得本心。 后世禅宗一般用"明心"来表示上述二义，似更为贴切。 这里的"见性"亦有两层意思：一是了悟、彻见之义，即自见自心真如本性，自见本性般若之知；二是显现义，即通过净心、明心而使自心本性显现出来。 识心即能见性，见性即成佛道。 因此，从根本上说，识心和见性是一回事。 需要指出的是，这里的"识"与"见"都不是一般意义上的知见，而是一种证悟，是佛教所特有的"现观"、"亲证"，它是不以任何语言概念或思维形式为中介的直观。 在这种

"识"与"见"中，没有识与被识，见与被见之区分，它是一种整体的圆融，是自心自性的自我观照、自我显现。

从历史上看，见性即得解脱，见性即能成佛，这本是佛教中早已有之的思想，甚至在印度数论哲学的原始经典中，就已有"如是我者，见自性时，即得解脱"（真谛译《金七十论》卷上）的说法。《大般涅槃经》中也把见性作为解脱的标志，认为"得解脱故，明见佛性"，"若有知见觉佛性者，不名世间，名为菩萨"，而只有如来才能明见所有佛性："无量菩萨虽具足行诸波罗蜜，乃至十住，犹未能见所有佛性，如来既说，即便少见。"《楞伽阿跋多罗宝经》卷一中则提出了自心显现自性为佛之境界的说法。这些经论的译出，对中国佛学界影响很大。在梁代涅槃佛性论盛行之际，有些涅槃学者就提出了"见性成佛"的观点。据说菩提达摩来华传禅，亦以"直指人心，见性成佛"为标帜，这种说法虽无确证，但禅宗五祖弘忍却是实实在在地留下了"了见佛性"、"识心故悟"、"皆识本心，一时成佛"等法语。敦煌本《坛经》中也多次提到弘忍的禅法以"见性"为旨归："（弘忍）大师劝道俗，但持《金刚经》一卷，即得见性，直了成佛。"（敦煌本《坛经》第二节）就此而言，惠能的思想显然并没有离开佛学发展的轨道，与东山法门也是一脉相承的。

但是，惠能的"识心见性"是有其新内容、新特点的。《大般涅槃经》中所说的见性是见"常乐我净"之佛性，并且主要是从"当果"说"见性"的，佛性与众生心、佛与众生只是"理"无二致，而非本来不二。这与惠能所说的万法在自心，自心有佛，自性是佛，迷即众生悟即佛等，显然是不一样的。

从表面上看，弘忍也提出了识心见性的要求，但弘忍的"识心见性"是以"真心"为核心，以"守本真心"为归趣的，它只是要人了知自心本来清净，自心为本师，从而"守本真心，妄念不生"。 也就是说，弘忍的"识心见性"是为"守本真心"服务的，是"守本真心"的理论准备，"守本真心"才是弘忍禅法的根本要求与目的。 因此，弘忍提出"守心第一"，认为"此守心者，乃是涅槃之根本，入道之要门"（《最上乘论》）。 而惠能的识心见性却是以识心见性为修习的全部内容，以识心见性为解脱成佛道的。

由于惠能所言的心与性都以人们的当下之心为依持，识心见性只是自心的自我观照，是人们自心的自在任运，既没有一个"心"可以识，也没有一个"性"可以见，只有在内外无著之中才能显现本自具足一切的无相无念无住的心之本然，因此，惠能反对执著心性的观心看净，反对"时时勤拂拭"的修行，强调众生与佛的本来不二，凡圣的区别只在迷悟之不同，而迷悟又只是有念与无念之别。 识心见性是于"念念无著"之中实现的。

因此，在惠能的禅法体系中，识心、见性与开悟、解脱具有相同的意义。 "识心见性"既是修行法，又是解脱境，同时，它又不离现实的生活。 惠能把心与性的统一落实在人们当下的宗教体悟之中，识心见性并不是一个理论问题，而是一个实践问题。 既然识心见性，便是自成佛道，因此，在惠能的禅法体系中，"见性"与"悟"是同义语。见性是"直了"，悟为"顿"。 "顿悟成佛"甚至成为惠能南宗特有的标帜。 惠能的"识心见性"最终落实到了"顿悟成佛"上。

从历史上看，顿悟说并非惠能始创。 晋宋时的竺道生曾"孤明先发"而立"大顿悟"。 自竺道生以后，顿悟说就在中土佛教中一直占有很重要的地位。 但惠能的顿悟说从立论之基础到顿悟之内涵都是有其独创之处的。 首先，惠能的"顿悟"并非如传统佛教所主张的那种"渐修顿悟"。 其次，惠能的"顿悟"也非两晋时般若学者所主张的立顿悟于"七地"的小顿悟。 再次，惠能的"顿悟"与竺道生所提倡的"大顿悟"也是不一样的，这主要表现在：第一，竺道生所言之顿悟为理悟，是从理论上说明悟理必为顿；而惠能的顿悟是立足于当下无念之心，强调的是对自心自性的体悟心证，这种证悟又是无所得的。 第二，竺道生的顿悟说虽然认为在十地以后可以一下子豁然大悟，但并没有否定十地的渐次修习，只是认为在十地以内无悟可言而已，也就是说，竺道生的顿悟说实际上是并不废渐修的，他对"十地四果"是作为方便教法而加以肯定的，这与惠能顿悟顿修、融修于悟的顿悟说显然也是不一样的。 惠能顿悟说的立论之基础是人们当下的现实之心。 所谓悟就是自心任运，就是自心般若智慧性在念念无著中的自然显现，这就决定了"悟"必为顿悟，它就在人们当下一念之中得以实现："不悟即是佛是众生，一念若悟，即众生是佛。"（敦煌本《坛经》第三十节）这种"顿悟"显然是不假渐修即能够达到的，因为起心有修本身就是"有念"，修行求悟这更是一种执著，这显然与"悟"都是背道而驰的。 顿悟不假渐修，融修于悟之中，顿悟顿修，顿修顿悟，这是惠能顿悟说的最大特点之一，也是与神秀北宗基于"清净心"提出的"时时勤拂拭"而后"悟在须臾"的修行观的主要区别之一。

惠能在强调顿悟的同时又多次提到法无顿渐，顿渐在机，即认为顿渐法只是因人之根机不同而立的假名施设，关键在于人自心有迷悟的不同。 这样，惠能一方面主张顿渐皆不立，另一方面又以自心的迷悟统摄了顿渐。 由此可见，惠能的顿悟说并不是理论研究的结果而是宗教实践的需要。 重体悟心证，这既体现了惠能南宗"直指人心，见性成佛"的禅法特色，也是惠能顿悟说的又一个基本特点。

惠能的顿悟成佛理论把众生与佛的不同归之于自性的迷悟，而迷悟就在众生当下的一念心中，众生的每一心念皆可顿悟自性，位登佛地。

因此，惠能反对一切形式化的修习。 他以自性自悟来统摄各种修行活动，并以中道不二为指导而对读经、坐禅和出家等传统佛教的修持形式和修持内容都提出了自己与众不同看法，从而开创了简便易行的新禅风。

关于读经，惠能认为，"三世诸佛，十二部经，亦在人性中，本自具有"（敦煌本《坛经》第三十一节），而自性起般若观照是"不假文字"的，只要识心见性，去除执心，就能觉悟成佛。 故而在惠能看来，读不读经是无所谓的，经典至多只是启发人们开悟的一种外缘，关键还在于每个人的自悟。 据此，惠能并不要求信徒执著于一部或几部经典，而是强调要"心悟"。 即使是读经，也应该是心转经文而不能被经文所转。 所谓"心正转《法华》，心邪《法华》转"就是这个意思。 可见，惠能并不是绝对地排斥经教，他只是破除对"读经"的执著，强调对经文应该领宗得意，不能滞于文字，更不能被文字相牵着鼻子走。 事实上，执著于诵经固然是"有念"，拘泥于"不可诵经"，也是一种执著，正确的态度应该是读与不读，皆任心自然。

对于是否要出家修行，惠能的基本看法也是不能执著于形式，重要的在于自净其心，自性觉悟。 他认为："若欲修行，在家亦得，不由在寺。"（敦煌本《坛经》第三十六节）这里，"在家亦得"，并不是"非得在家"；"不由在寺"，也不是"不能在寺"。 在惠能看来，在寺与在家，并无二致，关键是心不能有所执著。 若说一定要"在家"而不能"在寺"，这又是一种执著了。 惠能反对的是对出家形式的执著，而不是对出家的绝对排斥。

最值得重视的是惠能对禅定的看法。 禅宗以禅命宗，却并不以坐禅入定为功夫。 自菩提达摩来华传禅，此系的禅法一直比较注重"随缘而行"，但也没有完全排斥坐禅调息等传统的习禅形式，东土五祖对

"坐禅"都还是身体力行的，道信和弘忍在组织禅修方便法门时，都还给"坐禅"留了一席之地。但到惠能时，却明确提出了禅非坐卧，反对执著坐禅。惠能根据离相无念即为识心见性、顿悟成佛的思想，把修禅融于日常的行住坐卧之中，并对"禅定"作了新的解释，认为"外离相即禅，内不乱即定，外禅内定，故名禅定"（敦煌本《坛经》第十九节）。这就是说，只要于一切境界上不起念，自性自定，就是禅定了。根据这种思想，那就不应该执著形式上的"坐"与"不坐"，重要的是"于念念中，自见本性清净"（宗宝本《坛经·坐禅品》）。若执著"坐禅"，追求入定，那必然是离禅定更远。据此，惠能多次批评了神秀北宗的"坐禅习定"，认为"道由心悟，岂在坐也"（《曹溪大师别传》）。悟在于自心不起妄念执著，而不在于坐卧的形式。如果于行住坐卧之中能念念无著，任心自运，那就等于时时入定了。而严格地说，这种"定"是无所谓入与不入的。这样，惠能就把禅定与日常生活完全结合到了一起，禅与生活融而为一了。

惠能南宗通过融摄般若学与佛性论将真心佛性引向人们的当下之心，把禅修、悟境与日常生活结合在了一起，特别是通过摒弃一切外在的陈式化的修行，而把禅修融于日常的生活与生产，使得讲求出世的佛教实实在在地立足于小农经济的中国这块现实的土地上，变成了"人间佛教"，从东山法门开始的"农禅并作"之传统也在这里得到了理论上的说明。适合中国封建社会而产生的惠能南宗终于在惠能以后传遍了大江南北，成为流传时间最长、影响最广的中国佛教宗派。

在惠能门下，形成禅系且影响较大的主要是荷泽神会、青原行思和南岳怀让三系。神会的禅学思想，主要是发挥了惠能的"无念"法，并坚持惠能的"顿悟"成佛论，还对惠能的"定慧等"作了发挥，更突出了定慧不可修、无可求的般若思想。同时，神会对惠能的思想也有所发展，他在惠能以般若说自性的基础上，进一步强调自性般若的空寂之"体"或知见之"性"，并于体性上立知见之"用"。 神会"寂知之体，无念为宗"的思想得到了华严宗人宗密的赞赏，认为它超过了当时其他禅宗流派。

荷泽神会一系虽曾煊赫一时，并有宗密等人阐发其思想，但实际流传的时间并不长。 从现有资料看，经过唐武宗灭法和唐末农民起义的冲击，与帝室关系密切的荷泽神会系与神秀北宗一样很快走向了衰落。与此形成鲜明对照的是，南岳怀让和青原行思两大禅系却在南方得到了迅速的发展，晚唐五代繁兴起来的五家七宗禅皆由此两系演化而出。

南岳怀让和青原行思实际上是因马祖道一和石头希迁而知名的。南岳怀让门下的马祖道一（709—788），晚年住钟陵（今江西南昌）弘禅，创"洪州宗"。 其禅法的主要特点是将惠能禅的"当下即是"进一步从自心自性的全体大用上来加以发挥，把惠能的"无念心"进一步发展为"平常心"，并用喝、打、竖拂等灵活的方式随机开示学人。惠能的禅"行"主要是指"心行"，他的无念、无著大都是就当下心之行而言的，任运是任心自运。 马祖禅则由"心"到"人"，更强调从当下的一举一动、一言一行中去体证自己本来是佛，任运是任身心自运，自然自在的自身之全体就是佛。 马祖的"平常心是道"，使惠能所言之心为当下现实之心的特点更加突出了。 马祖的入室弟子中最著名的有百丈怀海、西堂智藏和南泉普愿，时称马祖门下三大士。 三人之中又以百丈怀海的地位和影响最大，马祖禅经百丈而化出沩仰宗和临济宗，临济门下日后又分出黄龙、杨岐两系，黄龙系失传后，杨岐系便代表着临济宗一直传至当代。

青原行思门下的石头希迁（700—790），在衡山南寺时，因结庵于寺之东的大石上，故时人称之为"石头和尚"。 与江西马祖并称，时誉很高。　石头希迁也进一步发展了惠能直指人心、当下解脱的顿教禅法，但他更注重从心与物、理与事的关系中去强调人的地位和人的当下解脱，强调"触目会道"，以心为源，齐同凡圣，融摄万法，而又以心为不可执著。　他的思想既深受般若三论的影响，又融会了华严宗的有关思想，对后来的禅学乃至宋明理学都有很大的影响。　在接机方式上，石头并不像马祖及其门下那样机锋峻峭，棒喝凌厉，但其简易朴实、灵活自如的禅风也自成特色。　石头希迁的弟子也很多，最著名的有天皇道悟和药山惟俨。　天皇道悟下化出云门宗和法眼宗，药山惟俨下则有曹洞宗。　曹洞宗曾绵延发展了上千年之久，并远播海外。

　　经过惠能后学和南宗门下众多弟子的共同努力，特别是通过上述有影响的三大禅系，惠能南宗禅才得以发扬光大。　晚唐至五代，惠能南宗经过青原、南岳两系而演化出沩仰、临济、曹洞、云门和法眼五家。此五家禅皆承六祖惠能而来，但因传禅之人和时地的不同，形成了不同的传法接机之宗风。　如果说惠能开创了禅宗南宗，那么五家禅的创立则使南宗蔚为大观，并成为中国佛教的中坚。

第十四章　藏传佛教与云南上座部佛教思想

中国佛教不仅在汉族地区流传发展了两千年，而且在少数民族地区也广泛传播。 藏族、蒙古族、土族、满族、裕固族、纳西族、傣族、布朗族、德昂族、佤族、拉祜族、白族、壮族、布依族等少数民族的全部或部分成员都信仰佛教，其中流行最广泛的就是藏传佛教和南传上座部佛教。 藏传佛教除了在我国西藏地区传播发展之外，还在蒙古族、裕固族、门巴族、纳西族等少数民族地区流传。 而南传上座部佛教则主要在我国云南的傣族、布朗族、阿昌族和德昂族等少数民族中传播。这些在少数民族地区传播的佛教思想都在一定程度上打上了各民族的特色。 这里，我们主要介绍在这些少数民族地区传播的藏传佛教和南传上座部佛教的思想。

一、藏传佛教思想

藏传佛教是中国佛教的一个重要支派。 从思想上看，藏传佛教属于大乘空宗和密教。 它以龙树中观学为重要的思想基础，主张"法无自性，缘起性空"，把一切事物和现象视为"幻有"，认为"一切法无不是空者"，只有克服俗谛的局限，才能达到对真谛的了解。 而密教则是大乘佛教和印度教相结合的产物，其根本思想本于佛教，但除了修习经、律、论三藏之外，还特别注重仪轨，对设坛、诵咒、供养、灌顶等都有严格的规定，而且必须经传法师（阿阇梨）秘密传授，认为佛与众生体性相同，众生只要依法修持"三密加持"，就能即身成佛。 佛教密宗传入西藏后，其巫咒之术与本教"重鬼右巫"的传统相合，其即身成佛的思想对于缓和阶级对立也有一定的作用，因而很快被人们接受而成为藏传佛教的主要内容。 藏传佛教除了具有佛教思想的一般共性之外，还具有不同于印度佛教和汉地佛教的许多自身特点。 概括起来看，大致有如下一些主要特征。

（1）包含着本教的思想内容。 印度大乘密教在传入西藏时，为了尽快在西藏立足，利用其某些内容与本教的传统巫术咒法相似的有利条件，从本教中吸取了占卜、历算、祈福、禳灾等术以及"火祭"一类的宗教仪式，并把"十二丹玛"、"非人"等本教的神祇变成了佛教的护法神。 密教尊奉多神，这些神、佛大多是从婆罗门教转来的。 本教也信仰多神，而且数量比佛教的神多得多。 这些名目繁多的神、佛也纷纷加入西藏密教的行列。 单是观音，就有红观音、白观音、四臂观音、千手千眼观音等。 观音中又分化出二十一位女神，称"度母"，分别用二十一种颜色表示。 藏传佛教中还有各种本尊神，如大威德（牛头）、马头金刚（马头）；有男女合抱的双身佛（欢喜佛），如上乐金刚和金刚亥母。 除了主佛之外，还有许许多多的护法神。 藏传佛教还宣称莲花生"收伏藏土诸恶毒天龙"，"调伏鬼魔"（《宗教流派晶镜史·本教之起源篇》），这显然也是受了本教的影响。 藏传佛教发明的用于祈祷的经轮，也是佛教神秘主义与本教巫术结合的产物。密教的传承，大多是父子相继。藏传佛教各派（除黄教以外），大都允许僧侣娶妻生子，从事寺外职业，与家庭保持联系，这一点颇与本教的巫师相似。藏传佛教密宗以"欢喜佛"为本尊神，提倡修"方便行"等，而且藏传佛教的僧侣可以吃肉、蛋、葱、蒜，这些都与本教相近而与汉地佛教迥异。

（2）兼容并蓄的教义教法。显宗和密宗是佛教的两大流派。汉地佛教的显密二宗互相对立，互不通融。显宗各派大都学习大乘显宗经典，不学密宗经典，密宗也不学显宗经典。藏传佛教则显密兼修，以密为主。在格鲁派以前，藏传佛教各派有的重显轻密，有的重密轻显，存在不少矛盾。宗喀巴在创教时阐明了先显后密的修习次第，主张只有具备相当的显学基础才能学习密宗，从而调和了两宗之间的关系。藏传佛教的基本教义是：为了让灵魂摆脱轮回转生之苦，求得解脱，必须抛弃一切人间的欢乐，严守教规，诵咒祈祷，苦苦修行。这里既包含了显宗的理论，也包括了密宗的主张。

勇于接受不同的学术思想，在批判中吸收，在争鸣中创新、发展，是藏传佛教发展的一个重要特点。在藏传佛教前弘期，印度佛教大乘般若中观学说取得了正统地位，成为主要的思想潮流，但摩诃衍那禅宗思想的遗风仍以不同的形式在流传。进入后弘期以后，藏传佛教思想空前活跃，呈现出异说纷纭、百家殊唱、诸师称雄、各领风骚的局面。藏传佛教学者以广阔的视野、开拓的精神释经审论，探索义理，选择吸纳，各立门户。例如中观自续和中观应成见、唯识见、他空见等，都成了当时学者们创宗立派的思想资料。从朗达玛灭佛到格鲁派产生，"一切众生皆有佛性，一切众生皆能成佛"的如来藏佛性学说又成了藏传佛教各宗派的主潮，"此思想则更进一步开辟了一条自信、自度、自悟、自证、自主、自由的广阔天地，在这样一个学术氛围中，人们不拘泥于佛典原旨，不恪守陈规陋习，不匍匐在佛的脚下，没有四海皆准、永恒不变的绝对真理，一切都在自己的心中，一切都由自己的心所决定，任凭心智遨游宇宙苍穹。这便是如来藏佛性思想的主旨，也是藏传佛教的宁玛、萨迦、噶举、觉朗诸派的宗旨"①。

（3）与直觉体验相交织的具象思维。以成佛为指归的藏传佛教，一直把思维的重心放在探求使主体实现绝对的"真"、"善"、"美"高度统一的成佛境上，致力于以体悟宇宙最高实相为特征的直觉体验型的认识活动。这种思维既超越感性认识活动，又不同于以概念为媒介进行的理性认识，而是借助于禅定得到的般若智慧，通过直觉直接与宇宙本相融合为一，与最高实相完整契合，从而实现自我完善而成佛。要达到这种境界，必须借助具象思维，即以特定的"神格"形象为思维细胞，以领悟佛道为思维目的而进行的思维。这种具象思维与直觉思维相交织，在思维过程中借助大日如来的真言、大日如来特定的手势和大日如来的整体形象等语言符号、形象符号和特定的"神格"进行形象思维，求得认识和心理的升华。这种具象性思维，在本教中已十分明显，在藏传佛教中则更为突出，成为区别于印度佛教突出抽象思维的一个重要特征。

（4）宗教思想与政治思想紧密结合。无论在印度还是在中国汉地，宗教与政权都是截然分开的。佛教上层人物与统治者关系密切，甚至也插手政治事务，但其本身并不具有世俗统治者的身份。而藏传佛教则不同，政教合一成为藏传佛教的最显著特点之一。早在公元 10

---

① 班班多杰:《藏传佛教史上的"他空见"与"自空见"》(续),《哲学研究》1995年第 6 期。

世纪后期藏传佛教形成时，就出现了集教权与封建王权于一身的代表人物意希沃和意希坚赞。 到了格鲁派时期，形成了一套完整的寺院组织，政教合一的体制就更加完善了。

被称为"拉萨三大寺"的哲蚌寺、色拉寺、甘丹寺既是宗教中心，又是西藏的政治中心。 达赖喇嘛既是宗教寺庙集团的首领，又是原西藏地方政府（噶厦）的总代表。 噶厦政府中的僧官，则是披着袈裟的世俗贵族。 三大寺的三级组织机构（喇吉、札仓和康村）构成了一张严密的权力网，按照达赖喇嘛和噶厦政府的意见（其背后还有中央政府和驻藏大臣）控制着整个寺院，其成员有的还能参与噶厦政府的各项决策。

由于实行政教合一制度，藏传佛教掌握着各级政权、教育权、文化领导权等各项权力，因此，藏传佛教与政治思想便紧密地结合在一起。他们宣传"神佛为一"，把神、佛和世俗统治者合而为一，即所谓"转世君王"（国王佛化）。 松赞干布被说成是观音菩萨的化身，赤松德赞被说成是文殊菩萨转世，赤热巴巾被说成是金刚手的化身。 在赤热巴巾与唐穆宗的甥舅和盟碑中，赤热巴巾被称作"转世君王"。 后来又有了"转世佛"的说法，即把一些统治者说成是"佛"的化身，死后灵魂不灭，轮回"转世"。 这些被称作"活佛"者死后，寺院上层通过占卜、降神等仪式，寻觅在他圆寂时出生的若干婴童，从中选定一个"灵童"作为他的转世，迎入寺中，继承他的宗教地位。 这种政治领袖和宗教领袖合二为一的活佛转世制，是藏传佛教所特有的。

（5）宗教思想深深地渗透于文化和生活各个领域。 由于藏传佛教在流行地区占据着统治地位，因而当地的文化教育以及文学、艺术、自然科学乃至于生活习俗等，都深受其宗教思想的影响。 寺院垄断着文化教育，进行以宗教经法为主要内容的寺庙教育。 除了寺庙之外，几乎没有什么学校。 在藏传佛教流行的地区，一切哲学、历史、文学、艺术、地理、天文、历算、医药等文化知识，都包含在藏传佛教的经典书籍之中，渗透着佛理佛事，具有浓厚的宗教色彩。

由于藏传佛教与各据一方、各自为政的世俗政治势力紧密结合，形成了不同的势力范围，因此，尽管各教派都与密教、本教有联系，带有浓厚的西藏色彩，但其传承及修持的密法不同，在教义解释、宗教礼仪方面亦各有特色，从而形成了各个不同的教派。 从 11 世纪中叶到 15 世纪初叶的三百多年间，是藏传佛教各教派的形成时期。 在这些众多的教派中，流行较广、影响较大的有宁玛派、噶当派、萨迦派、噶举派和格鲁派，它们的佛学思想也各有特色。 下面，分别对这五大教派的佛学思想作一简要介绍。

（1）宁玛派

宁玛派是藏传佛教各派中历史最为久远的一派。 "宁玛"一词在藏语中有两种含义："古"和"旧"。 所谓古，是说这个教派认为自己的教法是由公元 8 世纪的莲花生传下来的，这比创立于 11 世纪中叶以后的其他教派要早出三百多年。 所谓旧，是指他们自称以弘扬吐蕃时期所译的旧密咒为主。 实际上，宁玛派是公元 11 世纪左右才形成的，当时被称为"三素尔"的三名藏僧（素尔波且·释迦迥乃、素尔琼·喜饶扎巴、素尔琼·卓浦巴）奉莲花生为祖师，以莲花生所传密教经典为依据，建立寺院，开展一定规模的集体活动，始成教派。 开始时并无名称，在其他教派陆续产生后，才因其传承旧密咒而被称为宁玛派。其僧人都戴红帽，故俗称"红教"。

宁玛派形成后，依然保持其组织涣散、教徒分散的特点。 他们各有传承，教法相异，重密轻显，以念咒、祈禳、驱魔等活动为主。 僧人没有学经制度，可以娶妻生子，参加生产。 后来，宁玛派由于受到

"新密咒"的影响，对显宗理论的学习也有所重视了。

宁玛派的修习独具特点：首先选择一个奇异、僻静的不毛之地，使人触景生情，在与魔鬼搏斗的幻想中抛弃人间烦恼，领悟"一切皆空"的道理。宁玛派的宗教仪式含有不少野蛮的成分，如血祭、用人体器官密祭等，这些都是受本教影响的结果。

宁玛派的教理与本教类似，都有所谓"九乘"：一声闻乘，二缘觉乘，三菩萨乘，四作密，五行密，六瑜伽密，七大瑜伽密，八无比瑜伽密，九无上瑜伽密。其中一、二、三乘是"共三乘"，无论显、密都要修习；四、五、六乘是密教修习的，称之为密咒外三乘；七、八、九乘称无上内三乘，也属密教，是最高的法。第九乘包括"大圆满法"。所谓"大圆满法"，即无上瑜伽密法，是宁玛派特有的基本教法，也是最高密法。该法认为，一个人的心（思想）体从本质上来说是清净的，修习的关键在于把握好"远离尘垢"的心体，随心所欲，听其自然，最后在"空虚明净"当中把心安住于一境，就得到了修习"大圆满"的成果。宁玛派认为，万法都是人心这个本体所生，无本心即无万物，修习"大圆满法"，就能摆脱一切诱惑，使心灵得以净化。

宁玛派以及觉朗派、萨迦派、噶举派等都以"他空见"作为主要教义。"他空见"亦称"他空了义中观见"、"唯识了义大中观见"。宁玛派用遍计所执性、依他起性和圆成实性"三性"和世俗谛、胜义谛"二谛"来阐释"他空见"。认为遍计所执是为表达某种意义而提出的假说，即名词概念等，是性空，而人们往往把概念实体化，这样就会招致种种感情上和心理上的痛苦。遍计所执性是出于遍计的执著，不是有而是无，是世俗中无。依他起性是说人们遍计所执的种种现象是依托各种因缘而生起的，它所依的自性，即是依他（识）起自性。树立依他起，即是把一切系于一心。依他起性是遍计所执性生起的依据，是有。 这个有不是实有而是假有，是世俗中有，于胜义中则无有。 到了圆成实性，则可以说是离戏论而有，即胜义中有而世俗中无，也就是说，去掉安立在依他起上的不真实的遍计所执，就能显出诸法的真实本性来，它便是圆满成就真实的圆成实性。 宁玛派据此得出结论：如来藏圆成实性是胜义谛，是他空而不是自空，它是自性实有，恒常不变的。 人心就是如来藏佛性，即心即佛，圆成实佛性是实有、本有，而世俗妄心是性空、始有。

宁玛派认为，既然佛性是本有，那就可以采取"顿悟"的方法，直接了悟心中的佛性。 应当断除一切思维活动。 因为自心实相是离却言诠、断绝思虑的，用观察、渐修、积学的"渐悟"方法不但不能洞见自心实相，而且还会损害它。

宁玛派（以及觉朗派）判教的依据是《解深密经》。 他们认为，佛陀第二次在灵鹫山转法轮时，以大乘中根种姓的徒众为对象，讲的是一切诸法本性皆空，皆无自性，此即"自空中观见"（即"自空见"）。 在毗舍离城三转法轮时，以大乘上根种姓的徒众为对象，讲说分别胜义，究竟诸法本性，法性光明，善逝如来藏，不退了义等，这就是"他空中观见"（即"了义他空见"、"他空见"）。 据此，他们把中观分为自空中观和他空中观两种，把中观与唯识又区别开来，认为无著和世亲不是唯识学派的创始人和代表，而是唯识了义中观见的弘传者。 宁玛派用"九乘"将印度佛教的不同派别按照由低到高、由显到密的时间先后有序地排列起来，把他空中观见置于大乘显教的最高位置，作为一切显教思想的极顶。 这种判教说体现了宁玛派、觉朗派对印度佛教思想脉络和派别变迁的独特把握。

（2）噶当派

噶当派又称迦当派。 除了宁玛派之外，公元 11 世纪以后新出现的藏传佛教诸派中，噶当派出现最早。在佛经中，"噶"意为佛语，"当"意为教授、教诫。"噶当"即为一切佛语都是对僧人修行全过程的指导之意。首先提出这种看法的阿底峡是噶当派的奠基人，其弟子仲敦巴（1005—1064）是该教派的创始者。

阿底峡进藏时，针对显密二教势同水火，教法修行次序混乱的状况，撰写了《菩提道灯论》，阐明了显、密教义不相违背的道理和修行应遵循的次第，为噶当派的理论和实践打下了基础。仲敦巴是阿底峡的高足，一直追随阿底峡，学得各种显密教法。阿底峡去世以后，门徒多跟随仲敦巴学法。1056年初，仲敦巴在热振建寺，后来便以热振寺作为根本道场，逐渐形成了噶当派。仲敦巴有三个著名的弟子，后来分别形成了噶当派的三个支派。一派称教典派，比较重视佛教经典的学习；一派称教授派，偏重于师长的指点与教授，注重实修；还有一派称教诫派，比较注重戒律的修行。

噶当派属大乘中观应成派，其特点是强调戒律和修行次第，并运用融合思维，将显、密二宗调和，创立了"观行并重，显密贯通"的宗风。该派以阿底峡的《菩提道灯论》为基础，在沟通佛教各派，尤其是统摄、容纳显密二教的基础上，形成了自己的教法。其主要内容是立三士教，摄一切法（大小乘），以宣扬显教教义，既重理论（见），又重实践（行）。在密教方面，修四密（作密、修密、瑜伽密、无上瑜伽密），奉四尊。

所谓三士教，是把学佛修行的人分为"下士"、"中士"和"上士"。"下士"以今生后世的利乐为目的，不知"生死轮回"之苦，此即人天乘；"中士"只追求个人解脱而无普度众生之念，此即小乘；"上士"既求解脱自己，又愿普度众生，此即大乘。学佛者应首先访求名师，恪守师教，走上正道。然后从下士道做起，宣扬凡人皆有死，名利、财富、亲属乃至自己的躯体在死后都不能带走，所以要珍惜人生，皈依"三宝"，努力止恶行善，这样，下辈子即可在"三善趣"（天、人、阿修罗）投生，免受"三恶趣"（地狱、饿鬼、畜生）之苦。由于学下士道不能超脱轮回之苦，所以还必须学中士道，要修习"四谛"、"十二因缘"，通过戒、定、慧"三学"，以求得个人的解脱。但中士道并不能普度众生，因而还应该修上士道，"发菩提心"，"作善提行"，通过布施、持戒、忍辱、精进、禅定、智慧之"六度"，自觉觉他，度己度人。

在教理教义方面，噶当派推崇显宗，但也不排斥密宗，在修习次第问题上强调先显后密，主张显密二教互相补充，共同发展。修习显宗要按部就班，循序渐进，三士道就是使修习方法进一步系统化、条理化的尝试；修习密宗要以瑜伽密为主，传给经过"考验"的"利根者"。此派遵循以显教教义为基础的《真实摄经》修密法，理论比较正统，在藏传佛教中享有显密教法"纯净"的声誉。

15世纪初，宗喀巴在噶当派的基础上创立了格鲁派，噶当派的寺院统统变成了格鲁派寺院，噶当派遂并入格鲁派。但噶当派对其他各派的影响仍然很大，对藏传佛教的发展起了重要的推动作用。

（3）萨迦派

萨迦派的始祖是卓弥·释迦意希（994—1078），实际创始人是款·贡却杰布（1034—1102）。卓弥·释迦意希曾到尼泊尔学习梵文，后又到印度留学多年，先后学了戒律、般若和密法，掌握了"道果"教授。"道果"是藏传佛教的一个重要密法，萨迦派的教义核心。卓弥·释迦意希回到西藏，建立牛古垅寺，传授密法。款·贡却杰布是他的著名弟子，是一个出生于萨迦贵族的在家居士。款·贡却杰布原先信奉宁玛派，后从卓弥·释迦意希学得了"道果法"。1073年，款·贡却

杰布在后藏仲曲河谷的萨迦修建了"萨迦寺"。 "萨迦"藏语意为
"白色"。 当地土地为灰白色，故人称该地为萨迦，称该寺为萨迦
寺，以萨迦寺为主寺形成的教派也就叫作萨迦派了。 由于该派寺庙的
围墙上涂有象征文殊、观音和金刚手菩萨的红、白、黑三色条纹，故人
们又称这一派为"花教"。

贡却杰布之子贡噶宁布不仅继承了父亲传授的"道果法"，而且从
其他名僧那里学得许多显、密教法，成为使萨迦教派体系完整、影响大
增的第一人，被奉为萨迦派五祖之首。 其第二、第三个儿子分别成为
萨迦二祖和三祖。 其第四个儿子的长子萨班·贡噶坚赞（1182—1251）
被奉为萨迦派的第四代祖师，有《三律仪论》、《正理藏论》和《萨迦
格言》等著作对后世有较大的影响。 萨班的侄子八思巴（1235—1280）
是萨迦派第五祖。 公元 1260 年忽必烈当了蒙古大汗以后，八思巴被封
为国师，后又被加封为帝师，并获得了元、明两代对西藏佛教领袖人物
的最高封号"大宝法王"。 元朝衰落后，萨迦派的政治地位被噶举派
所取代，仅在萨迦还保持着政教权力。

萨迦派在政治上失势之后，作为一个教派仍有一定的影响。 在显
宗方面，形成了雅处、绒敦和绕绛巴、仁达哇两个系统。 在密教方
面，则有俄尔、贡噶、擦尔三派。

萨迦派的教义以独特的"道果法"为核心，认为修法者断除一切烦
恼，即可获得"一切智"而达到涅槃境界之"果"。 萨迦派赞同如来
藏佛性学说，但又认为，众生虽有成佛的基因在，如果没有修道等条
件，也成不了佛。 好比种子虽能生长，但如果没有土壤、水分、阳光
等条件，便不能发芽、长叶。 对此，萨迦派说："谓因道果无别者，就
像因即道，道即果也，因自己不认识因位时分之佛（因自己不认识自己
的心就是佛），故被客尘所覆，于道时分中已净治故，远离尘垢，认识

了自心是佛，故而取名为果。此谓因道果三者无别之义。……是故，《根本续部》中说：'众生即是佛，然由客尘障'，由不认识因位时分之佛，因而不能从事佛的活动，由破除此障垢而净治之道及佛，便显示果位时分之佛。"①这里所讲的"因位时分之佛"，就是指众生心中固有的如来藏佛性，要把因位的佛性转变为"果位时分之佛"，亦即使众生成佛，必须进行修道，去除覆盖在如来藏佛性上的客尘烦恼，这便是萨迦派"明空双运或生死涅槃无别"的道果法。既讲"心之性相即是空"，又讲"心之体性即是明"，二者如珠宝与其光泽，密不可分。这种以亦空亦明、明空双运来解释佛性的思想观点，是般若学非有非无、有无相即的中道观在如来藏佛性问题上的体现。

"道果法"有显密之分。显教道果的修法程序是"首应破非福，次则破我执，后除一切见"。即首先抛弃一切"非福"的恶业，致力于行善积德，从思想上断绝对于一切事物的恶念，这样，"来世"就可以升入"三善趣"了。其次，要断除"我执"。因为"我执"是一切苦恼的总根源。只有坚持苦修，体悟到从人的身体到一切事物"皆非实有"，都是因缘和合而成，才能由无我空慧来断除"我执"，去掉苦恼之根。最后，要克服视万物为实有的"常见"和认为万物非有的"断见"。因为视万物为实有，就会产生追求现实物质生活的欲望而堕入"轮回之苦"；而如果把"万法皆空"看成是"万物非有"，把思维、涅槃、善恶、因果报应等一切都看成是虚无，就会做"非福"之事，同样也要堕入"轮回之苦"。只有在断除"我执"之后，进一步断除"常见"和"断见"，才能真正领悟佛法，觉悟成佛，得到彻底的

---

①　贝瓦尔·却美多杰：《萨迦教法史》，转引自《哲学研究》1995 年第 5 期，第 58 页。

解脱。

"道果法"是萨迦派特有的教法，但在真理究竟的问题上，教内的认识并不一致。除了萨班的中观自续见、仁达哇的中观应成见外，还有唯识见等。

从思维方式上看，萨迦派的道果法采用的是佛教的否定思维，即通过否定客观事物的真实性，否定人对客观事物的认识，破除"我执"和"一切见"，而引导人们去追求超越现实世界的理想境界"涅槃"，这种否定思维对藏族人的民族心理产生了重要的影响。

（4）噶举派

噶举派是以口传密法进行修习的一个教派。在藏语中，"噶"意为佛语，"举"意为传承，合起来就是"口授传承"的意思。因为该派僧人都穿白色僧裙，故俗称"白教"。

噶举派主要分为两大系统：香巴噶举和塔布噶举。香巴噶举的创始人是琼波南交，据说他从印度学得密法回藏后，在香地（今西藏南木林县）建立了108座寺院，颇具实力。在14、15世纪时，格鲁派宗喀巴及其弟子克主杰都曾先后向香巴噶举僧人学过法。但此后不久，香巴噶举派便渐趋式微。后来所说的噶举派，通常指塔布噶举。

塔布噶举的创始人塔布拉杰（1079—1153）是米拉日巴的著名弟子。他幼年习医，医道高明，故人称塔布拉杰（意为塔布地方的医生）。塔布拉杰初习噶当派中教授派的经典，后从米拉日巴学习密法，又吸收了本教的一些教义和形式，把它们融合起来，以"大印法"为主，形成了自己的体系，创立了塔布噶举派。塔布拉杰积极提倡讲经，对当时藏传佛教界普遍兴起讲经之风起了重要的推动作用。

噶举派有四大支系，它们是噶玛噶举、蔡巴噶举、拔戎噶举、帕竹噶举，其中帕竹噶举一系曾掌管西藏地方政权达两个世纪之久。噶举派不仅派系多（有四大支八小支），实力强，而且分布也广（遍及西藏全区），对西藏地区政治、经济、文化有过重大影响。

噶举派的四大支系之间虽然存在着种种差异，但在教义教法方面又有其共性的方面。噶举派注重密宗，讲求修身，不重文字。其教义传承的是应成中观论，主要教法是"大印法"。所谓"大印法"，即"大手印法"，又叫"白法"，是藏传佛教密宗的修身法，其特点是显密兼修，强调在呼吸、脉、明点等生理方面下功夫。显教大手印是以经教证空性，要求修法者将自心专注于一"境"，使其不散乱，不起分别，持之以恒，从而获得"禅定"。然后，再观察安于一"境"的"心"在身外还是身内，当发现自"心"既不在身外，也不在身内，无处可觅时，就明白"心"并非"实有"而是"空"，就达到了所谓"空智解脱合一"的境界。密教大手印以"空乐双运为道"，是无上瑜伽部之最高法。在具体操作时，一般要先修习"拙火定"。这是一种通过调整呼吸，使全身发热，从而增强体质的类似"气功"的修炼方法。修习者"专一而往"，使"风息入、住、融于中脉，再依此力，脐密之处，拙火炽热，引起化乐"。把这种"化乐"（喜乐之感觉）与"空性"的认识结合起来，观修体验，达到"境与空性，无有分别"，成空乐智，再依次经历四种瑜伽法，达到最高成就，就"即身成佛"了。这就叫"空（智慧）乐（方便）双运"。"大印法"的修习过程，实际上就是通过苦修自心而达到"空性"（认识万法皆空）的过程。

噶举派还把无上瑜伽密的"双身修法"作为最高修法。无上瑜伽密是 10 世纪以后兴盛起来的印度晚期密教教派，亦自称为无上金刚乘、无上大瑜伽，以与传统的金刚乘相别，与以前的大瑜伽争胜。该教把金刚乘的大乐思想与印度教左道的女神性力思想相结合，主张和合相应成就，性力解脱。认为对立两极的统一和结合是世界的终极存在，众生要求得与佛的平等，必须通过两性的和合（即所谓大秘密），观想莲花与金刚杵的相合（即金刚杵位于莲花之上以为无上瑜伽），认识到世界的一体本原，复归无二体，这样，即可成就本然智、本觉智，即身成佛了。

密教传入西藏，逐渐演化为藏传佛教以后，仍然保留了大量印度密教的仪轨、诵咒，历久不衰。藏传佛教广为流传的"六字真言"——"唵、嘛、呢、叭、咪、吽"，原来就是密教的诵咒。以主张"双身修法"为特色的无上瑜伽密在思想上越出了传统佛教的轨道，表现了对严格禁欲的佛教宗派的一种反动。

（5）格鲁派

格鲁派是藏传佛教各教派中最后兴起的一个大教派。它于 15 世纪初叶兴起以后，迅速取代了其他各教派的地位，成为后期藏传佛教的主角，在西藏社会发展史上具有任何其他教派所不可比拟的重要地位。

格鲁派的形成，是宗喀巴进行宗教改革的结果。14 世纪后期，藏传佛教各教派普遍出现了戒律松弛、僧人腐化的"颓废萎靡之相"，陷入了信誉低落、教民失望的深刻危机。针对这种状况，宗喀巴高举宗教改革的旗帜，开始了创建新教派的行程。

宗喀巴（1357—1419）系统地学习了藏传佛教显密各派的教法，讲经授徒，声望日高。在帕竹政权的支持下，他开始进行宗教改革，采取大乘戒律说教，主张僧侣无论学显学密，都要严守戒律，独身不娶。他身体力行，发愿修复寺庙，并严格寺院的组织管理制度，努力摆脱贵族对寺院的操纵。他撰写了《菩提道次第广论》、《密宗道次第广论》等许多著作，强调显密兼修，规定了先显后密的修行次第。1409年，宗喀巴创建了甘丹寺，这是格鲁派形成的一个标志。人们把他们的理论称为甘丹必鲁，简称甘鲁。甘鲁后来又演变成"格鲁"，意为善规。 因该派僧人戴黄色僧帽，故该派又俗称"黄教"。 由于宗喀巴宣称是在噶当派教义的基础上建立新教的，所以人们又称之为新噶当派。 17世纪以后，该派在清政府的大力支持下成为西藏地区的执政教派，其势力逐渐扩展到西康、甘肃、青海和蒙古等地。

在一代宗师宗喀巴以及历代高僧的开创及影响下，格鲁派批判地总结了以前的各种思维方式，尤其是本教思维与佛教思维的相通之处，形成了具有代表藏族传统思维方式的整体性特征的格鲁派的思维方式，在宗教教义方面兼采西藏各派之长，具备五明（声明、因明、医方明、工巧明、内明）及文法、算术等世间学问，把藏传佛教的理论发展到了历史的最高峰。

格鲁派的思想属于大乘佛教晚期的中观应成派。 所谓应成，是源于印度佛学家佛护、月称的一种佛教学说，因其论辩方法而得名。"这种方法概括起来就是：如果按照你的说法，则'应'如何如何"，"是采用'应战'的方法，即随着对方的说法加以破斥，所以被称为'随应破派'"①。 格鲁派的思想比较驳杂，但其主干思想是中观应成派之见。 宗喀巴认为，中观应成派见是般若中观乃至整个佛教思想的极顶，它不同于小乘的人空法有说、唯识的境空识有说，也不同于中观自续派的名言中有说："凡许诸法为胜义有的，被称为实事师"；"不许诸法自相胜义有，而许为名言中有的，则为中观宗的自续派"；而中观应成派的观点是"名言中亦不许有自性"②，"当知生死涅槃一切法，唯是分别假立，都无少许自性"（宗喀巴《菩提道次第略论》）。

----

① 吕澂:《印度佛学源流略讲》,上海人民出版社1979年版,第239、240页。

② 以上引文见达玛仁钦《听宗喀巴大师讲八难题备忘记录》,载《世界宗教研究》1983年第4期。

这就是说，一切事物和现象及其本质，包括现象层面的（世俗）生死轮回，最终本质层面的（胜义）涅槃、真如，都是空无自性的，都是人们根据自己的意愿而约定俗成的名称。 如果"诸法有自性，则断彼所断和得涅槃等都不能成立。 唯有于'自性空'上，彼等一切方能成立。 于此应当如实了知"（宗喀巴：《中论疏·示略义》）。 这种"自性空"并不是绝对的虚无，因为一切法虽无实体，无自性，但从现象上看，它作为缘起法之作用还是有的："空者，非作用所空之空，虽无自性，须可安立因果缘起，凡依仗缘起而生者即自性空，故自性空是缘起义，非生灭作用空义。"（宗喀巴：《菩提道次第略论》）就是说，万法性空，皆由因缘而生，故无自性；但万事万物皆待缘而起，是因缘的和合，所以也可以说是"有"，然这种"有"不是实体有、自性有，而是假有、幻有，是不真实的存在，归根到底还是"空"。 "空"是万事万物、此岸彼岸、生死世界及涅槃世界的最后本体，这就是上乘的"自空中观见"。 宗喀巴专门著有《缘起赞》，认为性空缘起是佛教教义的"心要"。 懂得了这个道理，即可由无明到明，根除一切烦恼。

格鲁派的"自空中观见"是在批判宁玛派、觉朗派"他空中观见"等观点的基础上形成的。 "他空中观见"认为如来藏佛性是自性实有、恒常不变的绝对实体，世俗妄心是外加的、后有的、附属的。"自空中观见"则主张自性也是空，"自性空"是普遍的、绝对的、永恒的，缘起有、世俗有、现象有都是虚假的幻相。 "更有甚者，他们把缘起性空说成了性空缘起，这样，缘起实际上便成了性空的附属品，性空即成了普遍、绝对的主宰者，这便是格鲁派性空缘起义的最终归趣，也是宁玛、觉朗派的'他空见'与格鲁派的'自空中观见'的根本分野。"①

在修行方法上，格鲁派继承并发展了噶当派的显密兼修思想，批判了宁玛、噶举派的"顿悟"修行法，提出了渐修积学的"渐悟"主张。他们认为，要成佛，必须历劫久修，除尘祛垢，培积福德和智慧。每个僧人都要按经、律、论三藏教法，全修戒、定、慧三学，先显后密，依次修习，多闻广思，严守戒律，修十地，行六度，渐至成佛境地。他们以噶当派阿底峡的《菩提道灯论》为宗，衍释为《菩提道次第广论》，作为中心教法，别立显教修行次第，立三士道，注重出离心（解脱轮回之心）、菩提心（普度众生的大慈大悲之心）、空性见（证悟万法无自性之佛理）三要，最后以密宗为究竟。这一教法比以往各派的教法更加严密、更加系统化了。

藏传佛教不仅在西藏地区流传，而且在蒙古族、裕固族、门巴族、纳西族等地区也有广泛传播。下面，我们对藏传佛教在这四个少数民族地区传播的主要思想也分别作些介绍。

（1）蒙古族

藏传佛教在蒙古族地区影响极大，成为当地居民的主要宗教信仰，故也有学者把在蒙古族地区流传的佛教称为蒙传佛教。藏传佛教传入蒙古族地区以后，吸取了蒙古族原有的萨满教的部分思想内容及祭祀仪式，形成了具有蒙古族特色的藏传佛教思想，并成为该地区占统治地位

---

① 班班多杰:《藏传佛教史上的"他空见"与"自空见"》,载《哲学研究》1995 年第 5 期。

的意识形态。《黄史》①和《蒙古源流》②就是研究该地区藏传佛教思想的重要资料。

藏传佛教的世界观直接渊源于印度佛教。《蒙古源流》认为，宇宙原本是"虚空"，在"太古之世"，由"虚空之十方，狂风大作，往来相冲"，形成了柔软、碧色的"风坛"。继而由风生雨，形成"无边之大海"，此即"水坛"。"水上生微尘，凝如乳上之脂"，微尘不断积累，便形成"大自在金世界"，即"土坛"。土坛上有山、陆地和水，"其中众山之主，崇峻之须弥山，七金山，七大海，四大部洲，八小部洲，共十二洲，皆一时定矣"③。这种"大自在金世界"又叫"自定一切所依之外相世界"，即是所谓现实世界，但它是不真实的，虚幻的。

藏传佛教的转世论和化身说与蒙古"天人合一"、"天人相通"的天命论相互配合，形成了"佛人合一"的思想。《蒙古源流》认为，人是由神佛逐渐蜕变而成的，"第一禅天之一神降生人间以来，日益藩衍，由有色界十七天，无色界四天，欲界二十天，凡三界之六类生灵一时成矣"。其中"四洲之人类生灵"因造作种种"孽业"，最后堕落地上，用脚行走，为争"地上之秽食"而互相纷争、残杀，于是"来一形容端雅、心怀正直、智虑明睿之生灵"，主持正义，均分土地，被众生灵拥为官长，此即玛哈·萨玛迪可汗。后又代代相传，后世的西藏、

① 《黄史》全称《古蒙古汗统大黄史》，成书于 17 世纪中叶，后人作了补充和修正。

② 该书系萨囊彻辰于 1662 年用蒙文写成的一部史学著作，后译为满文，又由满文译为汉文。

③ 参见萨囊彻辰著、道润梯步译校:《蒙古源流》，内蒙古人民出版社 1981 年版，第 1—2 页。

蒙古的可汗，有的就是前代可汗的"转世"，或是菩萨、佛的"化身"，有的是神、人结合生成的"灵异之子"。例如，《黄史》认为，成吉思汗祖先布尔特齐诺是西藏金椅可汗的幼子，金椅可汗则是印度诸王的后裔，而这些王统共同的始祖是开天辟地以来最初的转金轮王。《蒙古源流》中讲蒙古阿隆高娃夫人"每夜梦一美貌少男来与之共寝，翌晨向曙即起去，因告其事于妯娌及侍婢，如是寡居而生布固哈塔吉、布固萨勒济固、勃端察尔·蒙哈克等三子矣"（第96页）。

这种"佛人合一"的思想，是为政教合一思想服务的。既然佛是至尊无比、至高无上、无所不知、无所不能的神，"佛祖法力无边"，"佛法之光普照大地"（第382页，第403页），佛能扭转乾坤，匡正社稷，而可汗又是佛的化身，那么人们当然要服从可汗的统治，毕恭毕敬了。圣喇嘛是修成正果的佛，理应与可汗合为一体，能力协作："圣喇嘛与施主可汗二人，如日月二象升于青冥高天而居焉"（第386页）；蒙古忽必烈接受"灌顶"，崇信佛教，以政教二道治国，"由是蒙昧之蒙古地方，升起宗教之日光。自印度请来佛、佛骨，四玛哈冉咱所献之钵盂、旃檀佛像等。以行十善福事之政，平定四海，致天下以康乐之境矣"（第198页）。《蒙古源流》还认为，明清二朝的帝王，凡是"大赞佛教，广兴圣道"，"修明政教二道"的，都能"致天下于安乐"（第204页）。这种政教合一的思想，有力地促进了教权与王权的结合，对于维护当时的统治起了重要的作用。

由于保留了萨满教的不少思想内容，蒙古地区的藏传佛教比较注重捉鬼驱妖、免灾除疫等活动。人们除了在家中烧香敬佛外，还必须参加寺院举行的庙会。闻名中外的蒙古"百灵庙"，每年夏历六月十四日至十六日都要举行为期三天的喇嘛"禅木"活动。"禅木"是梵语，汉译为"跳鬼"。由一些喇嘛头戴面具，扮作阎王等七位凶神以及滑稽神、白骨骷髅鬼，一些不戴面具的喇嘛身穿各式各样色彩鲜艳的奇装异服，扮演二十一位菩萨和多子女神。他们手执各种法器或降魔宝剑，随着宗教乐器的节奏，依次走过佛殿大厅，跳下台阶，来到广场，跳"捉妖驱鬼"的舞蹈。最后，由头顶鹿角、身穿梅花斑黄袍的"鹿神"连蹦带跳，飞身腾跃，绕场几圈，跳涧而去。继而，头顶凤冠、身披五彩霓裳的"凤凰神"来到正堂，向大喇嘛躬身礼拜后，作昂首冲天、展翅飞翔状，腾空而逝，象征着驱除了妖鬼，迎来吉祥。

祭鄂博，也是蒙古族重要的宗教活动，每年定期举行。"鄂博"俗称"敖包"，蒙古语"堆子"的意思。原为道路、境界的标志，后来成了祭祀山神、路神的地方。一般由石块泥土堆成，人们每出远门，必到鄂博上拾一小石头随身携带，以保平安。集体祭祀常常在秋季举行，请喇嘛到鄂博处演奏法器，诵经念佛，供奉牛羊、瓜果等祭品。参加者随喇嘛围绕鄂博转行三周后，将各种祭品弃于地上，争相食之。最后，还要开展摔跤、赛马等活动。这就是目前内蒙古一年一度的"那达慕"（娱乐、游戏之意）大会的由来。

（2）裕固族

生活在甘肃河西走廊一带的裕固族，在元代时，因统治者的提倡而开始信藏传佛教。明代中叶，撒里畏兀儿人东迁，青海的黄教势力北移，促使黄教在裕固族迅速传播开来。随着清顺治年间（1644—1661）兴建了第一座黄教寺院景耀寺之后，裕固族各部落又先后建立了康隆寺等九座寺院，这些寺院成了部落的宗教及政治活动中心。

藏传佛教在裕固族民众中有着很高的地位，其教义中生死轮回、因果报应等内容深入人心。每年每个寺院都要于正月、四月、六月、十月（或九月）定期举行大会，每月十五一次小会，开展跳"护法"、念经、算卦等活动。佛教寺院享有许多特权，俗人必须遵守各种规定，如经过寺院必须很远就下马，搬家只能从寺院后面经过，在寺院附近不准大声说话，产妇不能进寺院，妇女不能见佛爷。 谁家生了孩子，都要请喇嘛念经，行命名礼，再由父母命名。 甚至连牧民卖牲畜、盖房、打井、出门等，也都要到寺院算卦、送礼。 在有些地方，每到春季，人们都要成群结队地去佛寺进香，在路上则用弓箭射一切能见到的东西，说是可以祛灾。 这些宗教习俗，既反映了藏传佛教在裕固族地区的统治地位，也说明了在藏传佛教信仰中保存了大量萨满教的东西。

（3）门巴族

西藏南部门隅地区的门巴族以藏传佛教为主要信仰。 13 世纪，藏传佛教噶举派（白教）的一个支系主巴噶举的创始人凌热自马多吉，到今不丹一带传教建寺，主巴噶举就成了当地门巴族的主要宗教。 此后，红教、黄教诸派也相继在门巴地区立足，与白教相安共处。 其中红教势力最大，寺庙最多。

门巴族的佛教信仰，主要表现在诵念佛经，以及祈求佛祖保佑粮食丰收、健康平安等方面。 喇嘛们每个月都有固定的念经内容，例如，一月念"嘎措经"、"朵措经"，二月念"莱尼经"……十二月念"古朵经"。 此外，还有各种名目的不定期念经，如"达月经"、"贵果经"、"才久经"等。 每次念经分别有关于生产、生活等方面的不同祈求。

在门巴族的宗教信仰中，原始的鬼神崇拜与藏传佛教信仰往往杂糅在一起。 门巴人认为，神和鬼是有原则区别的。 神为白色，能保护人们的利益，鬼为黑色，专门害人。 神是人的灵魂升天变成的，大喇嘛死后，就能升天成神。 神和人一样，也有等级。 而鬼常常被认为是下等人或坏人死后变成的。 喇嘛念经与巫师驱鬼常常同时出现，交叉进行。 例如播种前，先请喇嘛念经择日，然后由巫师"驱鬼"除害，以保证作物顺利生长。 在大多数情况下，一般人都是丧葬请喇嘛念经，治病请巫师来"请神"、"驱鬼"，表现出了门巴族人信仰的混杂性。

（4）纳西族等

17世纪的明代后期，藏传佛教宁玛派（红教）传入云南的纳西族地区，丽江一带尤为盛行。 藏传佛教格鲁派（黄教）传入纳西族永宁地区也有了几百年的历史，但当地许多群众仍称其为红教。 在纳西族地区，藏传佛教的影响不及东巴教，但仍是一种占据统治地位的意识形态，深刻影响着社会、婚姻和精神生活的各个方面。

在政教合一、佛人合一等思想影响下，纳西族地区的佛寺也实行活佛"转世"制度。 活佛在寺院中的地位最高，多为纳西族人。 寺院的最高统治者堪布，一般由封建土司的近亲担任。 在丽江地区，喇嘛的社会地位较低，有些寺院找到活佛后，常被其父母所拒绝。 曾有寺院发生三代活佛不愿入寺的事，造成了寺中多年活佛的空缺。

除了上述蒙古族、裕固族、门巴族、纳西族之外，藏传佛教在青海土族、四川羌族、云南普米族、怒族中也有相当影响，其宗教思想与裕固、门巴等地的情况相似，多与原始宗教紧密联系，成为人们祈福祛灾的重要精神寄托。

二、云南上座部佛教思想

云南上座部佛教在我国云南傣族等少数民族地区有相当的发展。 这里主要介绍一下在傣族、布朗族、阿昌族和德昂族等地区传播的上座部佛教的主要思想及其主要特点。

（1）傣族

南传上座部佛教是傣族人的全民信仰，傣语称之为"沙瓦卡"。傣族的统治者既是政治领袖，也是宗教领袖。 最高统治者召片领（即宣慰使）的尊称是"松领帕丙召"，意为"至尊佛主"，村寨头人"叭"的含义就是佛主命令的执行者。 各级头人既管百姓，也管鬼神。 各级行政机构中都有一名专门的宗教头人（即波章）管理宗教事务，并有与之相应的佛寺。 召片领、召勐等封建主在各种宗教节日里任免其下属的封建统治者和代理人，将各级封建政权加以神化。 在西双版纳，"祜巴"级以上的各级僧侣的加封撤换，都必须经召片领批准。 在德宏，由土司加封的"御封佛爷"负责管理全区佛寺。 在这种政教合一思想的指导下，傣族地区"村村有佛寺，人人当和尚"，佛教的宗教思想渗透到了社会生活的各个方面。

按照上座部佛教自我解脱的主张，每个傣族男子都要出家过一段僧侣生活，才能成为新人或受教化的人，才有成家立业的权利，否则将受到歧视。 而且，寺院是唯一的学院，只有高级僧侣才精通傣文，因而傣族儿童从六七岁起就要进佛寺（当地称"庄房"）当小和尚（称为"哈勇"），接受文化知识教育和佛学教育。 经大佛爷认可，授戒后便成为正式的和尚。 以后根据其宗教知识及信仰程度的变化，可依次升为佛爷、大佛爷、"祜巴"。 不同等级的僧侣享受不同的待遇，居于统治地位的高级僧侣可以任意处置下级僧侣。

傣族僧侣可以还俗。 小和尚还俗最容易，只要跟大佛爷念几句经，由大佛爷解掉披裟就行了。 职位越高，还俗越难，手续也越复杂。 佛爷还俗须经全勐最高祜巴或土司批准。

傣族佛教提倡以佛祖释迦牟尼为榜样，通过入寺为僧，不断修行，逐步升级，最终解脱。 不出家的信众，则应通过逢年过节、婚丧喜事时向寺院"赕"（敬献之意，此处指布施）佛，积德行善，以达涅槃。傣族佛教还认为，如果现世不做善事，甚至作恶，后世将被打入地狱，或成为饿鬼、畜生，受到严惩。

傣族佛教与原先流行于该地区的原始宗教既有斗争，也有融合，形成了两种信仰互相渗透、互相补充的局面。有的傣族佛经主张只能信佛，不能祭鬼。有一部叫《坦雅尼》的佛经主要就宣传这样的内容，因而俗称"佛不许送鬼"。《坦雅尼》在傣族有许多手抄本，广泛流行于佛寺和民间，影响很大。傣族佛教对原始宗教也有不少妥协之处，例如允许僧侣吃肉、喝酒、串姑娘等。有些僧侣既宣扬佛法，又替人叫魂送鬼。傣族群众普遍认为，人死以后，灵魂不灭，会变成各种鬼怪，仍与人间的社会生活发生联系。为了避免鬼魂害人，要进行各种祭鬼活动。村寨死了人，要停止舂米、纺线等劳动。出殡时，要请佛爷念经，率领众亲友进行各种赶鬼活动。棺材抬出后，要留下一人打扫房子，不让鬼有藏身之地。天长日久，傣族佛教与原始宗教相互融合，佛教活动中掺入了许多鬼神的内容，而原始宗教的鬼神崇拜中也掺入了佛教的内容。

傣族佛教思想还渗透到了傣族的科学技术、文学艺术和生活习俗之中，使其打上了深刻的宗教烙印。例如天文历算常被僧侣用来作为占卜的工具，文学、绘画、雕塑所反映的题材也大都与佛教有关。被视为佛经的《帕召列罗》（意译为《佛巡视世界》），实际上是一部傣文佛经神话集，主要讲述佛祖帕召古达玛巡视各地所发生的种种神话故事。这些神话传说多与当地的地名来历、名胜典故相联系，富有文学色彩，在傣族群众中具有相当的影响。傣族的许多民族节日，例如"进洼"（开门节）、"出洼"（关门节）、浴佛（泼水节）、塔摆（纪念释迦牟尼逝世）等，同时也都是佛教的宗教节日。

（2）布朗族、阿昌族、德昂族

在云南西双版纳与双江等地，同傣族居民杂居的布朗族，受南传上座部佛教的影响也很深。大约在18世纪末，西双版纳的傣族封建主为了加强对布朗族的控制，派出佛教僧侣进入山区传教，经过四进三出的反复斗争，坝区的上座部佛教终于战胜了原始宗教信仰者的反抗，在布朗族聚居的山区扎下了根，并逐渐发展成为占统治地位的全民性的宗教信仰，几乎每个村寨都有佛寺。佛寺的形式、佛经、法器以及规章制度、宗教活动仪式等，均与傣族相同。寺内僧侣亦按社会等级制度分成小和尚、大和尚、二佛爷、大佛爷等各个不同的等级，不同等级的僧侣披不同套数的袈裟，袈裟上的条纹与方格也有差别，其升迁制度与傣族一样。

布朗人认为，佛与鬼神的意志是一致的。从佛爷（和尚）到波占、召曼（管理宗教事务的头人）都自称是神的代言人，是"帕召"的化身，是丢那（地方鬼）的代理者。融入原始宗教信仰的佛教对布朗人的生产、生活有着深刻的影响。春耕、播种、收割前往往都要由佛爷主持念经、占卜、祭祀等，这已经成为布朗族人的一种习俗。

除了傣族、布朗族以外，主要聚居于云南德宏傣族景颇族自治州户撒等地的阿昌族、德昂族也普遍信仰南传上座部佛教。阿昌族在教派、教规、宗教仪式等方面与傣族一致，德昂族则由于居住地不同而有所区别。德昂族一般村寨里佛寺很少，只有一个专门管占卦、择日、诵经并主持祭献的祭司，由笃信宗教、知识丰富的老人担任。德昂人相信灵魂不灭、生死轮回。认为天堂里住着天神，主宰着人类的命运，监视着人们的善恶行为，甚至主管各家各户的生男育女；地狱里也有专门的管事者，负责遵照天神的命令，惩罚有罪的灵魂，以使其得以超生。德昂人认为人世与阴间的界限是仙河。人临死时，要在其口中放入一枚银币，作为过仙河的摆渡钱。人死后要放入木制或竹篾编制的船形棺材，请佛爷择日安葬。棺材在德昂语中的含义是"船"，是供死者灵魂渡仙河用的。停柩期间，每天早晚都要请佛爷念经超度。

因难产、重症而死的实行火葬，以把附在死者身上的恶魔烧死。 从这些信仰活动可以看到，德昂族的佛教与原始宗教的信仰也是密切结合在一起的。

第十五章　中国佛教的特点与精神

外来佛教经过数百年的演变发展，最终完全融入了中华传统文化之中，成为其重要的组成部分之一。　中国佛教既继承了佛陀创教的基本精神，同时又在传统文化的氛围中，吸收了中国传统思想文化的内容和方法，为适应中国社会的需要而有所发展，有所创新。　在漫长的中国化的过程中，中国佛教形成了它鲜明的不同于印度佛教的思想特点与文化精神。　中国佛教思想究竟有哪些特点？　这些特点是如何产生的，又对中国思想文化和社会生活产生了哪些影响？　中国佛学的主要精神及其现代意义如何？　本章对这些问题略作探讨和说明。

一、中国佛教的主要特点

关于中国佛教的特点，人们可以见仁见智，有不同的看法。　这里，试从以下八个方面来加以概括和论述。

第一，中国佛教在其发展过程中形成了以融会般若性空论为特色的心性学说，并在中国佛学中占据了主流地位。 这种心性学说远承印度佛教而形成于中国传统文化之中，主要彰显了将人的内在心性作为解脱之道的思想。 从哲学上看，佛性论实际上是佛教的心性论，主要从探讨解脱主体与解脱途径的角度对心性问题做了特殊的发挥。 在印度部派佛教中，就曾对宇宙万法的实有假有、心性的净染等问题展开过广泛的讨论。 大乘佛教时期不仅出现了倡导"一切众生皆有佛性"的《涅槃经》，还形成了佛性如来藏思想，强调"如来即在众生身内"（《佛说无上依经》卷上），是一切众生成佛的根本依据。 虽然这种思想与"无我"说不合而在印度佛教中未能得到充分的发展，但它传入中土后，由于与传统的灵魂不死观念和儒家的心性论有异曲同工之妙，却受到了中土人士的欢迎。 东晋时，道安的"宅心本无"、慧远的"法性论"就都有抬高"心性"在解脱中的作用的意向，而僧叡等人更把般若空观与涅槃佛性结合起来理解，使反本求宗、依持心性佛性获得解脱逐渐成为中国佛教的基本理论。 到了晋宋时的竺道生，进一步以空融有，空有相摄，把非有非无的般若实相与众生的本性（佛性）从理论上会通起来，从而把成佛从对外在的宇宙实相的体认转为对自身本性的证悟，更突出了众生的自性自度。 特别是竺道生强调"无我本无生死中我，非不有佛性我"，既使佛性常住而又不违背印度佛教的"无我说"之精神，同时又使传统的"神不灭论"披上了佛教思辨的外衣而获得了新的理论形式，并成为生死轮回的主体。 竺道生倡导的"众生皆有佛性，顿悟即得成佛"的佛性论思想以它特有的魅力而盛行于中土，成为中国佛教中最深入人心的思想之一。 南北朝时期的佛性论的主流就是从涅槃解脱的角度把常住的佛性与"冥传不朽"的"心神"等联系在一起，以"神识"、"真神"等来表示业报轮回的主体和超凡入圣的解脱之因。 梁武帝的"神明成佛义"就是其中具有代表性的一种观点，反映了中国人对心性佛性的一种理解。 隋唐时期建立起来的中国化的佛教各宗派的理论也基本上是围绕着佛性（心性）建立起来的。 无论是天台宗的"性具"，还是华严宗的"性起"，无论是唯识宗的"五种性"，还是禅宗的"识心见性"、"见性成佛"，心性论始终是各个宗派学说的重点。 隋唐佛教对心性论的探讨不仅对佛学本身的发展产生了巨大的影响，而且在客观上进一步推动了中国学术由本体之学向心性之学的转向。 随着宋明理学被定于一尊，佛教在中土的发展日趋衰微，但佛教探讨人心佛性的思维途径和宗教修行方法，却渗透到宋明新儒学的方方面面，无论是对程朱理学还是陆王心学，都产生了极其深刻的影响。 直到近代，不但唯识学得以复兴，禅宗的"即心即佛"思想也依然盛行。 禅与唯识的结合，在近代开出了"三界唯心，万法唯识"的潮流，这种心性论强调"心力"的作用，在一定程度上甚至成为近代社会变革运动的理论武器，这确实是值得人们深思的一种文化现象。

　　第二，中国佛教强调人人皆有佛性、人人都能成佛的众生平等说，鼓励每个人靠自己的努力来实现解脱，这既是对佛陀基本精神的继承和发挥，也特别反映了中国佛教对个人道德完善和自我价值实现的追求。"众生平等"说是佛陀为反对婆罗门教的神创说而提出来的。 婆罗门教用神创说为古印度的种姓制度作论证，认为人生来就有高低贵贱之不同，因此在宗教解脱上也有根本的差异。 佛陀则认为应该以人的德行而不应以人的出身来划分种姓，主张种姓之间的平等，特别强调各个种姓在追求解脱上的平等。 这种"众生平等"的思想是初创的佛教很快得到印度人信仰的重要原因之一。 但值得注意的是，在印度佛教的发展中，有些经典和学派却并不主张人人皆有佛性，这种观点势必导致众生在解脱上并不一定平等的看法。 例如大乘瑜伽行派所倡导的"五种姓"说，就认为有一类众生为"无种姓"，这类众生断了善根，永不得成佛，从而将一部分众生（无种姓，即一阐提）排斥在成佛的可能性之外。中国早期译出的六卷本《涅槃经》中也有类似的说法。然而，这类说法却不符合在中国传统思想中占主导地位的儒家思想，也不适合中土广大民众想追求幸福来世的心理需要和少数统治者用来麻醉民众的政治需要。因为儒家无论是"性善"论，还是"性恶"论，都认为"人皆可以为尧舜"或"涂之人可以为禹"，都将主体自身的为善去恶作为道德完善和人的本质实现的基本条件，每个人在成圣之路上是平等的。儒家的人性论思想及其对理想人格的塑造和追求，对中国佛教的发展方向产生了深刻的影响。佛教传入中国后，"佛性"成为中国佛学讨论的中心问题之一，竺道生大力倡导的人人有佛性、人人得成佛的思想，受到了中国社会的普遍欢迎，最终成为中国化佛学的主调。而与此不相一致的说法却遭了冷落。例如法相唯识宗坚持瑜伽行派的"五种姓"说，结果这成为导致法相唯识宗未能在中国广传的重要原因之一。相比之下，中国的天台宗不仅认为人人有佛性，而且还将佛性推广到草木瓦石等无情之物，这就是天台九祖湛然著名的"无情有性"说。禅宗更是通过突出每一个自我主体而充分肯定了每个人在平常生活中解脱的可能性，把中国佛教的心性化、人本化倾向落实到了每一个凡夫俗子的当下之心与当下生活，其提倡的"即心即佛"、"人佛无异"、"凡圣平等"的佛性论因与中国传统思想相吻合而大行其道，并成为中国佛教的重要特点之一。

第三，中国佛教重"顿悟"。这与人人有佛性之说有密切的联系。既然人人皆有佛性，那么，如何凭藉佛性得以成佛？成佛需要经过什么阶段？经历多少时间？这就是"顿悟"还是"渐悟"的问题。对于这个问题，中国佛教曾进行过比较热烈的讨论。因为按照印度佛教的一般说法，修行解脱是一个长期过程，需要累世修行，不断地积累功德，例如《杂阿含经》中就说："精勤修习……渐得解脱"。 大乘佛教也提出了菩萨修习要经历"十地"的说法。 佛教传入中国以后，魏晋时期的般若学者道安等人就曾联系菩萨的"十地"而提出"小顿悟"。 竺道生更提出了"大顿悟"之说，认为证悟诸法实相（涅槃、佛性）之理就是成佛，而"理"完整圆满，不可分割，故悟必顿悟，不分阶次。 这种顿悟说与中国道家所倡的重直观、重体悟的思维方式不谋而合，因而在隋唐佛教中发展成为主流。 隋唐时建立起来的中国化的佛教各个宗派，虽然各宗的判教都是兼融顿渐，以圆为究竟，但都是视顿高于渐的。 例如，主张"顿渐相资"、"顿渐泯合"的天台宗智者大师立"五时八教"，其中"化仪四教"是依众生根机利钝而设的，为钝根人说的渐教显然浅于为利根人说的顿教。 华严宗人为抬高《华严》而将《法华》之顿贬为渐中之顿，将《法华》之圆斥为"渐圆"，认为只有《华严》之顿才是顿中之顿，《华严》之圆才是"顿圆"。 显然，此宗也是视顿高于渐的。 在中土最为流行的惠能禅宗则更是以顿悟成佛相号召。 六祖惠能在前人的基础上对顿悟说作了创造性的发展。 在他之前，无论是小顿悟，还是大顿悟，说的都还是悟理得意，而惠能却另辟蹊径，他的顿悟说不分能悟、所悟，能所皆统一于当下的现实之心。 "不修即凡，一念修行，法身等佛。 ……前念迷即凡，后念悟即佛。"（敦煌本《坛经》第二十六节）这种自识本心、直了心性的顿悟说不仅具有一定的宗教魅力，而且产生了极大的社会影响。 以"识心见性，顿悟成佛"相标榜的惠能禅后来取代了强调"渐修"的神秀禅而成为中国禅宗的主流，并最终成为在中土流传最广、影响最大的一个佛教宗派，"顿悟成佛"也成为具有代表性的中国化的佛教理论之一。

　　第四，中国佛教比较崇尚简易性。 佛教讲"信、解、行、证"，信是第一位的，信、解又必须落实到行、证的宗教实践上。 如何行、证又与一定的理论指导相联系。 从历史上看，原始佛教比较偏重于对人生现象的分析以说明人生皆苦，从而强调通过宗教实践获得人生解脱的重要性与迫切性。 但从部派佛教开始，就对宇宙万法的实有假有、心性的净染等问题展开了广泛的讨论，特别是轮回与解脱的主体，成为各派争论的主要问题之一，并形成了许多精致的理论。 到后来的大乘佛教，在神化并崇奉佛菩萨的同时，也过多地对信仰作了哲学理论上的论证与发挥。 为了论证现实世界的虚幻性和依持自心、自性解脱的可能性，建构了极为烦琐的名相系统。 佛教传入中国后，其理论和实践虽然都有进一步的发展，但在中国得到最广泛流传的却是印度佛教中所没有的禅宗和净土宗，而这两个宗派都以理论的简要和修行方式的简易为特色。 惠能南宗以"不立文字"为标帜，以自性顿悟来统摄一切传统的修持形式与修持内容，并以中道不二为指导破除了对读经、坐禅、出家、戒行等传统佛教的修行方法的执著，从而更好地适应了中土社会和民众的需要，促进了佛教在社会中的广泛传播。 净土宗则认为，世风混浊，没有佛的帮助，光靠自力，解脱甚难，靠自力解脱的教义是"难行道"，而以信佛的因缘愿生净土，凭藉佛的愿力，即借"他力"往生西方净土的是"易行道"，因而提倡一心专念阿弥陀佛的名号的"念佛"法门，认为如此则能在死后往生安乐国土。 这种简便易行的念佛法门特别适合文化水平不高的老百姓追求解脱的心理需要，故在中国社会中得到了迅速的传播。 许多人虽然不一定懂得净土宗，却都知道诵一声"南无阿弥陀佛"。 唐武宗灭佛以后，天台、华严、唯识等宗派都一蹶不振，而理论简易、法门简便的禅宗和净土宗却仍在社会上广为流传。 入宋以后，禅净融合逐渐成为中国佛教发展的主流，它从一个侧面反映了中国佛教的简易性趋向。

第五，中国佛教具有对传统思想文化的调和性。 印度佛教与中国传统的宗教观念和民众信仰有很大的不同，与中国传统的儒家、道家等也属于不同的思想体系，各自的宇宙观、社会观和人生观都有很大的不同，他们的理想目标以及实现目标的途径与方法等也都存在着巨大的差异，因而佛教传入中土后，就面临着以儒、道为主要代表的中国传统思想文化的巨大挑战。 但是佛教不仅懂得"入乡随俗"的重要性，而且它本身也具有适应环境的内在机制，因此，它传入中国以后，一方面十分注意依附统治阶级和传统思想文化，另一方面也以"随机"、"方便"为理论依据，在努力调和与儒、道等思想矛盾冲突的同时，不断地援儒、道等传统思想入佛，并极力论证佛教与传统儒、道在根本宗旨上的一致性，从而形成了自身鲜明的调和性的特点。 这种调和性在不同的时代又具有不同的表现。 从历史上看，佛教来华之时，正值黄老神仙方术在中土社会盛行，初传的佛教也就把佛陀描绘为"轻举能飞"的"神人"，把小乘佛教修行的最高果位"阿罗汉"描绘为"能飞行变化，旷劫寿命"。 在依附神仙方术的同时，佛教还十分注意对灵魂不死、鬼神崇拜等中国传统宗教观念的调和，例如把佛教的轮回说与中土的灵魂观结合起来，认为人如果行恶，死后"魂神"就会"入泥犁、饿鬼、畜生、鬼神中"，如果行善，则会"或生天上，或生人中"。 汉末三国时的牟子《理惑论》则集中反映了早期佛教对儒、道的调和，提出了在中国历史上影响深远的"三教一致论"。 到两晋时期，佛教与玄学合流而蔚为时代思潮，出现了玄学化的"六家七宗"。 随着佛教在中国的展开，南北朝时期，儒学的独尊地位丧失，佛、道两教的势力进一步增强，三教在共存并进中全面展开了矛盾冲突，与此同时，佛教也在与儒、道的冲突中交融，并在交融中发展，从而迎来了三教鼎立的隋唐时代的到来。 隋唐佛教各个宗派的理论体系中，都大量融会了儒、道等的思想内容和方法。 入宋以后，佛教更加强了对儒、道为代表的传统思想文化的融合，许多教内人士大力宣扬三教一致，特别是曲意迎合儒家的思想。 例如宋代禅师契嵩在其所著的《辅教篇》中"拟儒《孝经》，发明佛意"，甚至提出"夫孝，诸教皆尊之，而佛教殊尊也"（《镡津文集》卷三）。 佛教对儒、道的迎合式调和，反映了佛教在宋代以后社会地位的下降和代表中央政权意识形态的新儒学势力的增强。 如果说，宋代以前的佛教倡导调和主要是为了能够在与儒、道的竞争中得到传播与发展，那么，宋代以后的佛教对儒、道的调和则主要是为了更好地维持自身的延续。 中国佛教的调和性在不同时代的不同表现，从一个侧面反映了中国佛教本身发展的阶段性。

第六，中国佛教内部的融合性。 印度佛教本身就有大小乘、空有宗等的区别，而中国地域广阔，社会环境多样，佛教传入中土后，受不同地域文化的影响，也易形成不同的学风或学派宗派，当分属不同思想体系的佛教一起来到中国，并出现不同的佛教理论学说时，就有一个如何解释佛教自身的差别，如何统摄佛教不同派别、不同经典学说的问题，于是，就有了僧叡的"三藏祛其染滞，般若除其虚妄，法华开一究竟，泥洹阐其实化"（《喻疑》），也有了竺道生会通般若实相说的涅槃佛性论，更有了日后建立在空有相融基础上的中国禅宗之学。 而从南北朝开始，中国佛教中出现的各种不同的判教学说，都是对佛教内部各种理论学说进行调和融合的表现。 隋唐时，国家的统一和南北交通的便利进一步促进了佛教各种学说和不同学风的融合。 当时创立的佛教宗派几乎都通过判教而抬高本宗，同时也对佛教内部的各种经典学说加以融合。 第一个中国化的佛教宗派天台宗通过批评"南三北七"而提出的"五时八教"的判教说，强调佛教各经各法既相互区别，又相互融摄，从而使各种教义既有高下之分，又能并行不悖。 天台宗之所以奉《法华经》为根本的宗经，很重要的原因就在于该经倡导的"会三归一"的理论。 三乘乃方便，实归于一乘，此说的理论意义在于，一方面把天台宗的教义说成是至上的"一乘"，另一方面又为它调和融合其他学说打开了方便之门。 天台宗正是在"方便"的旗号下，将佛教的不同教义和传统文化的不同思想"会归"到了天台宗的教义中来的。而天台宗明确提出把止观并重、定慧双修作为最高的修行原则，也标志着南北朝时期北方重禅修而南方重义理的佛教不同学风得到了融合与统一。 同样，三论宗的"二藏三法轮"和华严宗的"五教十宗"等判教说也都表现了鲜明的融合性。 特别是华严宗，其判教理论还专门强调了"立破无碍"和"会通本末"，把佛教的各家异说及佛教理论的发展看作是一个由小到大、由始到终、由渐到顿、由偏到圆的逻辑发展过程，既融合了佛教的各种学说，也抬高了本宗，甚至还将佛教之外的儒道等思想会通起来。 宋代以后，随着佛教各宗派的日趋衰落，佛教中的宗派之分逐渐淡化，禅净教律之间在理论上和信仰上都日趋融合，"禅教合一"、"禅净双修"等都成为这个时期中国佛教的重要特点之一。

第七，中国佛学的特质在禅。 "禅"本来是古印度十分流行的一种宗教修行方法，往往与"定"合称，指通过心注一境而使心处于宁静思虑的状态以观悟特定对象或义理的思维修习活动。 这种运用非理性的心理调控来引导人们精神活动的方法，曾在释迦牟尼成道及其创立佛教的活动中起过极为重要的作用。 佛教禅作为证得佛智以彻见人与事之本性的一种思维修习活动，在两汉时随着佛教的东渐而传入中国，并在中土社会中形成了众多的禅学流派或禅系禅脉，例如安般禅、般若禅、楞伽禅、天台禅、华严禅，乃至以禅命宗的禅宗。 在禅宗中，也有弘忍的"东山法门"禅、法融牛头禅、神秀北宗禅、惠能南宗禅；若从历史的发展来看，禅宗中又有如来禅、祖师禅、越祖分灯禅等不同的说法。 即使是同出于六祖惠能门下，因其禅法或禅修的差异，也可分为马祖禅、石头禅、临济禅、曹洞禅等。 同时，禅的精神和修行方法也深深地浸淫到中国佛教的方方面面，影响到教、净、律各派的发展。天台、华严、唯识和禅宗的思想奠基人或创宗者，都与禅有着密切的关系，有的本身就是修习禅定的禅师，后来才向教理方面发展的。 例如天台宗的先驱者慧文、慧思都是北方著名的禅师，创宗者智颛本人也是一个禅师，所重在"止观法门"，他从慧思处传得慧文所创的"一心三观"禅法，并在此基础上进一步发展出了"三谛圆融"、"一念三千"的观法，把"一心三观"与"诸法实相"联系起来，把种种禅法纳于其止观理论中，建构了天台宗独特的教观兼备的思想学说。 再如三论宗，一向以弘传玄理而著称，但其理论先驱僧朗、僧诠、法朗等三论师也都颇重禅观，经常与禅师共论大义，切磋禅法，并力主定慧双举，盛弘般若三论。 其他如法相唯识宗的"五重唯识观"、华严宗的"法界观"和"十重唯识观"等，都表明了禅观在教门中的地位。 宋代以后，教与禅的融合更是成为中国佛教的重要特点之一。 因此，太虚法师曾提出"中国佛学的特质在禅"，并具体谈到了中国佛学的特质之所以在禅的两点因缘：一是初来中国的佛教传教者的仪态风度以及他们的修禅持咒所成之神通妙用对国人的吸引力，促使人们进一步去探究深奥神秘的佛法，学人皆从禅中去参究，遂即成为中国佛学之特质在禅；二是中华文人士大夫大都崇尚简括综合的玄理要旨，品行上也好清高静逸，禅静修养，适于士人习俗之风尚，遂养成中国佛学在禅之特质。①这种看法是有一定道理的。

———————

① 太虚:《佛学入门》,浙江古籍出版社 1990 年版,第 8—11 页。

第八，中国佛教与社会政治和伦理有密切的关系。 佛教虽然是一种以出世为最终目的的宗教，但在注重现实生活的中国这块土地上，在宗法性封建专制集权强大的社会环境下，出世的佛教不仅强调"出世不离入世"，而且还表现出对政治的依附，并积极主动地与传统的伦理道德相协调和融合，从而带有一定的政治和伦理色彩。

从佛教与政治的关系而言，中国历代的封建统治者出于现实政治的需要，大多扶植并利用佛教，从历史上看，外来佛教最初就是在王室及贵族上层中间流传发展起来的。 但也正是出于现实政治的考虑，统治者要严格控制佛教，把佛教的发展限制在自己有效的控制之内。 一旦佛教的发展与世俗的政治经济利益发生冲突，统治者就会沙汰佛教，甚至强制性地毁灭佛教。 正是在这样的社会文化背景下，中国佛教中出现了"不依国主，则法事难立"（《高僧传·道安传》）的思想，甚至有僧人提出当今皇上"即是当今如来"、"拜天子乃是礼佛"（《魏书·释老志》）的说法，将这种思想落实于具体行动，便导致了一些僧人直接参与现实的社会政治活动，利用佛教来为政治服务，同时也依赖统治者的支持来求得佛教的发展。 例如佛图澄就曾通过为后赵政权服务而获得信任，从而大力弘法传教，既劝诫残暴成性的石勒石虎不要滥杀无辜，又促进了佛教在北方广大地区的传播。 释慧琳不仅参与政事，深得宋文帝的赏识，甚至还获得了"黑衣宰相"的称号。 隋唐时，许多佛教宗派都是在帝王的直接支持下得以创立的，而佛教徒也十分自觉地配合着帝王的政治需要。 例如法藏编造灵异事迹、迎送佛骨舍利以迎合武则天"变唐为周"当女皇的政治需要，后来又"预识机兆"机灵地转而支持中宗复位；禅宗北宗的代表人物神秀被推为"两京法主，三帝国师"；南宗惠能的弟子神会在安史之乱以后积极设坛度僧收香水钱以助军需，为朝廷恢复两京立下汗马功劳，等等。 元代实行的帝师制度和西藏地区实行的政教合一，也构成了中国佛教影响社会政治的重要方面。 当然，中国佛教也有超越政治、与当权者不合作的另一面，例如，禅宗从四祖道信、五祖弘忍到六祖惠能，都以清静高洁、远离都市的"山林佛教"相号召，对统治者上层人物采取不合作的态度，这也是禅宗能较少受政治影响，在唐武宗灭法以后继续得到很大发展的重要原因之一。 这表现出了中国佛教与政治关系的复杂性。

就佛教与社会伦理的关系而言，这与佛教的儒学化有密切的关系，因为中国宗法社会的伦理道德是以儒家的伦理道德观念为核心的。 由于忠君孝亲的儒家伦理纲常是中国宗法社会的立国之本，因而中国佛教在发展过程中努力与之妥协和调和，并深受其影响，同时，佛教也在丰富发展传统伦理道德方面起了一定的作用。 从历史上看，佛教初传之时，就提出"苟有大德，不拘于小"，认为佛教的出家修行方式表面上与"忠孝"不合，实际上却能从根本上救世度人，是并不违礼悖德的。汉魏佛教通过把佛教的"五戒"与儒家的"五常"相比附等手法，进一步与儒家伦理相适应。 入唐以后，佛教更是大倡"忠君孝亲"、"忠义之心"，认为"菩提心则忠义心也，名异而体同"（《大慧普觉禅师语录》卷二十四），要求"恩则孝养父母，义则上下相怜，让则尊卑和睦，忍则众恶无喧"（宗宝本《坛经·疑问品》），使中国佛教带有浓厚的儒家伦理色彩。 另一方面，佛教不杀、不盗的道德戒规和"诸恶莫作，众善奉行"的伦理训条也对中国传统的伦理道德产生了一定的影响，特别是大乘佛教慈悲度人、普度众生的精神，曾对儒家"爱有差等"的仁爱精神有过重要的补充，并在近代以来曾激励过许多志士仁人为救国救民而奋斗。 当然，佛教道德从根本上说是为追求出世解脱服务的，其否定现实人生的终极价值取向和宣扬忍辱、禁欲的生活态度曾在历史上起过消极作用，这也是不能忽视的。

二、中国佛教的基本精神

中国佛教的精神是与中国佛教的特点相互关联的，有些在内容上甚至是相互重叠的。 相对而言，探讨中国佛教精神重在探究中国佛教的精神特质，是将中国佛教视作具有自身价值追求和调节能力的文化主体，关注的是中国佛教的价值追求，及其在处理内在思想矛盾、自身与文化环境关系时的基本态度和方式。 中国佛教精神体现在圆融精神、伦理精神、人文精神、实践精神、自然精神、思辨精神等许多方面，其中最能体现中国佛教精神特质的则主要是圆融精神、伦理精神、人文精神。 其中，圆融精神是外来佛教适应中土社会文化环境过程中调和佛教内部及其与中国传统思想文化之间关系的产物；伦理精神特别融合吸收了与中国传统宗法社会相适应的儒家世俗伦理，具有宗教伦理与世俗伦理相结合的特征；人文精神则融合吸收了中国传统文化关注现实社会人生的精神特质，从而使出世的佛教融入了更多的关注现实人心、人生、人间的思想内容。 圆融精神、伦理精神、人文精神是中国佛教精神的主要方面，下面对此分别略加概说。

第一，中国佛教具有会通不同思想学说的圆融精神。 受中国传统文化和合精神的影响，中国佛教继承发展了印度佛教的包容精神，在中土文化环境中能够自觉地适应本土文化，吸收融合以儒道为主要代表的传统思想文化。 中国传统文化本身也是在多元性文化并生的基础上发展起来的，对不同的文化采取了容纳的态度，形成了一种"中"、"和"的精神。 中国传统文化的和合精神在对待不同思想学说时表现出的主要是一种融摄态度，是站在自身的文化立场上吸收融合不同思想文化中的合理要素。 中国佛教的圆融精神是在印度佛教的包容精神和中国传统文化的融摄精神基础上形成的。 中国佛教圆融精神的形成最初与汉译佛典有关。 南北朝时，对不同经典的传译、诠释又形成了中土佛教学派并立、异说纷呈的局面。 隋唐时政治上的统一客观上要求会通中土佛教不同学派的思想，以期对佛教有一个系统而完整的理解。中国佛教的判教思想以及建立在判教基础上的宗派佛学理论由此而形成。 中国佛教的圆融精神即是在佛教判教及宗派佛学理论形成过程中逐渐发展成熟的。

中国佛教的圆融精神，从理论上看，主要体现在中国佛教的三教融合思想、判教思想以及中国化的佛学理论学说之中。

中国佛教的三教融合思想大体上经历了一个由魏晋南北朝时期的三教一致论，到隋唐时期的三教融合论，再到宋代以后的三教合一论三个发展阶段。 魏晋南北朝时期，佛教从自身生存和发展的需要出发，对传统儒道思想以依附、迎合为主，在三教关系上，注重从三家学说均有助于王道教化的角度论证三教的一致，如汉末魏初的《牟子理惑论》；隋唐时期受统治者三教政策影响，儒道佛三教逐渐形成三教鼎立的局面，三教从自身发展的需要出发，均提倡三教归一、三教融合。 佛教思想家如神清、宗密等在吸收融合传统思想的基础上，提出了三教融合、三教一致的观点。 入宋以后，由于佛教的一些基本观点和方法为儒家所吸收，其自身的发展则日趋式微，因而在理论上更强调与儒、道的融合，宣扬三教一致论，特别是加强与儒家思想的融合。

中国佛教的判教思想关注的是佛教内部不同经典和不同学说的判释与融合。 总体而言，中国佛教的判教思想是将不同经典、不同学派的思想作为一个整体，对其进行判释的目的，是将其组织、会通为一个互不矛盾、相互融通的有机整体，体现了中国佛教在对待不同思想学说时的态度和理论思维上的圆融精神。 一般而言，南北朝佛教判教思想偏重于以"时"判教，即从不同经典出现的时间来进行教判，如慧观的

"五时判教"。 而隋唐佛教判教思想则注重以"理"判教，即从不同经典学说的"义理"来判教。 如华严宗法藏"五教十宗"的判教思想即是从义理出发，将佛教理论的发展视作一个从小到大、由始至终、由渐而顿、由偏到圆的逻辑发展过程。

　　中国佛教的圆融精神还体现在"三谛圆融"等中国化的佛学理论及其对不同思想学说的融通中。 这在魏晋南北朝佛学理论中即有体现。东晋慧远的因果报应论即融合了印度佛教的业报轮回思想和中国传统的善恶报应观念；而僧肇佛学在正确阐发印度佛教般若中观学说的同时，也吸收融合了老庄玄学的思想观念、思维方式和理论主题。 隋唐宗派的佛学理论是建立在对佛教不同思想学说的融通基础上的，其思想学说中体现出的圆融精神更为明显。 在隋唐宗派的理论中，天台宗的圆融特征最为突出。 如天台宗针对南北朝时期北方重禅法、南方重义理的不同倾向，提倡止观并重，调和南北学风；其"三谛圆融"的思想强调于一念心中将空、假、中三谛圆融统一，又通过"一念无明法性心"这一核心命题，将无明缘起与缘起性空观念结合起来，体现了理论思维的创造性和圆融性。

　　第二，中国佛教具有融合宗教出世伦理与儒家世俗伦理的伦理精神。 中国佛教伦理思想是在印度佛教伦理思想的基础上形成的。 佛教的根本追求是人生痛苦的解脱，其伦理观念首先是围绕这一根本追求展开的，佛教伦理首先是一种宗教伦理。 佛教伦理同时也具有以宗教伦理融摄世俗伦理、宗教伦理与世俗伦理相结合的特征，佛教伦理的这一特征在以儒家为重要代表的中国文化氛围中得到了充分的发展，也为中国佛教伦理融合传统儒家伦理道德观念提供了理论前提。 同时，大乘佛教平等慈悲、自利利他的伦理原则也对中国佛教的伦理思想产生了重要影响。 传统儒家伦理是适应中国传统宗法社会结构、为维护宗法等级秩序而形成的，传统儒家伦理主要是一种世俗伦理，关注的是宗法社会秩序的维护和世俗伦常的确立；传统儒家伦理是建立在血缘关系基础上的，儒家伦理对"孝亲"的推重与传统宗法社会的血缘特性有本质的关联。 讲求出世解脱的佛教伦理与强调经世致用的儒家伦理有根本的不同，因而佛教从两汉之际传入中土始，便与传统儒家伦理存在着矛盾与冲突。 特别是佛教出家弃俗的修行方式、毁服剃发的生活习俗、不拜父母和王者的处世态度等，与传统儒家伦理观念冲突尤甚。 儒家常以佛教不合传统礼教等为由，激烈地排斥佛教。 面对传统儒家的排斥和批判，中国佛教主要采取了妥协、调和的态度，一方面竭力论证自身伦理思想与中土伦理观念的一致性，另一方面在自身思想体系范围内自觉吸收融合儒家世俗伦理观念。 中国佛教伦理对传统儒家伦理的吸收融合，大体上遵循这样的模式：一是立足佛教自身的宗教解脱的追求；二是顺应世俗伦理，将宗教解脱的追求落实于现实的伦常实践中，将现实的道德伦理实践作为宗教解脱的前提和条件。 中国佛教融合宗教出世伦理与儒家世俗伦理的特征在其善恶观、戒律观、修行观和孝亲观中均有具体的体现。

善恶观方面，印度佛教的业报轮回思想对中国佛教伦理思想产生了很大影响，比较完整、系统阐述佛教业报轮回思想的是东晋名僧慧远。慧远的善恶报应论带有融合佛教因果轮回说与传统善恶报应思想的特征，其思想受传统报应论中的灵魂说、善恶报应说影响很大。 隋唐宗派佛学在善恶观上一般均将世间善恶观与出世间善恶观相融合。 如天台宗的"性具善恶"说一方面肯定人性本具善恶，另一方面又从般若空观思想出发，强调善恶本身的虚假不实，要求人们通过修习止观以证悟涅槃解脱境界。 禅宗在肯定顺应世俗善恶观念的同时，也强调在宗教修行目标上超越世俗道德伦理层面，追求心灵的解脱。

戒律观方面，中国佛教戒律观重视大乘菩萨戒，隋唐时期，大乘菩萨戒非常盛行。 道宣律宗强调《四分律》分通大乘，天台、唯识、华严、禅等宗派佛学均主菩萨戒，在戒体上"以心为戒体"，这突出地体现在天台宗的"性具发显戒体说"和禅宗的"无相戒体说"中，表现了中国佛教"戒心为本"的主导倾向。 此外，惠能还将心性的明净与现实生活中德行的平正结合起来，把世俗伦理的道德规范融摄到戒法中，以佛教心性的自觉、自律融摄道德伦理的自觉、自律，体现了中国佛教伦理融摄传统儒家伦理的特征。

佛教伦理与儒家世俗伦理冲突最甚者莫过于孝亲观，针对这种冲突，牟子《理惑论》从"苟有大德，不拘于小"的观点出发做了最初的辩论，认为是否行孝道应该看其内在本质而不能只看外表的形式。 沙门出家修行、布施持戒，表面上不敬其亲，有违仁孝，实际上，布施财货，国家、亲人都会获得福庇；而一旦成就佛道，"父母兄弟皆得度世"，恰恰是最大的孝。 因此，佛教的出家修行生活从根本上说是并不违礼悖德的。 如果说牟子《理惑论》等围绕孝亲观所进行的回应与辩护，带有强烈的护法特征的话，那么宋代以后中国佛教的孝亲观则逐渐形成了护法与布道相结合，突出佛法劝世化俗、辅助王化功用的特征。 宋代禅僧契嵩的《孝论》是中国佛学孝亲观的系统化。 契嵩继承了儒家以孝为天经地义的观念，认为孝道是天下之大本。 在戒孝关系上，契嵩还提出了"孝为戒先"、"戒为孝蕴"的观念，一方面肯定孝道是佛门戒法的世俗伦理之本，另一方面强调持戒就是行孝。 契嵩还认为，儒家所理解的孝养父母只是孝行的最基本层面，更高层面的"孝"应该是认识佛教真理，帮助父母修行解脱，从这方面来说，佛教对孝更为看重。

总体而言，中国佛教伦理并没有改变印度佛教对宗教解脱的追求，在吸收融合传统儒家伦理思想的同时，始终将精神解脱作为自身的根本追求；中国佛教伦理继承发展了原始佛教的"四姓平等"观念和大乘佛教的慈悲思想，在肯定"人人都有佛性"的基础上，提出了"无情有性"观念，将平等观念推至自然万物。中国佛教伦理对大乘佛教慈悲思想的继承丰富了中国传统伦理思想。

第三，中国佛教具有关注现世现生的人文精神。印度佛教本是强调出世解脱的宗教，其根本宗旨是把人从人生苦海中解脱出来，其立论的基点是对人生所做的"一切皆苦"的价值判断。但与此同时，它又以"缘起"和"无我"来否定神意而倡导"种姓平等"，并通过"业报轮回"而把人们引向了"诸恶莫作，众善奉行"的人生道德实践，以追求永超苦海的极乐。这种貌似消极的人生哲学中显然又包含着某种对人生的深刻肯定和一种对人的内外自由的向往，透露出了企求靠自己的努力来实现人的永恒价值和人生永恒幸福的积极意义，只是佛教的"三世"说把人生美好理想的实现放到了现世之外的未来世，使其对人生的肯定不易彰显而为世人所理解而已。但正是对人生内涵的扩大和对道德行为自作自受的强调，确保了佛教为善去恶道德戒条的威慑性及其人生理想的恒久魅力，也正是这一点，提供了佛教与中国传统思想文化融合的重要契机，弥补了儒、道思想的某些缺憾或不足。而在印度佛教中蕴含着的对人的肯定，也在中国传统文化人文精神的氛围中获得了新的生命力，并得到了充分的拓展。

中国传统思想文化本质上是一种关于"人"的学问，其重要的特点之一就是具有强烈的关注现实社会和人生的人文精神。中国众多的思想或学派，具体观点虽然各异，但从根本上说，其出发点与归宿，大都是"人"，其思想的核心，也大都是"人"的问题，重视现世现生成为各家的共同特点，只是在对人的价值取向上和在人的实现途径等问题上所持的见解各有不同而已。　我们可以传统文化中具有代表性的儒、道两家为例来加以说明。

　　儒家思想是中国传统文化的主流，"天地之性人为贵"（《孝经·圣治》），天地人"三才"具有同等的地位，这是儒家一向坚持的基本看法。　对人的重视和对人伦的强调构成了儒家的两重性格。　这种性格的形成具有其深刻的社会政治和历史根源，虽然有它的历史局限性，但也有它一定的意义与价值。　儒家提出的"仁者人也"，以从"人"从"二"的"仁"来规定人之所以为人的本质，揭示人之本质的社会性意义，并以"仁者爱人"和"克己复礼为仁"等进一步强调在人与人、人与社会的关系中完善人、实现人的必要性。　儒家的"性善论"和"为仁由己"等，则不仅从人的本质上揭示了人与动物的根本区别，而且从道德论上肯定了每一个人为善去恶的内在根据。　人是社会的人，人是群体生活的人。　儒家在群体的伦理中来观照人的本质和价值及其实现，在肯定人及人的生活的基础上以仁爱、义礼来规范人的行为，这对提升每个人的品格、保障社会的良性运转，都是有意义的。　这同时也为入世有为、经世致用的价值观提供了重要的理论根据。

　　与儒家形成对照的是，道家和道教都强调法自然，主张效法天道的自然无为。　有人因此而认为道家忽视了人，这是不确切的，至少是不全面的。　事实上，道家的着眼点并没有离开人，老子说的"域中有四大而人居其一"（《老子》第二十五章），表明其对人的地位也给予了充分的肯定，只是道家对人的肯定和在人的实现问题上走了与儒家不同的道路。　儒家重人的社会性，道家则重人的自然性；儒家强调从社会关系中实现人的本质，道家强调的则是个人的独立自主和精神自由。　在实现人的途径上，儒家主张入世有为，通过"修身、齐家、治国、平天下"来成就圣人人格；道家却想挣脱伦理的束缚，主张"绝仁弃义"、返朴归真，通过效法自然的无为来实现游心于四海之外而与天地同游的逍遥人生。 以道家思想为理论主干而又杂以多家学说的中国道教，依于道家效法天道的自然论和贵生重己的人生论，将"长生久视之道"发展为长生不死之道，希望通过修道而追求一种使"自我"与"人生"得以永恒的无忧无虑的神仙生活。 道家和道教实际上是对儒家的"天下无道则隐"、"穷则独善其身"的人生论作了另一番生动的发挥。 这种人生论的基点显然仍然是现世现生。

从现实人生的层面来看，儒、道的人生哲学可以进行一种互补。儒家的入世有为是以可以入世为前提的，但事实上，人在现实生活中却并非时时可以入得了世的。 当人在现实的社会关系中无法有为、无法实现自我的时候，一味地强调"知其不可而为之"显然是不够的。 儒家的"天下有道则见，无道则隐"（《论语·泰伯》），主要也还是从"隐居以求其志"（《论语·季氏》）的角度提出来的，其基本倾向仍然是积极入世的。 再者，儒家谈人的实现，强调的是主体道德上的自我完善，这对"性善"而欲为善者来说是有意义的，但对"性恶"而不欲为善者就缺少一种强制的威慑力量。 如何联系人自身未来的遭遇和命运来说明为善去恶的必要性？ 儒家在这方面缺少专门的理论。 道家和道教的自然无为、在现实社会之外另外寻觅仙境或另求逍遥人生的理论显然为人的自我实现提供了另一条迂回曲折的途径，道教的先人之过子孙会受报应的"承负说"也对人的为善去恶进行了劝诫。 这样，进可以"儒"积极入世，退可以"道"无为避世，现实的人生道路就宽广多了。 同时，从现实的人格培养上来看，儒家强调的对社会与他人的仁爱尊重，道家追求的自我独立和精神自由，这都是完整的、健全的人格所必需的，两者的结合，显然更有利于理想人格的培养。

但是，儒、道的人生理论也还存在着一定的局限性，进而入世与退而避世在儒、道那里似乎是两分对立的。 如何从主体自身来解释人生进退现象的必然性？ 如何从更超越的层次上来看待进退得失及人的实现？ 对此，儒、道两家也缺乏有力的说明。 从根本上说，儒家的"有为"和道家的"无为而无不为"都体现着一种计较成败得失的追求，儒家的"未知生，焉知死"和道家的"六合之外，圣人存而不论"又都把对人及人生问题的探讨限定在现世，未能跳出生死以超越的眼光来审视整个人生。 道教的"承负说"在解释人生境遇时虽然超越了现在世，但却又有脱离每一个人自身的行为而把它归之为自身之外的先人的倾向。 而佛教则对每个人的未生之前和已死之后作了较为系统的说明，不但更好地解释了现实的人生和人生的根本问题，而且以其对社会人生的独特看法而在一定程度上可以弥补传统儒、道的缺憾或不足。 这就为佛教在中国的流传发展并融入华夏传统文化提供了契机与可能。

佛教传入中国后所经历的一个不断中国化的过程，正是在继承佛陀创教根本精神（即帮助人觉悟解脱）的同时，又在中国传统思想文化重视现实社会人生的氛围中，将佛教中蕴含的却又在印度佛教中未充分发展的对人及人生的关注与肯定作了充分的发挥，从而使中国佛教得以最终跻身于中国文化的重要行列，与儒、道融合互补而在现实的社会人生中分别发挥着各自不同的作用。

从历史上看，儒佛道三教的冲突与融合的基点其实都未离开过人生这个主题。 外来佛教在传统文化的人文精神熏陶下日益获得了现实性的品格而由出世转向了入世，更多地面向了社会人生。 隋唐时中国佛教宗派的创立，标志着佛教中国化的基本完成和中国佛教文化的鼎盛。在隋唐佛教诸宗派中，禅宗是中国化最为典型、也是对现实的人及人生给予最多关注的一个宗派。 禅宗一方面破除对佛祖等外在权威的迷信和崇拜，强调每个人的自性自度，另一方面又将解脱理想融化于当下的

现实人生之中，把修道求佛的修行贯穿在平常的穿衣吃饭之间，主张
"平常心是道"，强调凡圣平等、人佛无异和自然任运、自在解脱。
禅宗所说的自心自性，既是指宇宙本体或精神，也是对"自家生命"或
人生实践主体的肯定，它所说的"修行"实际上就是人的自然生活本
身，而它所说的"佛"，实际上也是指那种内外无著、来去自由的解脱
"人"。

在肯定人和人的生活的基础上，中国佛教进一步强调了"出世不离
入世"，反对离开现实的社会人生去追求出世的解脱。禅宗六祖惠能
有句名言："佛法在世间，不离世间觉；离世觅菩提，恰如求兔角。"
（宗宝本《坛经·般若品》）他要人"勿离世间上，外求出世间"（敦
煌本《坛经》第三十六节）。宋明以后，"世间法则佛法，佛法则世间
法"（《大慧普觉禅师语录》卷二十七），"舍人道无以立佛法"
（《憨山大师梦游全集》卷四十五）等更成为中国佛教界的普遍共识。
主张"出世"的佛教在中国则最终转向了"入世"而面向人生。近代
复兴的佛教更是一步步走上了人间佛教的道路。这样，"出世不离入
世"不仅在中国佛教理论上得到了充分的论证和肯定，而且成为一种具
体的实践。

中国佛教的入世化、人生化倾向，从佛教自身的发展来说，是大乘
佛教的入世精神在中国社会文化历史条件下的新发展。大乘佛教的
"世间与出世间不二"等思想为佛法与世间法的沟通提供了可能，而中
国佛教则在传统文化的影响下使这种可能成为现实。当然，中国佛教
的入世精神并不影响它的解脱论在本质上仍是一种"出世"的人生哲
学，因为它毕竟不是以入世为最终目的，而是视入世为方便法门，以出
世为旨归的。这也是中国佛教在中国社会中始终不能成为世俗思想文
化之主流的重要原因之一。从另外一个角度看，中国佛教所倡导的

“出世不离入世”实际上也是印度佛教的“出世精神”在中国文化中的一种特殊表现。也正是在这个意义上，我们说，中国佛教对现世现生的关注，并没有离开佛陀创教的根本情怀，中国佛教是对印度佛教的继承与发展。

三、中国佛教的现代意义

中国佛教的特点和精神的形成，原因是多方面的。其内在的根据主要有佛教“应病与药”、“随机设教”的方便法门等，其突出的外因则有中国自给自足的小农经济的生产方式、王权政治力量的强大、宗法伦理影响的深远和思想文化的现实主义、人文主义精神等。正是诸多的内因与外缘，促成了中国佛教的独特发展。

具有中国特色的中国佛教文化，对现代社会和人生以及当代的文明对话和文化建设，都具有重要的意义和价值。

首先，中国佛教特点和精神的形成过程及规律对于今天认识文化交流与文化精神之间相互作用的关系、谋求不同文化之间的和谐共存与协调发展具有启迪意义。中国佛教的特点和精神是外来佛教在与中国传统儒道等思想文化碰撞、冲突、交流到最终共存、融合过程中形成的。印度佛教与中国传统思想文化产生于不同的社会文化环境，两者之间无论是在价值追求还是在基本理念方面均存在着显著差异。从一定意义上讲，中国佛教特点和精神的形成过程及规律实际上能够体现异质文化碰撞、交流、共存、融合的一般过程和规律，能够体现特定文化精神在文化交流融合过程中形成发展的一般过程和规律。因此，中国佛教特点和精神的形成过程及规律对于当今全球化背景下不同宗教和文化之间的平等交流、和谐共生、互补融合及其文化精神的形成具有重要的启迪意义。对此，我们可以从四个方面简要阐明：一是异质文化之间的交流和融合存在一个具体的碰撞、冲突、交流和融合的过程及一般规律。外来佛教在传入中国以后，为适应中土社会文化环境，在佛教中国化过程中经历了两汉时期为求生存，对中国传统思想文化的依附、迎合、调和，魏晋南北朝时期为独立发展，与传统儒道共存并进、冲突交流，隋唐时期立足自身，融合吸收、独立创造，以及入宋以后内外融合、渗透合一的历史过程。 这一过程及其中蕴含的一般规律，对于我们从历史发展的角度认识当今全球化社会文化环境下不同文化冲突、交流现状，及其发展趋势具有重要意义。 二是共存、协调、融合是不同文化交流、发展的必然要求和趋势。 文化的冲突、交流与发展，从双方谋求生存与发展的需要出发，其目标必然是追求共存、协调发展，而不是以一方征服或消灭另一方。 而不同文化本身所具有的合理要素也表明不同文化之间存在着互补性。 从一个国家或全球文化的整体发展来说，多元文化并存与协调发展也是文化适应外在环境变化保持自身活力和可持续发展的前提条件。 在这方面，佛教中国化最终形成的儒佛道三家并存、相互协调、融合吸收对方合理要素、参与中国传统文化整体创造的态势，对于我们今天认识文化发展趋势，确立全球文化发展目标具有启迪意义。 三是中国佛教立足自身融合吸收儒道文化精神的模式对于今天佛教文化乃至中国文化在复杂多元的文化环境中生存发展也具有借鉴意义。 在这方面，中国佛学的圆融精神为佛教融合吸收儒道思想文化，与儒道思想共生共荣、协调发展提供了圆融性思维。 而中国佛学人文精神立足自身的出世追求融合吸收中国传统文化关注现世现生的人本主义与入世观念，中国佛学伦理精神以出世的宗教伦理涵摄入世的儒家世俗伦理等，则能为今天佛教文化以及中国文化立足自身融合吸收其他文化合理要素提供可借鉴的模式。 四是对待其他文化开放的、包容的态度与圆融性思维的形成应成为不同文化主体所具有的文化精神。

这方面内容在以下论及中国佛学圆融精神的现实意义时将进一步说明。

其次，中国佛教的圆融精神在对待不同文化的态度上强调适应、调和、包容、融合，在理论思维上强调不同学说之间的一致性、统一性，在理论体系的建构方面，突出对不同学说的会通与理论体系的整体性，注重对不同方面的融通等，对于今天促进不同文化的交流、包容和协调具有重要意义。当代世界的发展存在着经济全球化的趋势，不同文化之间的交流也日益频繁，但同时也使不同文化之间的差异更加明显，冲突更加突出。不同文化、各种宗教在相互碰撞、相互冲突的同时，也开始了对话、交流和相互学习。文化的多元并存、协调发展已成为时代文化发展的需要。文化之间的交流、协调，呼唤着一种新的精神纽带，在这种精神纽带的熔铸中，中国佛教的圆融精神可以扮演重要的角色。中国佛教的圆融精神所体现出来的对不同文化、不同思想学说的包容、吸收和容纳的态度，对于今天多元文化并存的态势下促进不同文化之间的交流、包容和协调具有重要的意义。当然，在肯定中国佛教圆融精神现实意义的同时，也应看到其消极的方面，如中国佛教的圆融精神相对突出思辨和内在精神境界的追求，其圆融性思维往往回避与不同文化在同一层面的冲突，试图通过思想视域的提升，在新的理论制高点上反观并会通自身与其他思想学说的矛盾和冲突，这从积极的一面来说，显现了较高的思辨水平和思维的超越性，从消极的一面来说，则表现出了妥协性和调和性，有其自身的历史局限。

第三，中国佛教的伦理精神在当代社会道德伦理建设中依然具有现实意义。这具体体现在以下一些方面：中国佛教伦理的入世精神、人本观念有助于中国佛教伦理在当代关注全球化过程中以及我国现代化建设中面临的现实问题，如全球性生态环境问题，不同民族、不同宗教文化的矛盾冲突问题，网络、生物科学的发展带来的社会伦理问题，新的社会环境下人的自我失落与自我膨胀等，从而更好地促进全球新秩序和我国和谐社会的建设；中国佛教伦理建立在心性自觉观念基础上的道德自觉自律精神，对于当代社会的道德和文化建设，能够从自身的文化维度，提供一种人本立场的道德主体意识和道德主体精神；而中国佛教伦理中对宗教解脱的追求，作为一种终极关怀，也可以帮助人们超越对世俗名利的执著，促进人自身的精神和谐与社会和谐；中国佛教的平等慈悲观则对当代社会缓和社会矛盾、等级差异，巩固和平，保护野生动物，维护生态平衡，进行环境保护，具有不可忽视的积极意义；而中国佛教伦理中蕴含的大乘佛教自利利他的思想，也可以为当代社会处理个人与他人、个人与社会关系的行为准则所借鉴吸收，从而促进和谐社会的建设。 应该说明的是，中国佛教伦理适应传统宗法社会文化环境的需要所认同的以"三纲五常"为核心的宗法伦理观念，在今天，我们既要看到其消极方面，否定其中包含的封建等级和不平等观念，同时也应该看到其中的孝亲观念和诚信思想等对于当代社会家庭和谐、社会和谐的建设仍具有一定的积极意义。

第四，中国佛教的人文精神对于佛教适应当代社会需要，发挥自身在我国社会主义现代化建设中的作用具有现实意义。 中国佛教对中国传统文化人文精神的融合吸收，在历史上促进了中国佛教对中国社会文化环境的适应，有利于佛教在传统社会文化环境中发挥自身的现实作用。 中国佛教的人文精神具有自身的思想特质，是立足主体自身精神超越的追求，是出世与入世、追求精神解脱与关注现实社会人生的结合，中国佛教精神的这一特质在当代对于个体立足自身精神修养，积极参与现实社会事业，形成积极向上的人生观具有现实意义。 而中国佛教关注现实人心、人生、人间的趋向及精神特质也表明：一方面，关注现实社会人生是佛教保持自身活力，发挥自身现实作用的重要前提；另一方面，中国佛教具有适应现代社会、关注现实社会问题的趋势与能力。 此外，中国佛教的人文精神是在与传统儒道思想的交流与融合中形成的，在今天，中国佛教的人文精神要适应时代发展需要，同样应加强与现代文化思潮的交流与融合。 现代文化本身具有强烈的关注现实人生、现实社会的精神，并且形成了关于当代社会问题的丰富思想成果。 中国佛教与现代文化的交流与融合，必将能够促进中国佛学精神的进一步发展，从而推动整个中华文化的不断更新与发展。

第五，中国佛教在长期演变发展过程中，既继承了佛陀创教的根本情怀，又形成了它独具的特点和文化精神，从而既弥补了中国传统思想对人的生死等问题关注不够的不足，又使佛教中有价值的东西在中国社会中能更好地得到拓展，在与儒、道等思想文化的融合互补中发挥其不同的独特作用。 例如，中国佛教一方面打上了传统文化的烙印，具有"出世不离入世"的现实主义品格；另一方面，它"入世以求解脱"的终极理想又使它能够以一种超脱此岸的超越精神来审视整个现实的社会人生，使人不至于过分沉溺于世俗的物欲而不能自拔，不至于为此生此世的不如意而过分烦恼。 在现实生活中，人的需要是多方面的，有物质的，有精神的，而需要的不能充分满足又是经常性的；人生的道路也是曲折而复杂的，有顺境，也有逆境，而这种顺、逆在很多情况下又不是个人主观选择所能直接决定的。 儒家所提倡的积极入世尽人道有时在现实中难以实现，那么道家和道教避世法自然的人生理想可以作为一种补充；若入世不行、避世也不成，佛教则可以发挥一定的作用。 佛教的万法皆空、唯心净土、随缘任运、心不执著、众生即佛以及天堂地狱的轮回报应说等，既可以给逆境中或欲求得不到满足的人以精神安慰与向往，也可以帮助人以出世的心态来超然处世，化解入世与避世的矛盾对立，从而凡事既积极进取，又在精神上超越成败得失，无所烦恼，保持心地的清净。 这无论是对个体的生存还是对整个社会的稳定，都是有一定意义的。 可见，即使对于非佛教信徒而言，佛教仍然是有其独特价值的。 它与儒、道分别以不同的人生论来满足现实生活中的人同时可能具有的多方面需要或不同的人在不同的人生阶段可能具有的不同需要。

在历史上，中国佛教曾对中国人的心理调控和人生价值的追求发生过重要的影响和作用。 所谓"以佛治心，以道治身，以儒治世"（宋孝宗语）即是对这种不同影响和作用的一种概括。 当然，这种区分只是相对的，儒佛道三教在历史的演变中往往形成了你中有我、我中有你的复杂性。 三教之"异"有"异中之同"，三教之"同"又有"同中之异"，三教的异同具有相对性和历史性。 唯其如此，三教才呈现出了生动而丰富的多彩性并共同发挥着重要的作用。 三教人生哲学的融合互补，对现实的人生和现实人格的培养都是有意义的，它要求人既入世有为，积极进取，又在精神上超越成败得失，无所烦恼；既有一种社会责任感，又保持人格的独立和心灵的清净。 这无论是对个人的生存还是对社会的安定，都是有一定意义的。

在物质财富和人的物欲同步迅速增长的当今之世，在人们追求外在的财富而忘却自身内在的价值和"人"的生活的时候，弘扬包括中国佛教在内的传统文化的人文精神等优秀精华是十分重要的，它将有助于我们在现代社会确立或找回自我，丰富并充实人生。 中国佛教不仅对佛教信徒有意义，而且对整个人类的生存和内在精神的提升，也都具有重要的意义和价值。